KB235125

마케팅조사
분석편
실무노트 Ⅲ

하지철 · 이동한 지음

# 마케팅조사 실무노트 Ⅲ

분석편

현재 시중에는 많은 통계분석 관련 서적들이 나와 있다. 통계이론을 전문적으로 다루는 서적들도 있고, 특정 통계분석 패키지의 사용방법에 대한 내용을 담고 있는 서적들도 있다. 통계이론 서적은 통계분석에 대한 학문적 측면에서 다루어져 통계학을 전공하지 않은 사람들이 이해하기도 어려울뿐더러 현실적으로 전혀 도움이 되지 못한다. 또한, 통계패키지 활용 서적들은 통계분석의 기본적인 원리나 의미보다는 패키지의 활용방법 위주로 구성되어 있어 현실에 별 도움이 안 되기는 마찬가지이다.

마케팅조사 실무노트 시리즈 제3권은 통계이론 서적과 통계패키지 서적들이 제공하지 못하는 실무적이고 현실적인 통계분석 활용방법을 다루고자 한다. 통계이론도 중요하고 통계패키지 활용도 중요하지만 무엇보다 언제, 어떤 상황에서, 어떻게 통계분석을 활용하는 것이 효과적인가에 대한 실무적 팁을 제공하는 것이 이 책의 주된 목적이다.

1, 2권에서와 마찬가지로 이 책의 모든 내용은 철저하게 실무적 관점에서 구성되었다. 그래서 분석방법별로 기본개념과 전제조건, 분석의 실행, 분석결과의 해석과 효과적인 활용방안에 이르기까지 모든 과정에 대해 통계이론이 아닌 마케팅조사 실무 관점에서 접근하였다. 또한, 분석목적에 따라 여러 통계분석

방법을 연계해서 분석할 수 있는 방안들도 함께 수록하였다. 마케팅조사 실무자뿐만 아니라 대학생이나 일반인들에게도 이 책은 통계분석 및 각종 분석기법에 대한 유용하고 현실적인 팁을 제공할 것이라고 확신한다.

구조방정식과 마찬가지로 이 책에 포함되어 있는 모든 내용은 마케팅조사 실무에서 활용되고 있는 내용을 다루고 있으므로 통계이론 관점에서의 분석방법 및 결과해석과는 다소 차이가 있을 수밖에 없다는 점을 이해하기 바란다.

이 책이 나오기까지 많은 노고를 해 주신 한국학술정보(주) 관계자들과 바쁜 시간을 내어 저자에게 건설적 조언을 해 준 마케팅조사 관련 실무자들께 진심으로 감사의 마음을 전한다. 또한 언제나 곁에서 믿고 지원해주는 사랑하는 가족들에게 이 책을 바친다.

2010년 3월
조사쟁이 하지철, 이동한

차/례/

## STEP 01 통계분석과 분석기법 이해

1. 통계분석이란?     15

2. 분석기법이란?     18

3. 분석 시 주의사항     19

# 마케팅조사 실무에서 활용되는
# 통계분석


1. 빈도분석    23
(1) 기본적인 빈도분석 방법    24
(2) 빈도분석을 이용한 데이터 클리닝    28
(3) 중복응답 분석    31
(4) 평균자료의 빈도분석    37
(5) 빈도분석 아웃풋 이미지    50

2. 교차분석    52
(1) 비율자료의 교차분석    52
(2) 평균자료의 교차분석    60
(3) 비율(평균)자료의 교차분석 아웃풋 이미지    65

3. 분산분석    66
(1) T-test    66
(2) ANOVA    71
(3) 분산분석 아웃풋 이미지    75

## 4. 상관관계 분석　　　　　　　　76
(1) 상관분석 시 주의사항　　　　　77
(2) 상관분석의 실행　　　　　　　81
(3) 상관분석 아웃풋 이미지　　　　86

## 5. 회귀분석　　　　　　　　　　87
(1) 질문문항의 구성　　　　　　　88
(2) 회귀분석의 실행　　　　　　　92
(3) 회귀분석의 활용　　　　　　　98
　가. 중요도 분석　　　　　　　　98
　나. 성과분석　　　　　　　　　106

## 6. 요인분석　　　　　　　　　　116
(1) 질문문항의 구성　　　　　　　116
　가. 측정도구의 타당성 검증을 위한 질문문항 구성　116
　나. 시장세분화 분석을 위한 질문문항의 구성　123
　다. 포지셔닝 분석을 위한 질문문항의 구성　125
(2) 요인분석의 실행　　　　　　　127
(3) 요인분석의 활용　　　　　　　135
　가. 측정도구의 타당성 검증　　135
　나. 시장세분화 분석　　　　　144
　다. 포지셔닝 분석　　　　　　161

# C · O · N · T · E · N · T · S


7. Biplot     178
  (1) 질문문항의 구성     179
  (2) Biplot의 활용     181
  (3) Biplot의 응용     199

8. 대응분석과 최적화 척도법     200
  (1) 질문문항의 구성     202
  (2) 대응분석의 실행     203
  (3) 대응분석 활용과 응용     224
    가. 활용 시 주의사항     224
    나. 대응분석의 응용     224
  (4) 최적화 척도법의 활용     225

9. 컨조인트 분석     232
  (1) 제품/서비스 속성 및 수준 결정     232
  (2) 질문문항의 구성     234
  (3) 컨조인트 분석의 실행     242
  (4) 컨조인트 분석의 활용     248
    가. 시장점유율 예측     248
    나. 시장세분화     251

# 마케팅조사 실무에서 활용되는
# 분석기법


1. 가격 분석     265
  (1) 예상가격 직접 질문법     266
  (2) 절대 판정법     267
  (3) 가격감수성 측정법     267
    가. 자료수집 단계     268
    나. 자료 집계 및 그래프 그리기     272
    다. 그래프 해석     274
    라. 최적 가격 선정을 위한 전략도출     274
    마. 가격감수성 측정법 활용과 한계점     278
  (4) 가격가치 측정법과 품질가치 측정법     279
    가. 가격가치 측정법     279
    나. 품질가치 측정법     280
  (5) 내적 준거가격 분석법     281
    가. 자료수집     282
    나. 준거가격의 계산     282
    다. 결과 분석     283
  (6) 이익지수 측정     285

# C · O · N · T · E · N · T · S

2. 매트릭스 분석     287
(1) IPA     287
(2) Klien-grid Analysis     296
(3) 각종 매트릭스 분석     298
가. 표준편차-성과 분석     298
나. 차원-차원, 항목-항목 매트릭스 분석     299
다. 브랜드 지표 매트릭스 분석     300

**THE RESEARCH COMPANY**

THE RESEARCH COMPANY는 국내 최초의 '조사설계 & 분석전문' 조사회사로서
조사설계와 질문지개발, 조사결과분석과 통계분석에 대한 전문적인 서비스를 제공하고 있다.
THE RESEARCH COMPANY의 홈페이지(www.trcompany.co.kr)에서
본 서에서 다루고 있는 분석 데이터와 무료 동영상교육(데모버전)을 다운받을 수 있다.

STEP 01 통계분석과 분석기법 이해

STEP 02 마케팅조사 실무에서 활용되는 통계분석

STEP 03 마케팅조사 실무에서 활용되는 분석기법

# 통계분석과 분석기법 이해

1. 통계분석이란?

2. 분석기법이란?

3. 분석 시 주의사항

통계이론을 기반으로 하는 각종 통계분석과 더불어 마케팅조사 실무에서
활용되는 분석기법에 대해 이해하도록 한다.

# 통계분석과
# 분석기법 이해

## 1. 통계분석이란?

네이버에서 '통계분석' 이라는 단어로 검색하면 통계분석을 대행해 주는 많은 회사들이 검색결과로 나타난다. 이들 회사는 주로 학위논문이나 이론 연구에서 활용되는 각종 통계분석을 대행해 준다. 백과사전에서는 통계분석을 '사회현상에 관한 자료를 수량적으로 파악해서 통계적으로 수집, 정리하여 실태를 밝히는 일' 이라고 정의하고 있다. 통계분석은 쉽게 말해서 통계이론을 바탕으로 한 분석이라고 할 수 있으며, SPSS와 같은 통계분석 패키지에 포함되어 있는 통계분석방법들이 대표적인 예라고 할 수 있다. SPSS 15.0에서 'Analyze'를 선택하면 각종 분석메뉴들이 나오는데 여기에 포함된 대부분의 메뉴들이 통계분석방법들이다.

1 : sex

| | sex | race | | | | sibs | childs | age | educ | paeduc |
|---|---|---|---|---|---|---|---|---|---|---|
| 1 | 2 | | | | 1 | 1 | 2 | 61 | 12 | 97 |
| 2 | 2 | | | | 1 | 2 | 1 | 32 | 20 | 20 |
| 3 | 1 | | | | 0 | 2 | 1 | 35 | 20 | 16 |
| 4 | 2 | | | | 2 | 2 | 0 | 26 | 20 | 20 |
| 5 | 2 | | | | 1 | 4 | 0 | 25 | 12 | 98 |
| 6 | 1 | | | | 0 | 7 | 5 | 59 | 10 | 8 |
| 7 | 1 | | | | 1 | 7 | 3 | 46 | 10 | 8 |
| 8 | 2 | | | | 0 | 7 | 4 | 99 | 16 | 5 |
| 9 | 2 | | | | 2 | 7 | 3 | 57 | 10 | 6 |
| 10 | 2 | | | | 1 | 1 | 2 | 64 | 14 | 8 |
| 11 | 1 | | | | 1 | 6 | 0 | 72 | 9 | 12 |
| 12 | 2 | | | | 0 | 2 | 5 | 67 | 12 | 8 |
| 13 | 1 | | | | 0 | 1 | 0 | 33 | 15 | 11 |
| 14 | 1 | | | | 2 | 2 | 1 | 23 | 14 | 12 |
| 15 | 2 | | | | 2 | 7 | 1 | 33 | 12 | 12 |
| 16 | 2 | | | | 2 | 6 | 2 | 59 | 12 | 8 |
| 17 | 1 | | | | 0 | 4 | 1 | 60 | 14 | 6 |
| 18 | 1 | | | 1.00 | 2 | 6 | 2 | 77 | 9 | 0 |
| 19 | 2 | 2 | | 1.00 | 2 | 0 | 12 | 2 | 52 | 14 | 8 |
| 20 | 1 | 2 | | 1.00 | 1 | 3 | 5 | 1 | 55 | 7 | 98 |
| 21 | 2 | 2 | | 1.00 | 1 | 2 | 2 | 1 | 37 | 14 | 12 |
| 22 | 2 | 3 | | 1.00 | 2 | 0 | 7 | 0 | 45 | 9 | 8 |
| 23 | 2 | 2 | | 1.00 | 3 | 2 | 4 | 0 | 34 | 12 | 98 |
| 24 | 2 | 2 | | 1.00 | 3 | 1 | 7 | 3 | 35 | 9 | 98 |
| 25 | 2 | 2 | | 1.00 | 2 | 2 | 6 | 1 | 35 | 13 | 8 |

빈도분석(Frequency), 교차분석(Cross-tabulation), 상관분석(Correlate), 회귀분석(Regression Analysis), 분산분석(ANOVA), 요인분석(Factor Analysis), 군집분석(Cluster Analysis), 판별분석(Discriminant Analysis), 다차원척도법(Multi-dimensional Scaling) 등이 통계분석의 대표적인 방법들로서, 마케팅조사 실무에서 주로 활용되는 통계분석방법은 어느 정도 정해져 있다. 마케팅조사 실무에서 가장 널리 활용되는 통계분석방법들을 정리해 보았다.

| 구분 | 활용목적 | 활용빈도 |
| --- | --- | --- |
| 빈도분석 | 모든 문항에 대한 기본적 분석 방법 | 매우 높음 |
| 교차분석 | 모든 문항에 대한 기본적 분석 방법 | 매우 높음 |
| 상관분석 | 중요도 산출, 각종 단순관계 분석 | 높은 편 |
| 회귀분석 | 중요도 산출, 각종 인과관계 분석 | 높은 편 |
| 요인분석 | 포지셔닝, 시장세분화, 측정도구의 타당성 검증 | 높은 편 |
| 신뢰성분석<br>(Reliability Analysis) | 측정도구의 신뢰성 검증 | 높은 편 |
| 대응분석<br>(Correspondence Analysis) | 포지셔닝, 자료의 시각화 | 높은 편 |
| 구조방정식(SEM) | 브랜드, 고객만족 등의 측정모델 구축 | 보통 |
| 군집분석 | 시장세분화(요인분석과 연계) | 높지 않음 |
| 분산분석 | 평균 차이에 대한 통계적 검증 | 높지 않음 |
| 카이자승분석(Chi-square) | 비율 차이에 대한 통계적 검증 | 높지 않음 |

SPSS 통계분석 패키지에 메뉴로는 포함되어 있지 않지만, 신택스(Syntax)를 이용해 분석할 수 있는 통계분석방법으로는 최적 상품조합을 도출할 때 활용되는 Conjoint Analysis(Traditional)와 포지셔닝 분석방법인 Biplot 등이 있다. 마케팅조사 실무에서 SPSS 통계분석 패키지가 아닌 별도의 독립패키지를 활용해서 분석하는 통계분석방법으로는 시장세분화 분석 시 활용되는 Latent Gold, 집단분류 분석방법인 CART가 있으며, 응답의 현실성을 고려한 Choice-based Conjoint Analysis, 구조방정식 분석방법인 LISREL, PLS 등이 있다.

| 마케팅조사 실무에서 활용되는 대표적인 독립패키지 통계분석방법 | | |
| --- | --- | --- |
| 구분 | 활용목적 | 대표적인 프로그램 |
| Latent GOLD | 시장세분화 | Latent GOLD 4.5 (Statistical Innovations) |
| CART, Decision Trees | 고객집단 분류 | CART (SALFORD SYSTEMS), Decision Trees (DTREG) |
| Choice-based Conjoint | 신상품 개발 | CBC (Sawtooth Software) |
| LISREL, PLS | 구조방정식 분석 | LISREL (SSI), PLS (Softmodeling) |

# 2. 분석기법이란?

마케팅조사 실무에서는 통계이론에 기초한 통계분석방법들 이외에 다양한 분석기법들을 활용한다. 사실 통계분석과 분석기법이라는 용어를 구분하는 명확한 기준은 없으나 통계이론에 기초한 통계분석과 구별하기 위해 본 서에서는 통계이론에 기초하지 않은 모든 분석방법을 분석기법으로 통칭한다. 마케팅조사 실무에서 주로 활용되는 분석기법들은 다음과 같다.

| 마케팅조사 실무에서 활용되는 주요 분석기법들 | | |
| --- | --- | --- |
| 구분 | 활용목적 | 주요 분석기법 |
| 매트릭스분석 | 우선 개선 순위의 도출 | Importance-performance Analysis<br>Benefit-structure Analysis |
| 가격분석 | 최적 가격 도출 | Price Sensitivity Measurement / Internal Reference Price<br>BPTO(Brand-price Trade Off) |
| 항목분석 | 측정항목의 성격분류 | Klein-grid Analysis / Penalty-reward Analysis<br>Kano Analysis |
| 교차분석 | 시장점유율 예측 | Brand Switching Matrix |

마케팅조사 실무에서 활용되는 분석기법들은 통계이론에 기초하고 있지는 않지만, 대부분이 마케팅 학자들이나 마케팅 실무자들에 의해 개발된 것들이다.

## 3. 분석 시 주의사항

통계분석이나 분석기법은 결과를 분석하기 위한 하나의 도구일 뿐, 그 자체가 목적은 아니라는 점을 결과분석 시 유념해야 한다. 즉, 통계분석이나 분석기법을 적용하기 위해서는 이미 질문문항 개발 단계에서 어떤 분석을 적용하여 결과를 도출할 것인가를 미리 생각해 두어야 한다. 통계분석 패키지가 점점 발전하고 각종 분석기법들이 대중화됨에 따라 어떤 것이든 분석만 적용하면 의미 있는 결과가 도출될 것이라고 착각을 하는 경우가 있으나 이론 연구에서와 마찬가지로 마케팅조사 실무에서도 통계분석이나 분석기법 그 자체보다는 그 결과가 가지는 의미가 더 중요하기 때문에 분석결과에 대한 논리적 구성이 분석 실행보다 더 중요하다는 사실을 잊지 말자. 통계분석이나 분석기법은 의미 있는 결과를 도출하기 위한 수단이지 목적이 아니라는 점을 분석 수행 시 명심해야 한다.

STEP 01 통계분석과 분석기법 이해
STEP 02 마케팅조사 실무에서 활용되는 **통계분석**
STEP 03 마케팅조사 실무에서 활용되는 분석기법

# 마케팅조사 실무에서 활용되는 통계분석

1. 빈도분석
2. 교차분석
3. 분산분석

마케팅조사 실무에서 가장 널리 사용되는 대표적인 통계분석방법들을
살펴보도록 한다.

# 마케팅조사 실무에서
# 활용되는 통계분석

## 1. 빈도분석

이론 연구나 마케팅조사 실무를 막론하고 통계분석에서 가장 기본이 되는 통계분석방법은 바로 빈도분석이다. 통계분석은 숫자로 구성된 데이터에서 의미를 찾기 위해 사용되는 도구이며, 이러한 의미 찾기의 가장 기본은 일단 각 숫자가 얼마나 자주 출현하는지를 살펴보는 것이다. 빈도라는 말은 '같은 현상이나 일이 반복되는 수'라는 의미가 있으므로 빈도분석은 질문지의 각 문항 응답 값에 대해 몇 명이 응답하였고, 각각의 비율은 어떻게 되는지를 계산하는 것이라고 할 수 있다.

예를 들어, 100명의 응답자들에게 '현재 노트북을 보유하고 있는지'를 물었더니 55명이 '1. 있다'에 응답했고, 나머지 45명이 '2. 없다'에 응답했다고 가정해 보자. 여기서 '1. 있다'와 '2. 없다'에 응답한 응답자가 각각 몇 명인지를 파악하고 응답별 응답비율을 계산하면 노트북 보유율을 알 수 있다. 100명 중 55명이 노트북을 보유하고 있다고 응답하였으니 노트북 보유율은 55%이며, 노트북을 보유하지 않은 사람은 45%가 된다. SPSS를 활용해서 빈도분석을 수행하는 기본적인 절차와 방법에 대해 먼저 살펴보자.

## (1) 기본적인 빈도분석 방법

SPSS를 열고 분석할 데이터를 불러온 후 메뉴 - Analyze - Descriptive Statistics - Frequencies를 선택한다. Frequencies 창에서 분석하고자 하는 모든 변수(문항)를 투입한 후 실행한다.

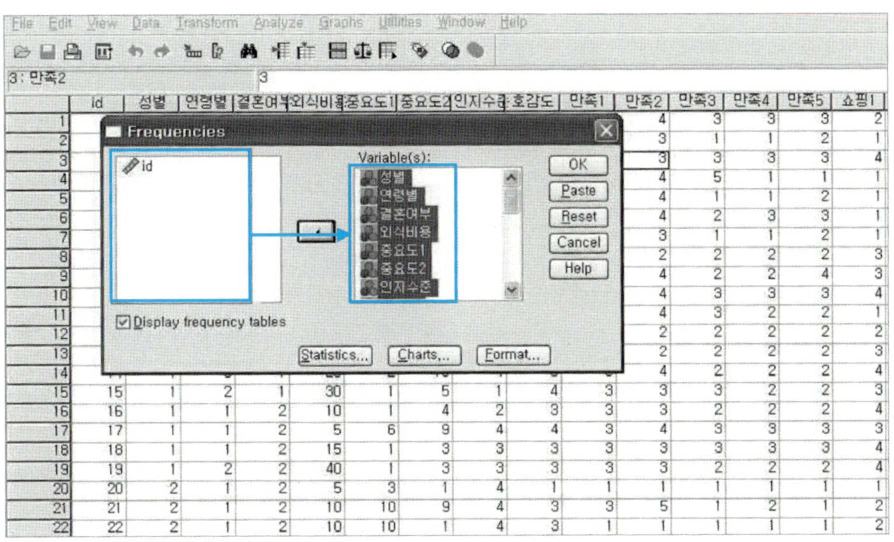


빈도분석 결과의 Output 창에서 맨 먼저 'Statistics'가 제시되는데 이 표는
분석에 투입된 모든 문항들의 분석표본 수를 나타내 준다. 'Statistics' 표의 맨
왼쪽을 보면 'N', 'Valid', 'Missing'이 있다. 여기서 'N'은 표본크기의 영어약
자 표현이며, 'Valid'는 분석에 사용된 표본 수, 'Missing'은 분석에서 제외된
표본 수를 각각 의미한다. 이 표를 활용해 분석에 투입된 모든 변수(문항)의 데이
터가 제대로 입력되어 있는지를 한눈에 확인할 수 있다. 아래 결과에서는 모든
변수(문항)의 표본크기가 300명이고, Missing은 없는 것으로 나타나 있다.

Output 창에서 'Statistics' 아래에는 'Frequency Table'이라는 표가 제시되
어 있다. 'Statistics'에서는 분석에 투입된 모든 변수(문항)의 표본 수를 표시한
반면, 'Frequency Table'은 변수(문항)별 응답 값들의 응답 수와 응답비율을 나
타내 준다.

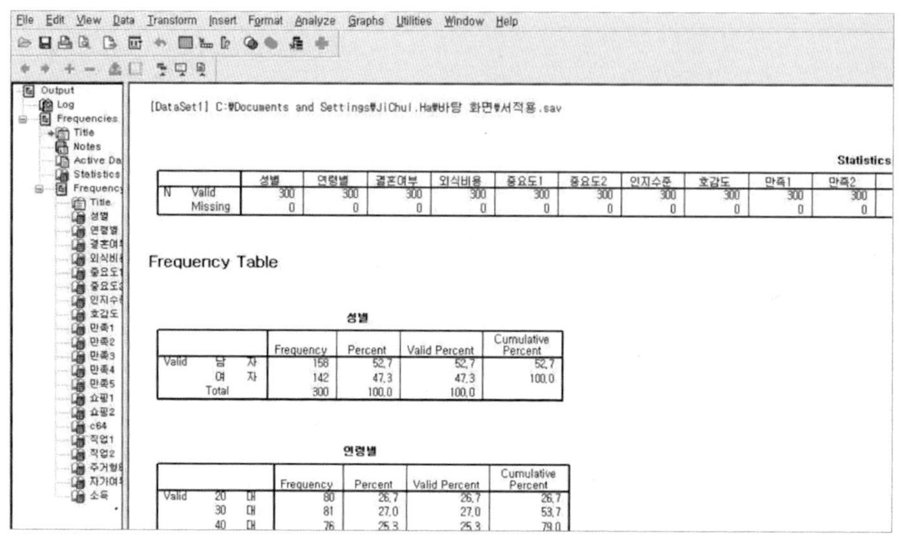

Frequency Table을 보다 구체적으로 살펴보자. 성별, 연령별, 결혼여부별 빈도분석 결과가 제시되어 있다. 테이블마다 맨 왼쪽에는 'Valid', '응답 값의 라벨(이름)', 'Total'이 있고, 오른쪽의 열별로 'Frequency', 'Percent', 'Valid Percent', 'Cumulative Percent'가 각각 제시되어 있다.

우선 맨 왼쪽의 'Valid'는 분석에 사용된 표본 수로서 응답 값이 있는 표본을 바탕으로 집계한 결과를 말한다. 상기 분석결과에서 성별 테이블을 보면 남자, 여자, Total로 되어 있는데 이는 데이터에 남자와 여자의 응답 값이 모두 포함되어 있음을 의미한다. 그래서 남자와 여자의 표본 수를 합치면 Total의 숫자와 일치함을 알 수 있다.

표에서 두 번째 열에 있는 'Frequency'는 응답표본 수를 말한다. 성별 테이블에서 전체 300명 중 158명이 남자, 142명이 여자임을 알 수 있다. 'Frequency'의 옆 난에 있는 'Percent'는 각각의 응답표본 수를 비율로 계산한 수치를 제시해 준다. 300명 중 남자 158명은 52.7%이며, 여자 142명은 47.3%라는 것을 알 수 있다. 'Percent' 옆에 있는 'Valid Percent'는 유효 퍼센트로 응답 값이 입력된 표본 수를 바탕으로 산출되는 응답비율을 말한다. 아래 예에서는 비어 있는 데이터가 없으므로 'Percent'와 'Valid Percent'는 동일한 결과를 나타낸다. 테이블의 맨 오른쪽 열에는 각 응답 값의 누적백분율을 나타내는 'Cumulative Percent'가 있다. '연령별' 테이블의 'Cumulative Percent'를 보면 아래로 내려갈수록 각 응답 값의 응답비율에 더해지면서 100%에 가까워짐을 알 수 있다.

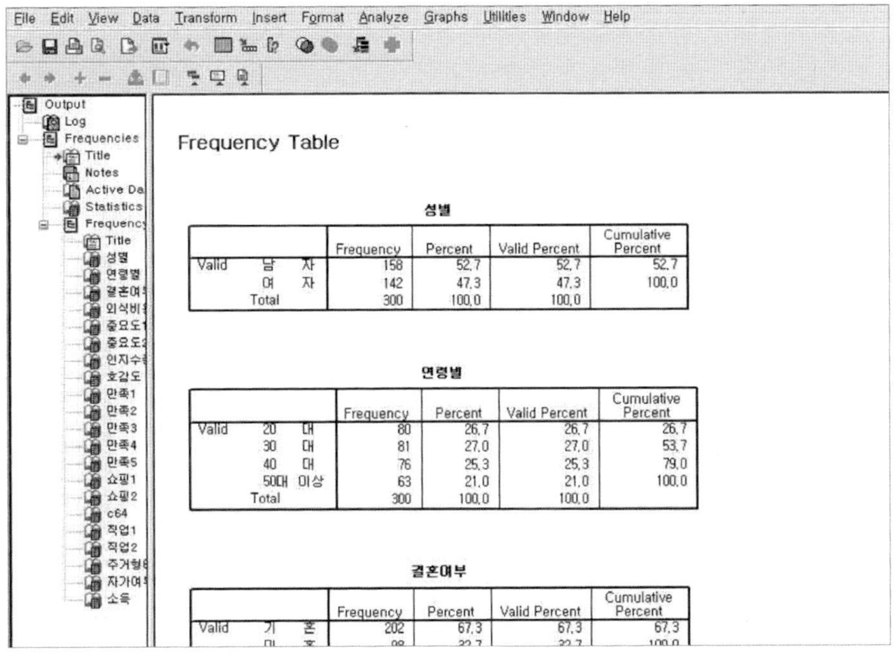

마케팅조사 실무에서는 빈도분석을 활용해 응답된 데이터에 문제가 없는지를 사전에 체크하는 데이터 클리닝과 문항별 응답 값을 집계하는 두 가지 목적으로 활용한다.

## (2) 빈도분석을 이용한 데이터 클리닝

코딩과 펀칭을 거쳐 만들어진 데이터는 먼저 응답자의 응답오류, 데이터 입력 과정에서의 펀칭오류 등은 없는지를 확인해야 하는데 이러한 과정을 데이터 클리닝이라고 한다. 빈도분석을 통한 데이터 클리닝은 크게 누락된 데이터의 확인과 잘못 입력된 데이터의 확인으로 구분해 볼 수 있다.

먼저 누락된 데이터의 확인과 처리에 대해 살펴보자. 만약, 특정 변수(문항)의 응답 값이 일부 빠져 있으면 아래와 같이 Missing System 행에 표시가 되고 Valid의 Total과 Missing System이 포함된 Total이 생기게 된다. 이 테이블이 의미하는 바는 전체 300명의 응답자 중 남자 156명, 여자 142명이며, 2명의 응답자가 응답한 내용 중 성별 변수(문항)에 데이터가 비어 있다는 뜻이다.

**성별**

| | | Frequency | Percent | Valid Percent | Cumulative Percent |
|---|---|---|---|---|---|
| Valid | 남 자 | 156 | 52.0 | 52.3 | 52.3 |
| | 여 자 | 142 | 47.3 | 47.7 | 100.0 |
| | Total | 298 | 99.3 | 100.0 | |
| Missing | System | 2 | .7 | | |
| Total | | 300 | 100.0 | | |

일반적으로 특정 변수(문항)의 데이터가 누락되는 것은 질문지의 구성상 자연스럽게 누락이 생기는 경우와 응답자가 응답을 하지 않아 생기는 무응답 혹은 데이터를 입력하는 과정에서 입력이 누락된 경우로 구분해 볼 수 있다. 응답과정에서 자연스럽게 응답이 되지 않는 전자는 전혀 문제가 되지 않으나 원래 응답이 되어야 하는데 입력이 되지 않은 후자의 경우는 문제가 될 수 있다.

예를 들어, 100명을 대상으로 노트북 보유 여부를 물어본 결과 50명이 '보유하고 있다'고 응답한 반면 40명은 '보유하고 있지 않다', 나머지 10명은 응답을 하지 않았다고 가정해 보자. 이 경우 전체 표본 수는 100명이지만, 분석에 사용된 표본 수는 90명이 된다. 여기서 노트북 보유율은 전체 표본 수를 기준으로 하느냐, 아니면 분석에 사용된 표본 수를 기준으로 하느냐에 따라 달라지게 된다. 전체 표본 수를 바탕으로 하면 노트북 보유율은 50%(50명/100명)가 되지만, 분석에 사용된 표본 수로 보유율을 계산하면 약 56%(50명/90명)가 된다.

따라서 빈도분석을 통해 변수(문항)들의 응답 값들이 누락된 것은 없는지 확인해서 누락이 된 경우에는 반드시 숫자(모름/무응답은 9, 99, 999로 표시)를 입력해 주어서 분석표본 수를 전체 표본 수와 같도록 해 주어야 한다.

**성별**

| | | Frequency | Percent | Valid Percent | Cumulative Percent |
|---|---|---|---|---|---|
| Valid | 남 자 | 156 | 52.0 | 52.0 | 52.0 |
| | 여 자 | 142 | 47.3 | 47.3 | 99.3 |
| | 9 | 2 | .7 | .7 | 100.0 |
| | Total | 300 | 100.0 | 100.0 | |

다음으로 빈도분석을 이용한 데이터 클리닝을 통해 잘못 입력된 데이터 유무를 확인하는 과정을 살펴보자. 객관식 형태로 되어 있는 모든 질문문항에는 응답내용의 보기가 주어지고 보기별로 임의의 번호를 부여하게 된다. 즉, 성별 질문에서 1. 남자, 2. 여자, 연령별 질문에서는 1. 20대, 2. 30대, 3. 40대 등과 같이 번호가 주어지게 된다. 사전에 보기가 부여된 문항의 데이터에는 당연히 보기 번호 이외의 숫자가 있어서는 안 된다.

예를 들어, 성별 질문에 1. 남자, 2. 여자로 보기를 부여하여 응답받은 데이터를 분석해 보니 아래와 같은 결과로 분석되었다고 해 보자. 테이블에서 남자와 여자를 제외한 5, 6, 7은 성별 변수(문항)에서 나와서는 안 되는 숫자들이다.

**성별**

| | | Frequency | Percent | Valid Percent | Cumulative Percent |
|---|---|---|---|---|---|
| Valid | 남 자 | 154 | 51.3 | 51.3 | 51.3 |
| | 여 자 | 142 | 47.3 | 47.3 | 98.7 |
| | 5 | 2 | .7 | .7 | 99.3 |
| | 6 | 1 | .3 | .3 | 99.7 |
| | 7 | 1 | .3 | .3 | 100.0 |
| | Total | 300 | 100.0 | 100.0 | |

이런 현상이 발생하면 우선 데이터에서 해당 숫자로 입력된 응답자가 누군지 확인하고 해당 응답자의 질문지를 찾아서 해당 문항의 응답내용을 확인한 다음, 데이터를 정정해 주어야 한다. 다음의 예에서는 잘못 입력된 숫자를 '모름/무응답'을 의미하는 '9'로 수정하였다. 사소한 것 같지만 데이터에서 누락되었거나 혹은 잘못 입력된 값들을 찾는 것은 결과분석에서 매우 중요하므로 반드

시 사전에 확인하는 습관을 들이는 것이 좋다.

**성별**

| | | | Frequency | Percent | Valid Percent | Cumulative Percent |
|---|---|---|---|---|---|---|
| Valid | 남 | 자 | 154 | 51.3 | 51.3 | 51.3 |
| | 여 | 자 | 142 | 47.3 | 47.3 | 98.7 |
| | 9 | | 4 | 1.3 | 1.3 | 100.0 |
| | Total | | 300 | 100.0 | 100.0 | |

## (3) 중복응답 분석

한 명의 응답자가 한 질문에 대해 2개 이상의 응답을 하는 것을 중복응답이라고 한다. 제품/서비스 구매 시 중요하게 고려하는 요소를 중복으로 받는다거나 지금까지 경험해 본 제품/서비스를 있는 대로 모두 선택하는 것이 중복응답의 대표적인 예이다.

---

**중복응답 문항 예시**

문) 귀하께서 노트북을 구매하실 때 가장 중요하게 고려하시는 것은 무엇 무엇입니까? 다음 보기를 보시고 순서대로 2개까지만 선택해 주십시오.

1순위 : ________________          2순위 : ________________

1. 브랜드
2. 가격
3. 품질/성능
4. 디자인
5. A/S
6. 기타(적을 것 : ________________ )

문) 귀하께서 다음 중 오늘 이전에 들어 보신 적이 있는 브랜드를 모두 선택해 주십시오.

    1. AA브랜드
    2. BB브랜드
    3. CC브랜드
    4. DD브랜드
    5. EE브랜드

한 질문에 하나의 응답만 하게 되는 단답응답에 비해 중복응답을 분석하는 절차는 다소 복잡하다. 중복응답 분석을 위해서는 먼저 데이터를 정리해야 한다. SPSS 메뉴에서 Analyze – Multiple Response – Define Variable Sets를 순서대로 클릭한다.

'Define Multiple Response Sets' 창에서 중복응답분석을 시행할 문항을 왼쪽의 'Set Definition'에서 오른쪽의 'Variables in Set:'으로 옮긴다.

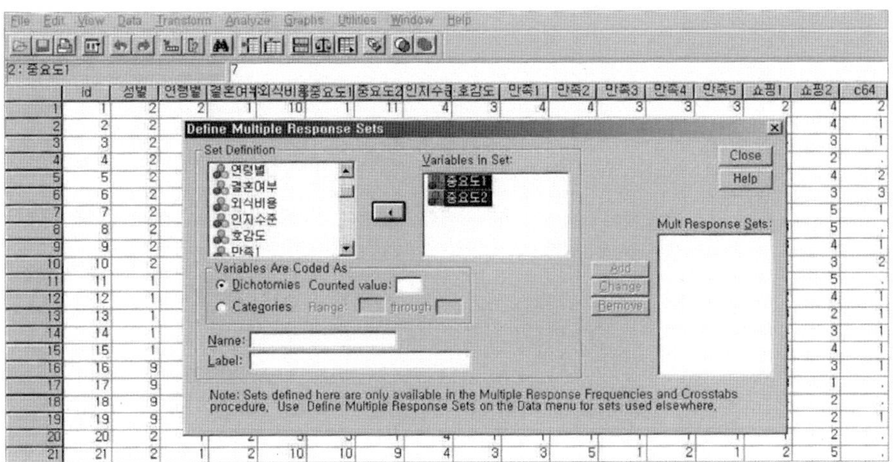

'Set Definition' 아래에 'Variables Are Coded As' 메뉴에서 해당 변수(문항)의 응답 값에 따라 Dichotomies Counted value 또는 Categories를 선택한다. Dichotomies는 응답 값이 0과 1인 경우에 지정하는 것이며, Categories는 응답 값이 일정한 범위(예: 1부터 5까지)를 갖는 것을 말한다. 마케팅조사 실무에서는 대개 중복응답을 Categories로 입력하게 되므로 여기서는 Categories를 다루도록 한다.

Categories를 선택한 후 Range에 해당 문항이 가지는 응답 값의 범위를 입력해 준다. 범위는 데이터에서 해당 변수(문항)에 입력된 가장 작은 값과 큰 값을 의미하는 것으로서 예를 들어, 제품/서비스 구매 시 중요 고려요소에서 보기의

1부터 6까지 응답되었다면 Range의 왼쪽 난에 1, 오른쪽 난에 12를 입력해 주면 된다. Range 아래에 있는 Name과 Label에는 변수명을 입력해 준 후 맨 오른쪽에 있는 Add 버튼을 클릭한다. 그러면 'Multi Response Sets:'에 앞서 지정한 변수가 옮겨져 있음을 확인할 수 있다. 마지막으로 Close를 클릭해서 지정 창을 닫는다.

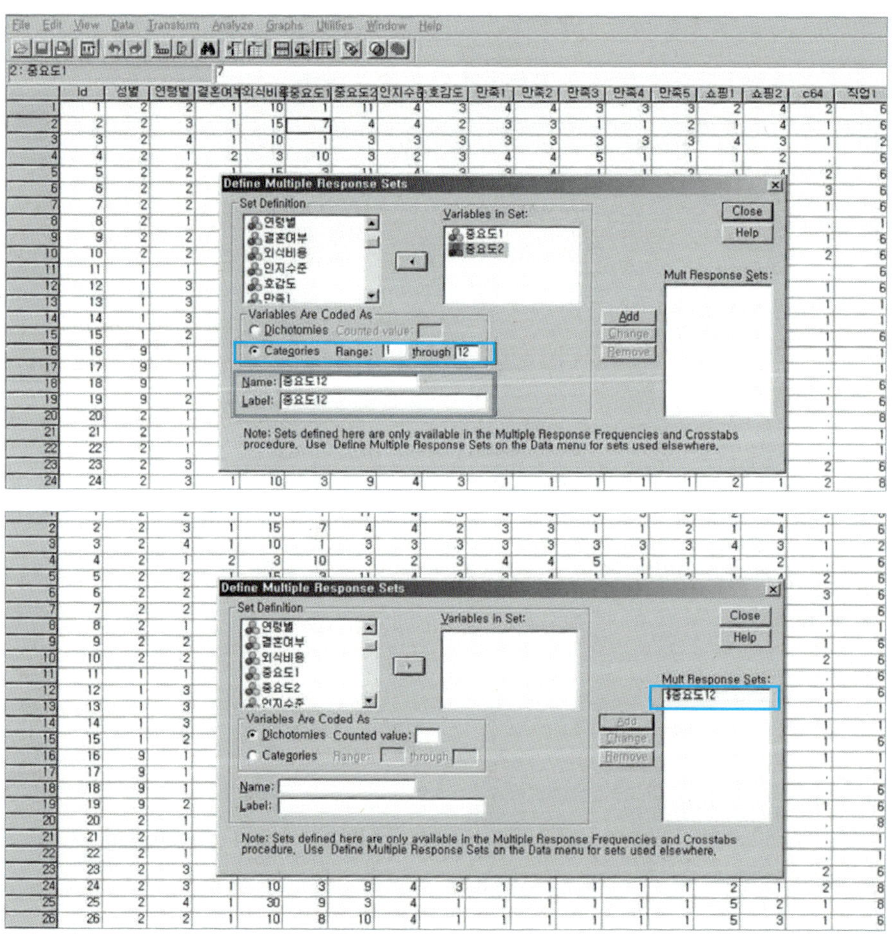

SPSS 메뉴에서 Analyze - Multiple Response를 클릭하면 'Define Variable Sets' 아래에 'Frequencies'와 'Crosstabs'가 활성화되어 있음을 알 수 있다.

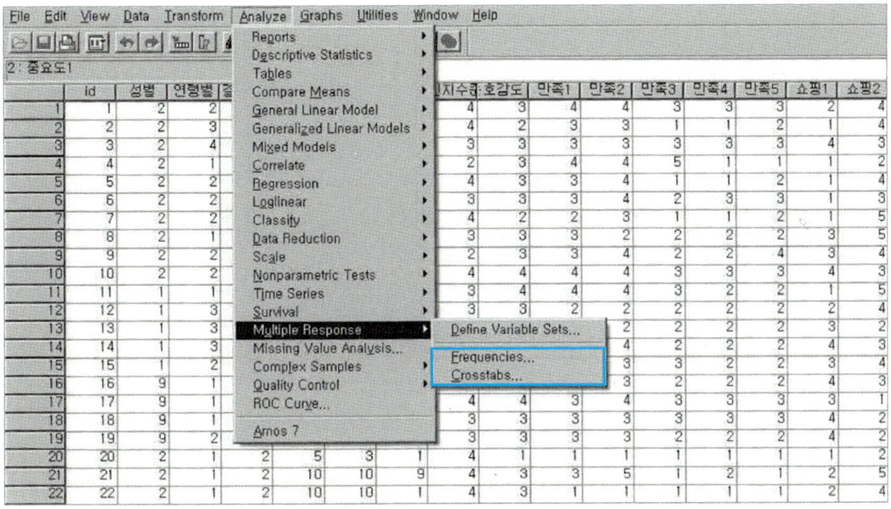

여기서 'Frequencies'를 클릭하면 'Multiple Response Frequencies'라는 창이 뜨는데 이 창의 맨 왼쪽에 있는 변수가 앞서 'Define'에서 만들었던 중복응답 변수이다. 이 변수를 오른쪽에 있는 'Table(s) for:'로 옮긴 다음 OK를 누른다.

중복응답 분석결과 Output을 확인해 보면 이 문항의 응답 값이 1부터 12까지 있음을 알 수 있다. 응답결과에서 중간에 있는 Percent는 개별 응답개수의 총합인 600을 기준으로 한 응답비율이며, 맨 오른쪽에 있는 Percent는 응답자 수인 300을 기준으로 한 응답비율을 의미한다. 마케팅조사 실무에서는 중복응답 분석 시 주로 후자인 응답자 수를 기준으로 한 비율을 사용한다. 아래 결과에서 보면 '1'에 응답한 비율이 응답개수 기준으로는 22.2%지만, 응답자 수를 기준으로 할 때는 44.3%가 된다. 따라서 전체 응답자를 기준으로 할 때 전체 응답자의 44.3%가 1을 중요한 요소로 고려하고 있다고 해석할 수 있으므로 실무에서는 중복응답 분석 시 응답개수가 아닌 응답자 수를 기준으로 비율을 산정하고 해석하게 된다.

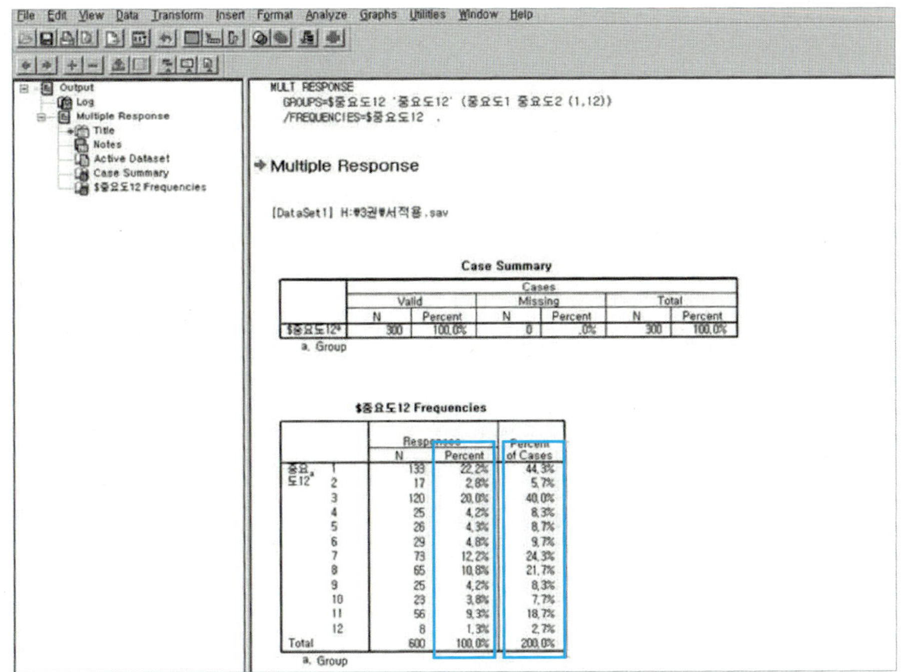



## (4) 평균자료의 빈도분석

지금까지 응답 값들의 분포를 살펴보는 비율자료의 빈도분석에 대해 살펴보았다. 빈도분석을 통해 비율자료뿐만 아니라 평균자료도 분석할 수 있다. 너무나 당연한 이야기이지만, 평균자료의 빈도분석은 평균을 구할 수 있는 자료인 경우에만 의미가 있다. 마케팅조사 실무에서 5점이나 7점 척도로 묻게 되는 호감도, 만족도 등이 대표적인 평균자료의 예이다. SPSS를 활용해 평균자료를 빈도분석 하는 방법에 대해 살펴보자. 먼저 SPSS 메뉴에서 Analyze – Descriptive Statistics – Frequencies를 선택해 빈도분석을 실시할 평균자료

를 선택하여 Variable(s):에 투입한다. 다음으로 'Frequencies' 창의 아래에 있
는 'Statistics'를 클릭한다.

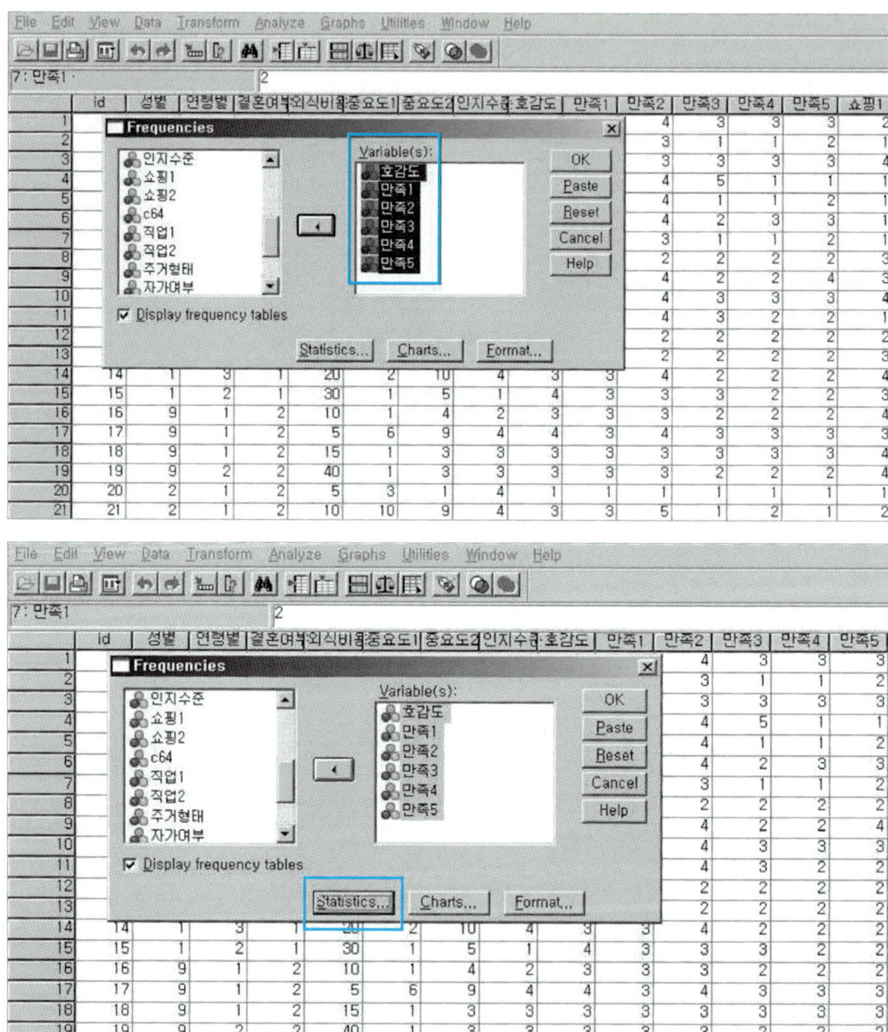

Statistics 창에서 오른쪽의 Central Tendency 아래에 있는 Mean과 왼쪽 아래에 있는 Dispersion에서 Std. deviation을 클릭한다. 마지막으로 'Continue'와 'OK'를 차례대로 클릭한다.

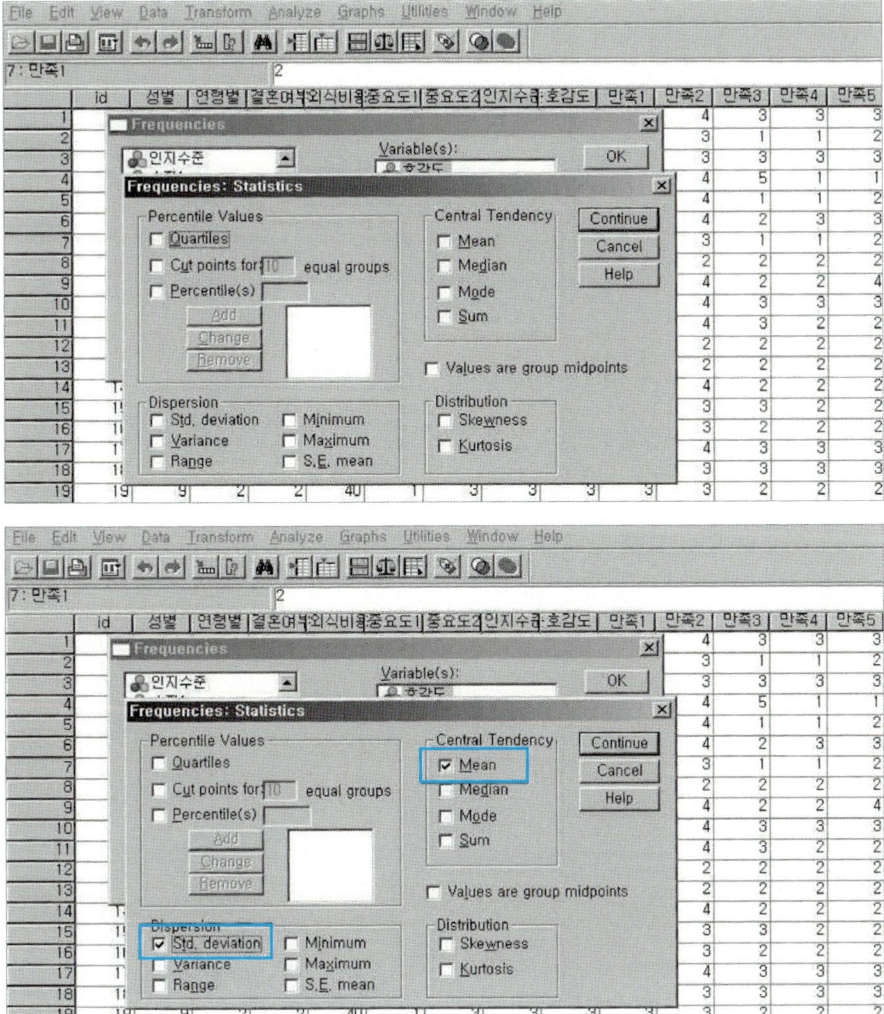

분석결과 Output 창을 보면 맨 위에 'Statistics'가 나타난다. 이 표에는 분석에 사용된 표본 수인 'Valid', 분석에서 제외된 표본 수인 'Missing', 평균인 'Mean', 표준편차인 'Std. Deviation'이 순차적으로 제시되어 있다. Frequency Table에는 문항별 응답 값들이 빈도 수, Percent, Valid Percent, Cumulative Percent 순으로 제시되어 있다.

평균자료는 평균치와 더불어 비율자료 분석도 가능하다. 예를 들어, 브랜드에 대한 호감도를 1. 전혀 호감이 가지 않는다, 2. 별로 호감이 가지 않는다, 3. 보통이다, 4. 다소 호감이 가는 편이다, 5. 매우 호감이 간다로 구성했다고 가정해 보자. 이 자료를 이용해 분석하는 방법은 우선 1점부터 5점까지의 점수 자체를 평균하여 분석할 수 있을 뿐만 아니라, 응답 값별 응답비율과 4점과 5점, 1점과 2점의 응답비율도 분석할 수 있다.

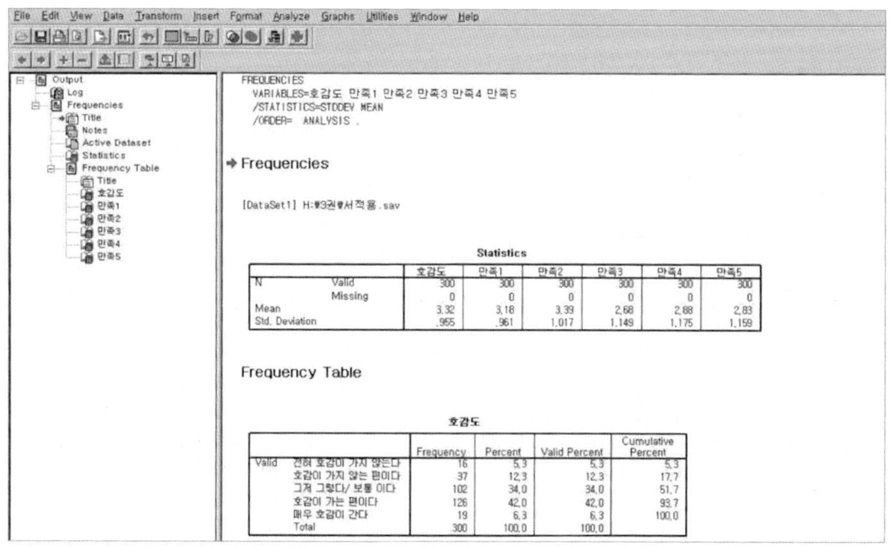



Statistics

|  |  | 호감도 | 만족1 | 만족2 | 만족3 | 만족4 | 만족5 |
|---|---|---|---|---|---|---|---|
| N | Valid | 300 | 300 | 300 | 300 | 300 | 300 |
|  | Missing | 0 | 0 | 0 | 0 | 0 | 0 |
| Mean |  | 3.32 | 3.18 | 3.39 | 2.68 | 2.88 | 2.83 |
| Std. Deviation |  | .955 | .961 | 1.017 | 1.149 | 1.175 | 1.159 |

Frequency Table

호감도

| | | Frequency | Percent | Valid Percent | Cumulative Percent |
|---|---|---|---|---|---|
| Valid | 전혀 호감이 가지 않는다 | 16 | 5.3 | 5.3 | 5.3 |
| | 호감이 가지 않는 편이다 | 37 | 12.3 | 12.3 | 17.7 |
| | 그저 그렇다/ 보통 이다 | 102 | 34.0 | 34.0 | 51.7 |
| | 호감이 가는 편이다 | 126 | 42.0 | 42.0 | 93.7 |
| | 매우 호감이 간다 | 19 | 6.3 | 6.3 | 100.0 |
| | Total | 300 | 100.0 | 100.0 | |

빈도분석을 통해 평균을 산출하고자 하는 경우에는 반드시 모름/무응답을 'Missing' 처리하여야 한다. 그렇지 않으면 모름/무응답이 평균 계산에 반영되어 잘못된 결과가 산출된다. 반면, 비율자료 계산 시에는 모름/무응답이 포함되어야 한다. 앞서 언급한 것처럼 모름/무응답이 Missing된 상태에서 비율자료가 계산되면 전체 응답자 기준이 아니라 '모름/무응답' 을 제외한 응답자 기준으로 비율이 산출되므로 이 역시 비율계산에 왜곡을 가져오기 때문이다. 이러한 이유로 마케팅조사 실무에서는 대개 평균자료의 경우 '모름/무응답' 이 포함된 문항과 '모름/무응답' 이 Missing 처리된 문항을 따로 만들어 평균과 비율 산출 시 각각 활용하는 것이 일반적이다.

그럼, 평균자료의 평균 및 비율 분석을 위해 원래의 평균자료를 새로운 변수(문항)로 만드는 방법에 대해 알아보자. 먼저 SPSS에서 'Transform' - 'Recode into Different Variables..' 를 순서대로 클릭한다. 참고로 이 메뉴는 기존에 있던 변수(문항)를 그대로 두고 새로운 변수(문항)를 만든다는 의미이다. 방금 선택한 메뉴 바로 위에는 'Recode into Same Variables' 가 있는데 이것은 기존에 있던 변수(문항)에서 응답 값들만 바꾸게 하는 메뉴이다.

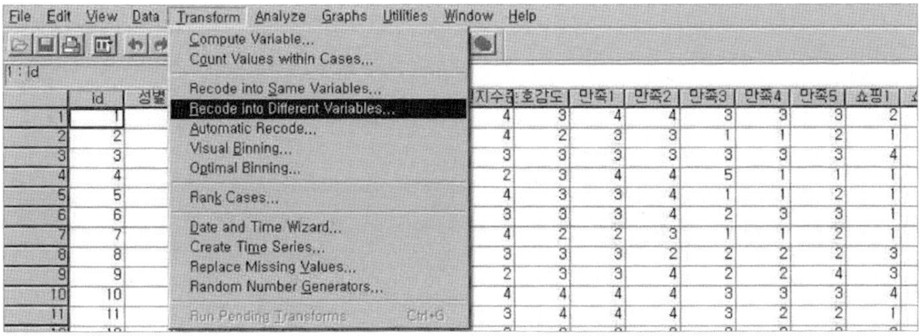

| | id | 성별 | … | 지수ㅋ | 호감도 | 만족1 | 만족2 | 만족3 | 만족4 | 만족5 | 쇼핑1 | |
|---|---|---|---|---|---|---|---|---|---|---|---|---|
| 1 | 1 | | | 4 | 3 | 4 | 4 | 3 | 3 | 3 | 2 | |
| 2 | 2 | | | 4 | 2 | 3 | 3 | 1 | 1 | 2 | 1 | |
| 3 | 3 | | | 3 | 3 | 3 | 3 | 3 | 3 | 3 | 4 | |
| 4 | 4 | | | 2 | 3 | 4 | 4 | 5 | 1 | 1 | 1 | |
| 5 | 5 | | | 4 | 3 | 3 | 4 | 1 | 1 | 2 | 1 | |
| 6 | 6 | | | 3 | 3 | 3 | 4 | 2 | 3 | 3 | 1 | |
| 7 | 7 | | | 4 | 2 | 2 | 3 | 1 | 1 | 2 | 1 | |
| 8 | 8 | | | 3 | 3 | 3 | 2 | 2 | 2 | 2 | 3 | |
| 9 | 9 | | | 2 | 3 | 3 | 4 | 2 | 2 | 4 | 3 | |
| 10 | 10 | | | 4 | 4 | 4 | 4 | 3 | 3 | 3 | 4 | |
| 11 | 11 | | | 3 | 4 | 4 | 4 | 3 | 2 | 2 | 1 | |

분석 창에서 왼쪽에 있는 문항들 중 새로운 변수(문항)로 만들고자 하는 것을 선택하여 오른쪽의 'Input Variable -> Output Variable:'로 옮긴다.

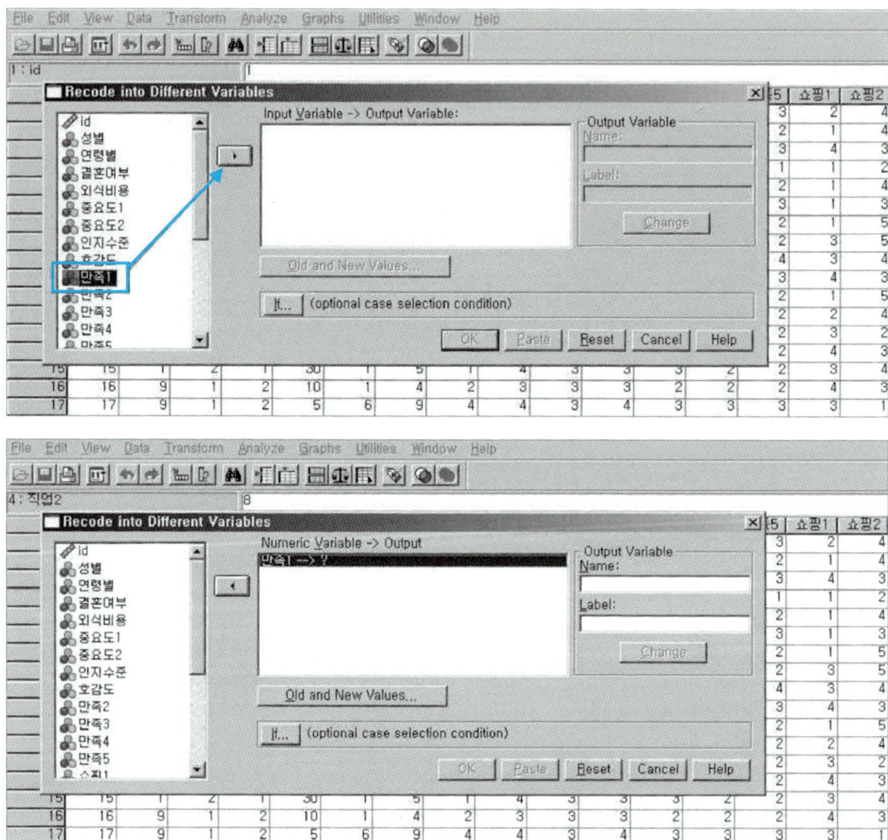

새로 만들 변수의 Name과 Label을 지정한 다음 바로 아래에 있는 Change를 클릭해서 변수명이 잘 변환되었는지 확인한다. 다음으로 창의 중간에 있는 Old and New Values를 클릭한다.

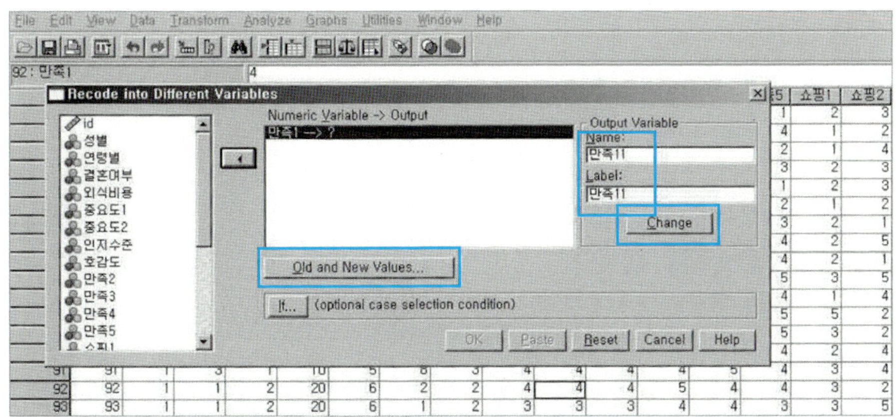

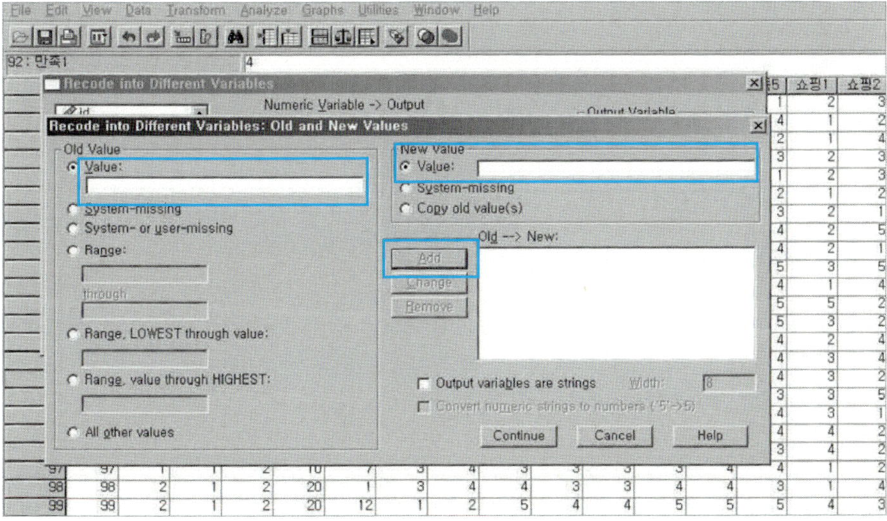

Old and New Values 창에서 왼쪽에 있는 Old Value에 기존 변수(문항)의 값을 입력하고 오른쪽의 New Value에 새로 만들 변수(문항)에서 변경할 값을 입력하면 된다. 지금 새로운 변수를 만드는 목적이 모름/무응답 값을 Missing하는데 있으므로 먼저 기존에 있던 1부터 5까지의 값들은 Old Value와 New Value

에 동일한 값을 입력한 뒤 오른쪽 아래에 있는 Add를 클릭해서 변환하는 작업

을 순차적으로 해 준다.

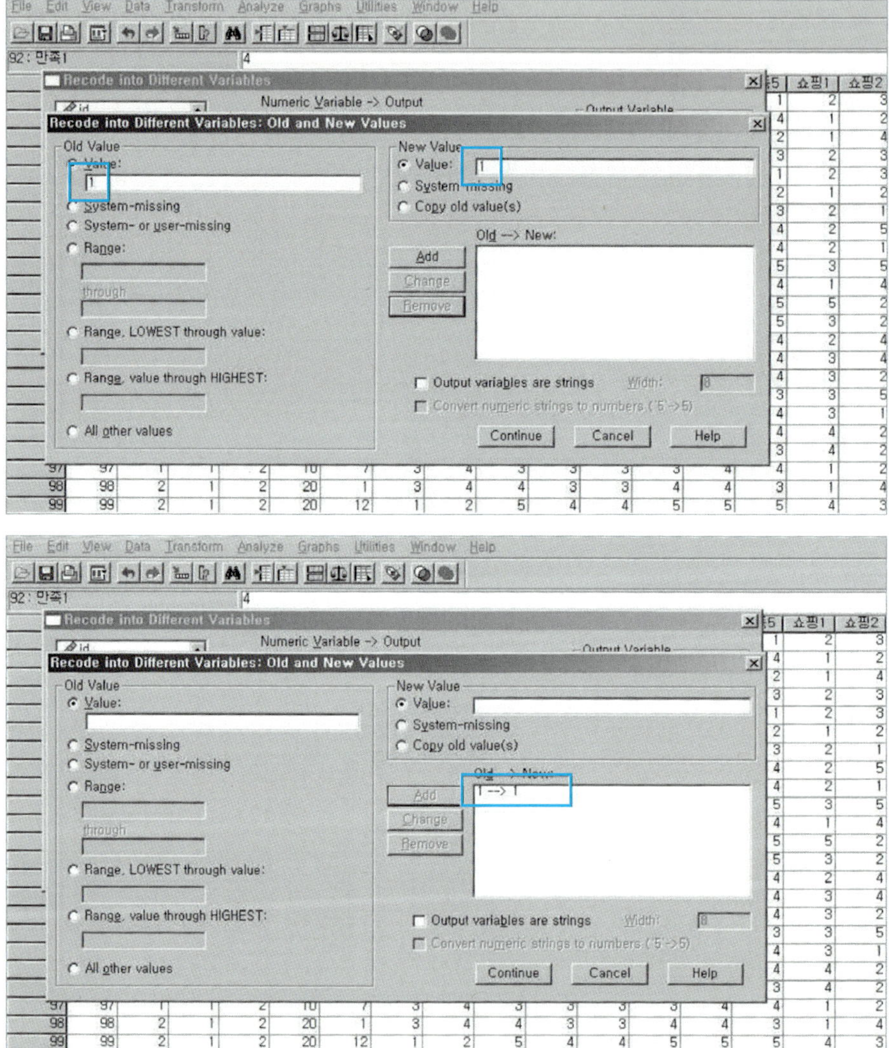

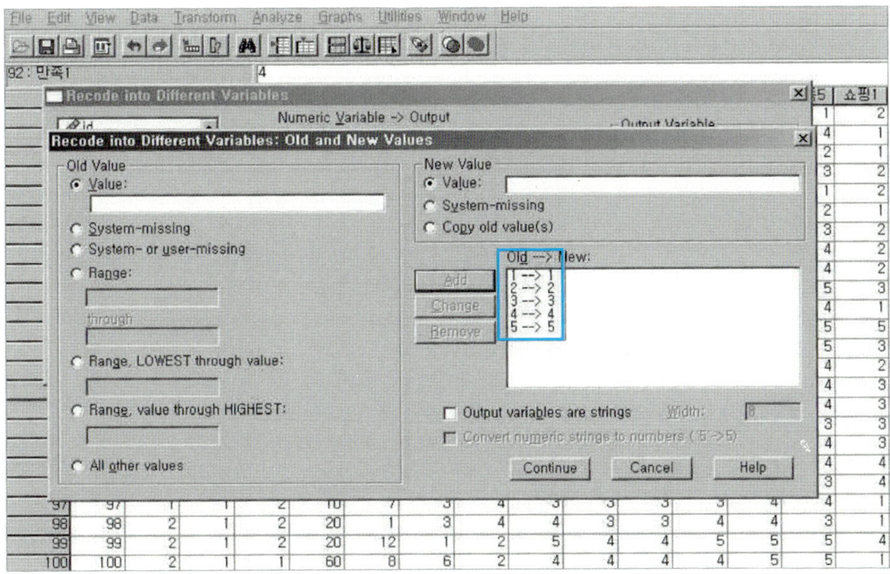

　모름/무응답 값을 Missing 처리하기 위해서는 창의 왼쪽에 있는 Old Value에 9를 입력하고 오른쪽의 New Value에는 Value 입력란 바로 아래에 있는 System-missing을 클릭한 다음 Add를 선택한다. 그러면 9가 System-missing된 것을 확인할 수 있다. 단, 여기서는 '모름/무응답'을 사전에 '9'로 입력했으므로 Old Value에 있는 9를 Missing 처리하는 것이다. 만약, 모름/무응답을 9가 아닌 다른 숫자로 지정하였다면 해당 숫자를 Old Value에 입력해 주어야 한다.

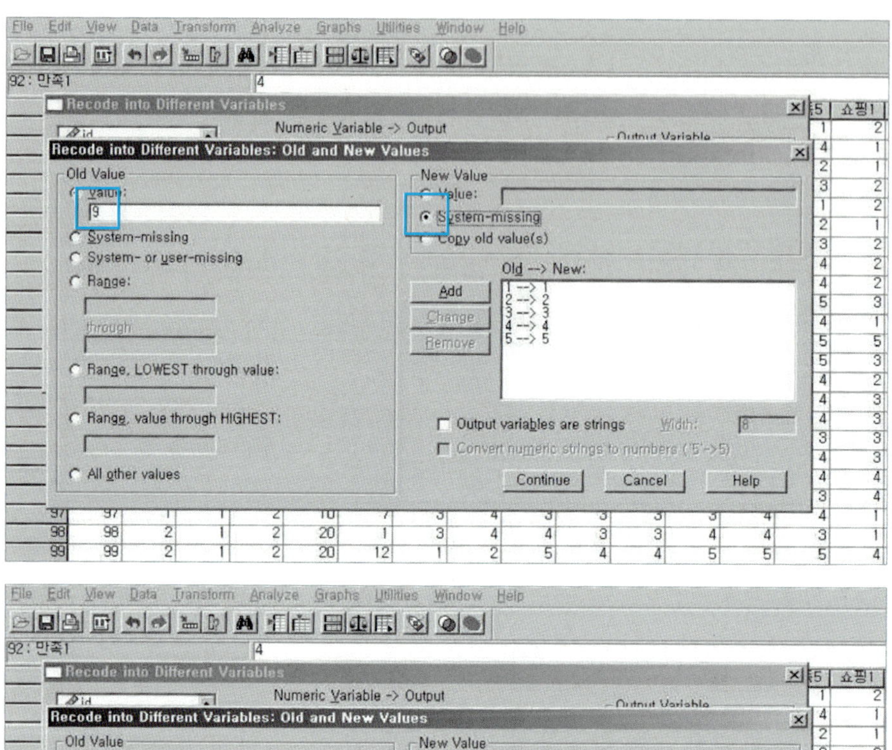

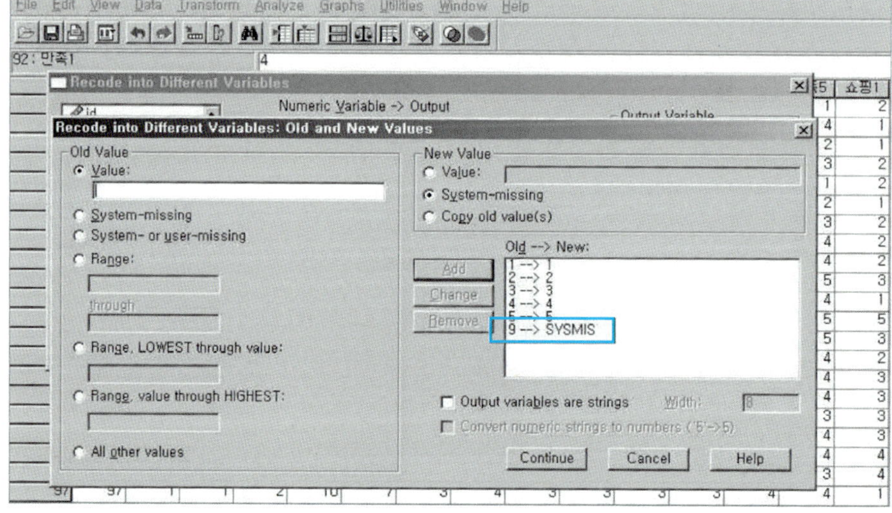

마지막으로 창의 맨 아래에 있는 Continue를 클릭한 후 원래의 분석 창에서 OK를 선택하면 변수 지정이 완료된다. 이제 변수가 제대로 만들어졌는지 알아

보기 위해 Frequency를 확인해 보자. SPSS에서 Analyze – Descriptive Statistics – Frequencies를 선택하여 원래 변수와 새로 만든 변수를 분석대상에 포함시킨 다음 창 아래에 있는 'Statistics'를 클릭하여 'Mean'과 'Std. Deviation'을 선택한 후 Continue와 OK를 순차적으로 눌러 분석을 실행한다.

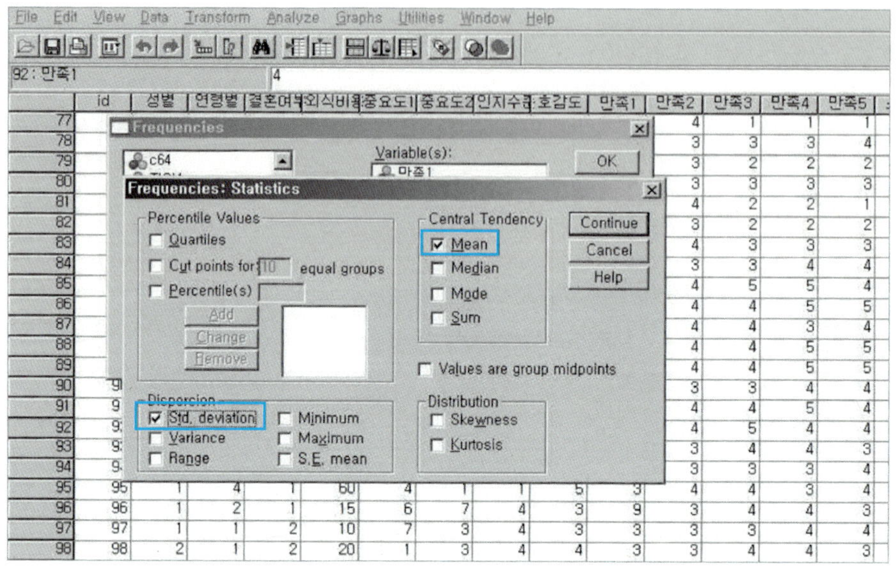

　분석결과 Output을 보면, 'Statistics'에서 원래 변수인 만족1과 새로 만든 변수인 만족11의 Mean과 Std. Deviation 값이 차이가 남을 알 수 있다. 원래 변수인 만족1에는 모름/무응답인 9가 포함되어 계산되었으므로 오류가 있고, 새로 만든 변수인 만족11에는 모름/무응답이 Missing 처리되어 평균과 표준편차 계산 시 반영되지 않았으므로 정확한 값들이다. 'Statistics' 아래에 있는 'Frequency Table'에서도 만족1과 만족11에서의 응답 값별로 응답비율에 차이가 있음을 알 수 있다. 만족1의 경우 Valid Percent 기준 3의 응답비율이 33.7%인 반면, 만족11에서는 34.1%로 모름/무응답 포함 여부에 따라 비율 차이가 약 0.8% 정도 되는 것으로 분석되었다.

→ Frequencies

[DataSet1] H:\3권\부서적용.sav

**Statistics**

|  |  | 만족1 | 만족11 |
|---|---|---|---|
| N | Valid | 300 | 295 |
|  | Missing | 0 | 4 |
| Mean |  | 3.26 | 3.1791 |
| Std. Deviation |  | 1.170 | .96640 |

## Frequency Table

**만족1**

| | | Frequency | Percent | Valid Percent | Cumulative Percent |
|---|---|---|---|---|---|
| Valid | 매우 불만족 | 19 | 6.3 | 6.3 | 6.3 |
|  | 불만족하는 편 | 48 | 16.0 | 16.0 | 22.3 |
|  | 보통 | 101 | 33.7 | 33.7 | 56.0 |
|  | 만족하는 편 | 117 | 39.0 | 39.0 | 95.0 |
|  | 매우 만족 | 11 | 3.7 | 3.7 | 98.7 |
|  | 모름/무응답 | 4 | 1.3 | 1.3 | 100.0 |
|  | Total | 300 | 100.0 | 100.0 | |

**만족11**

| | | Frequency | Percent | Valid Percent | Cumulative Percent |
|---|---|---|---|---|---|
| Valid | 1.00 | 19 | 6.3 | 6.4 | 6.4 |
|  | 2.00 | 48 | 16.0 | 16.2 | 22.6 |
|  | 3.00 | 101 | 33.7 | 34.1 | 56.8 |
|  | 4.00 | 117 | 39.0 | 39.5 | 96.3 |
|  | 5.00 | 11 | 3.7 | 3.7 | 100.0 |
|  | Total | 296 | 98.7 | 100.0 | |
| Missing | System | 4 | 1.3 | | |
| Total |  | 300 | 100.0 | | |

결론적으로 변수(문항)의 평균은 모름/무응답을 제외하여 산출해야 하며, 비율의 경우 모름/무응답을 포함해서 산출해야 정확하다. 평균 산출 시에는 모름/무응답이 포함되어 평균값의 왜곡이 생기게 되며, 비율은 모름/무응답이 포함된 전체 응답자를 기준으로 계산되어야 정확하기 때문이다. 단, 마케팅조사 실무에서는 필요에 따라 비율 계산 시 모름/무응답을 의도적으로 제외하는 경우도 있다. 동일한 조사를 시간의 흐름에 따라 반복적으로 진행하는 연속조사(Tracking)의 경우 모름/무응답 비율에 따라 응답결과가 달라질 수 있어 동일한 조건으로 비교하기 위해 의도적으로 모름/무응답을 제외하고 산출한다. 예를 들어, 만족도 조사를 2년 연속으로 수행하였는데 만족, 보통, 불만족, 모름/무응답 비율이 1년차에는 50%, 30%, 15%, 5%인 반면, 2년차에는 45%, 25%, 15%, 15%였다고 가정해 보자. 모름/무응답을 무시하고 두 수치의 단순 비율만 비교

해 보면 전년에 비해 만족과 보통 응답이 줄어든 반면, 불만족 응답은 변함이 없다고 해석할 수 있으나, 두 조사의 모름/무응답 비율이 다르므로 이런 해석은 잘못된 것이다. 두 조사결과를 모름/무응답을 제외한 재백분율(개별 응답 값을 모름/무응답을 제외한 전체 비율로 나눈 값)로 다시 계산해 보면 1년차는 만족, 보통, 불만족 비율이 각각 53%, 32%, 16%이며, 2년차는 53%, 29%, 18%로 만족 응답은 변화가 없으며, 오히려 보통과 불만족 응답이 전년에 비해 늘어난 것으로 나타난다. 따라서 마케팅조사 실무에서 5점 혹은 7점과 같은 리커트형 척도로 된 변수(문항)를 분석할 때는 응답비율 계산과 평균치 계산 시 모름/무응답 포함/제외 여부를 반드시 확인해야 한다. 나중에 언급하겠지만, 다변량 분석 시에도 모름/무응답의 포함여부는 전체 분석결과에 크게 영향을 미칠 수 있으므로 모름/무응답의 Missing처리 여부는 항상 주의를 기울여야 한다.

## (5) 빈도분석 아웃풋 이미지

비율자료와 평균자료를 이용해 분석한 빈도분석 결과에 대한 아웃풋 이미지에 대한 예시는 다음과 같다.

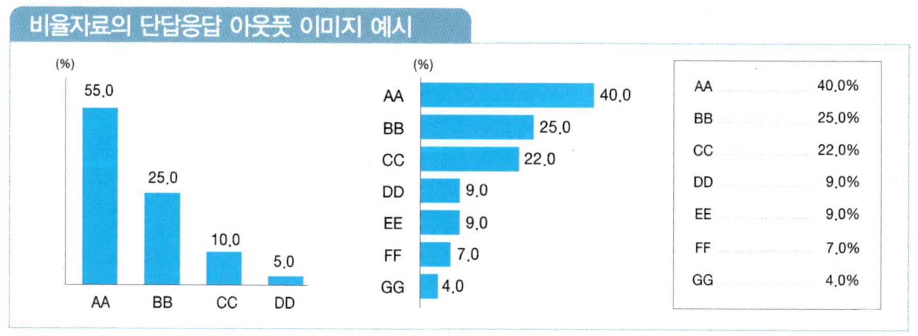

비율자료의 중복응답 아웃풋 이미지 예시

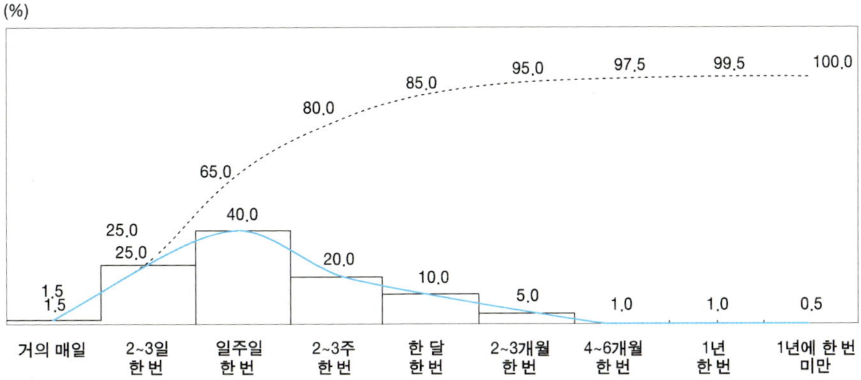

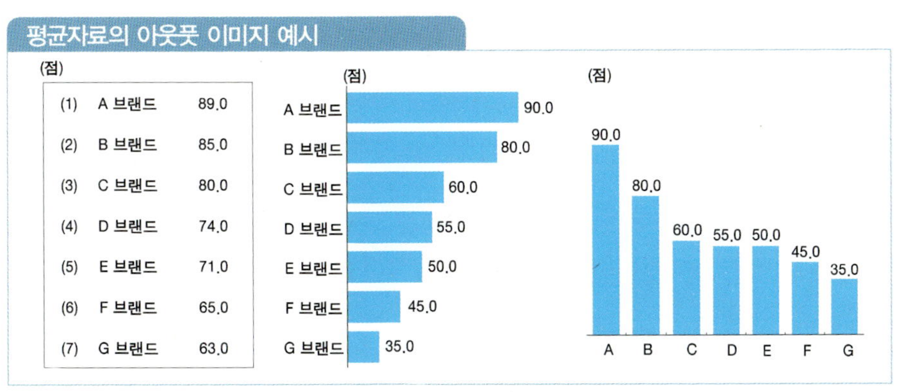

(%)
100.0
99.5
97.5
95.0
85.0
80.0
65.0
40.0
25.0
25.0
20.0
10.0
5.0
1.5
1.5
1.0
1.0
0.5
거의 매일
2~3일 한 번
일주일 한 번
2~3주 한 번
한 달 한 번
2~3개월 한 번
4~6개월 한 번
1년 한 번
1년에 한 번 미만

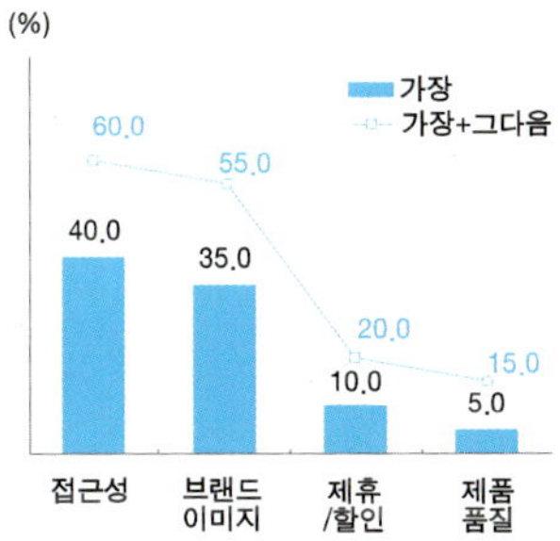

(%)
가장
가장+그다음
60.0
55.0
40.0
35.0
20.0
10.0
15.0
5.0
접근성
브랜드 이미지
제휴/할인
제품 품질

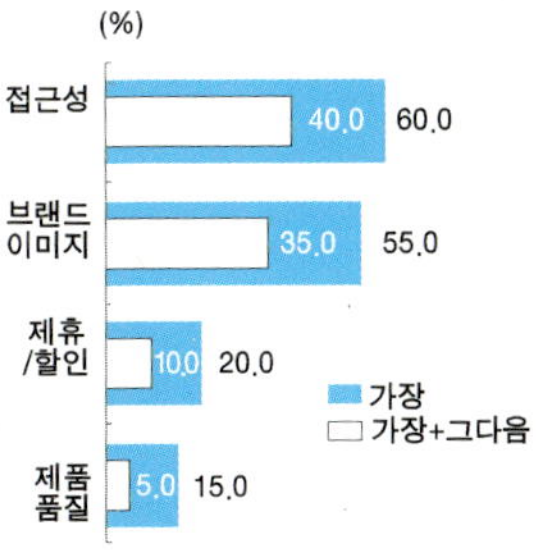

(%)
접근성 40.0 60.0
브랜드 이미지 35.0 55.0
제휴/할인 10.0 20.0
제품 품질 5.0 15.0
가장
가장+그다음

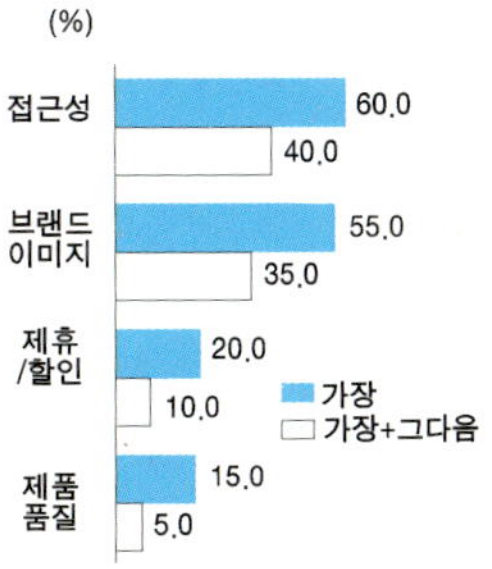

(%)
접근성 60.0 40.0
브랜드 이미지 55.0 35.0
제휴/할인 20.0 10.0
제품 품질 15.0 5.0
가장
가장+그다음

평균자료의 아웃풋 이미지 예시

(점)
(1) A 브랜드 89.0
(2) B 브랜드 85.0
(3) C 브랜드 80.0
(4) D 브랜드 74.0
(5) E 브랜드 71.0
(6) F 브랜드 65.0
(7) G 브랜드 63.0

(점)
A 브랜드 90.0
B 브랜드 80.0
C 브랜드 60.0
D 브랜드 55.0
E 브랜드 50.0
F 브랜드 45.0
G 브랜드 35.0

(점)
90.0
80.0
60.0
55.0
50.0
45.0
35.0
A B C D E F G

## 2. 교차분석

  빈도분석은 전체 응답자를 기준으로만 분석할 수 있지만, 교차분석은 변수(문항)에 대한 응답을 전체 응답자 관점뿐만 아니라 응답자 특성별로도 분석할 수 있다. 즉, 해당 질문(변수)과 응답자 특성(데모 혹은 배너)이 교차(Cross)되는 표(Tabulation)를 작성해서 특정 질문에 대한 응답결과를 전체 응답자 기준과 더불어 응답자 특성별로 어떤 차이가 있는지를 한눈에 알 수 있게 결과를 제시해 주는 분석방법이다. 교차분석은 마케팅조사 실무에서 조사결과 분석을 위해 활용되는 가장 기본적이면서도 중요한 분석도구 중 하나이다. 빈도분석에서와 마찬가지로 비율자료와 평균자료의 교차분석을 순차적으로 설명하도록 한다.

### (1) 비율자료의 교차분석

  SPSS에서 Analyze - Descriptive Statistics - Crosstabs 순으로 클릭하면 분석 창이 뜬다.

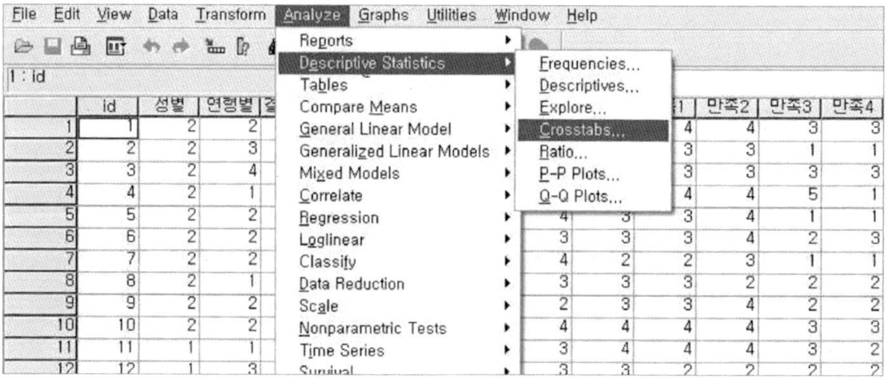

분석 창에서 분석하고자 하는 해당 변수(문항)를 Column(열)에 삽입하고 분석하고자 하는 응답자 특성(예 : 성, 연령, 결혼여부 등)을 Row(행)로 투입한다.

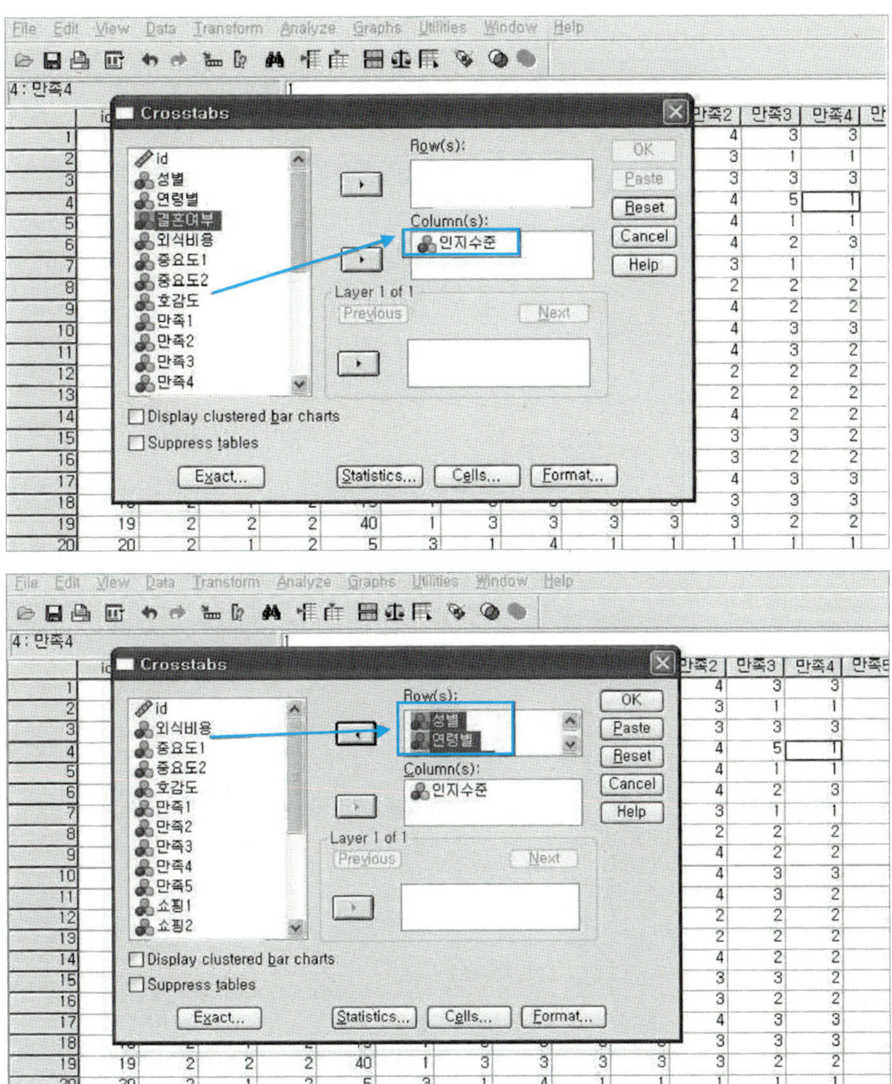

분석 창의 아래쪽에 있는 Cells를 클릭하면 작은 창이 하나 더 뜨는데, 이 창에서 Counts는 Observed, Percentages는 Row와 Total을 선택한 후 Continue, OK를 순차적으로 클릭한다.

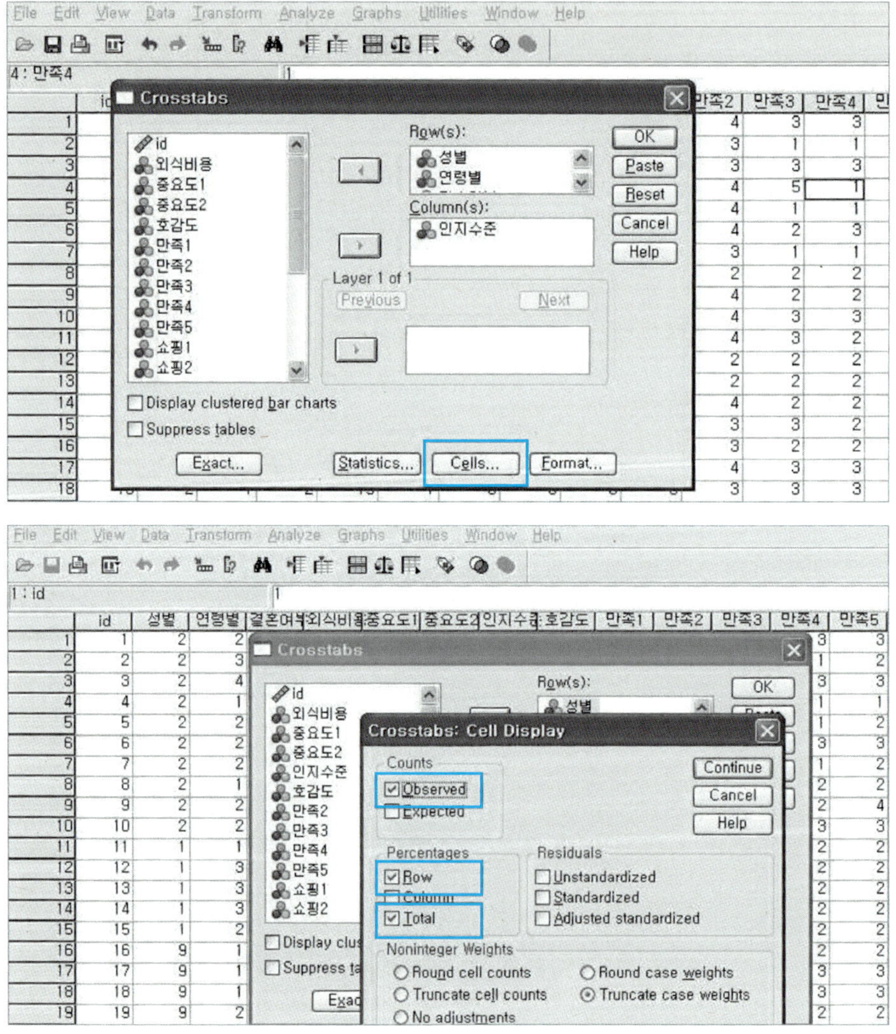

　분석결과 Output 창을 살펴보면 먼저 'Case Processing Summary'가 나타난다. 이 표는 분석에 사용된 변수(문항)와 분석표본 수 등과 같은 기본적인 정보들을 제시해 준다. 아래에서 보는 바와 같이 분석변수는 크게 성별, 연령별, 결혼여부와 만족1이 있으며, 유효표본 수(Valid)는 300명, Missing은 없는 것으로 되어 있다.

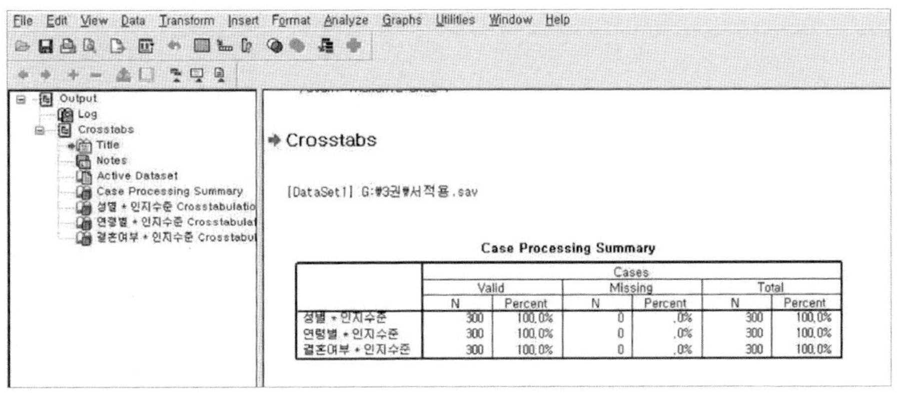

　'Case Processing Summary' 아래에는 변수(문항)별 분석결과표가 하나씩 제시된다. 표에서 Count는 응답자 수, '% within 성별'은 해당 집단을 100%로 봤을 때 각 응답이 해당 집단에서 차지하는 비중인 %, '% of Total'은 전체 집단을 100%로 봤을 때 해당 응답이 차지하는 비중을 말한다. 예를 들어 '남자' – '매우 잘 알고 있다' 셀에서 맨 위의 49는 '남자'이면서 '매우 잘 알고 있다'에 응답한 응답자 수를 말하며, 두 번째 31.8%는 남자집단 전체 중에서 49명이 차지하는 비중, 세 번째에 있는 16.3%는 전체 집단에서 49명이 차지하는 비중을 의미한다.

**성별 * 인지수준 Crosstabulation**

| | | | | 인지수준 | | | | Total |
|---|---|---|---|---|---|---|---|---|
| | | | | 매우 잘 알고 있다 | 어느 정도 알고 있다 | 잘 알지는 못하나 어디쯤 인지는 대충 안다 | 잘 모르겠다 | |
| 성별 | 남 자 | | Count | 49 | 55 | 21 | 29 | 154 |
| | | | % within 성별 | 31.8% | 35.7% | 13.6% | 18.8% | 100.0% |
| | | | % of Total | 16.3% | 18.3% | 7.0% | 9.7% | 51.3% |
| | 여 자 | | Count | 25 | 50 | 23 | 48 | 146 |
| | | | % within 성별 | 17.1% | 34.2% | 15.8% | 32.9% | 100.0% |
| | | | % of Total | 8.3% | 16.7% | 7.7% | 16.0% | 48.7% |
| Total | | | Count | 74 | 105 | 44 | 77 | 300 |
| | | | % within 성별 | 24.7% | 35.0% | 14.7% | 25.7% | 100.0% |
| | | | % of Total | 24.7% | 35.0% | 14.7% | 25.7% | 100.0% |

상기와 같은 교차집계표를 해석하는 방법과 순서를 살펴보면 첫째, 전체 응답자를 기준으로 한 분석결과를 의미하는 행의 맨 아래에 있는 Total 자료를 확인한다. 위 표에서는 매우 잘 알고 있다 24.7%, 어느 정도 알고 있다 35.0%, 잘 알지는 못하나 어디쯤인지는 대충 안다 14.7%, 잘 모르겠다 25.7%이다.

둘째, 남녀 간 응답비율이 차이가 있는지를 보기 위해 남자, 여자 각각의 '% within 성별'의 행에 있는 자료를 해석한다. 위 표에서 '매우 잘 알고 있다'의 응답비율은 남자가 31.8%, 여자가 17.1%로 남자가 여자에 비해 14.7% 높다. 여기서 남, 여라는 응답자 특성별 비율을 해석하는 것이 의미가 있기 위해서는 남녀 집단의 표본크기가 충분한지 보아야 한다. 이는 표의 맨 오른쪽 열에 있는 각 행의 가장 상단에 위치한 응답자 수를 기준으로 판단한다. 이 응답자 수가 100명 이하라면 표본크기가 작으므로 가급적 해석을 하지 않는 것이 좋다.

셋째, 남녀 간 응답비율의 차이가 어느 정도 나야 차이가 있다고 해석할 수 있는지에 대한 궁금증이 생길 수 있다. 통계적으로는 카이자승분석(비율 차 검증)을 통해 차이 여부를 검증할 수 있으나 실무적으로는 통상 최소 5~10% 이상은 되어야 차이가 난다고 해석하는 것이 일반적이다.

교차분석 메뉴에는 비율 차이를 통계적으로 검증하는 카이자승분석을 동시에 할 수 있는 옵션이 있으므로 여기서 잠시 살펴보자. SPSS에서 Analyze – Descriptive Statistics – Crosstabs를 선택한 후 분석 창의 아래에 있는 'Statistics'를 클릭한다. 그러면 새로운 분석 창이 뜨게 되는데 여기서 왼쪽 맨 상단에 있는 'Chi-square'를 선택한 다음 분석을 실행한다.

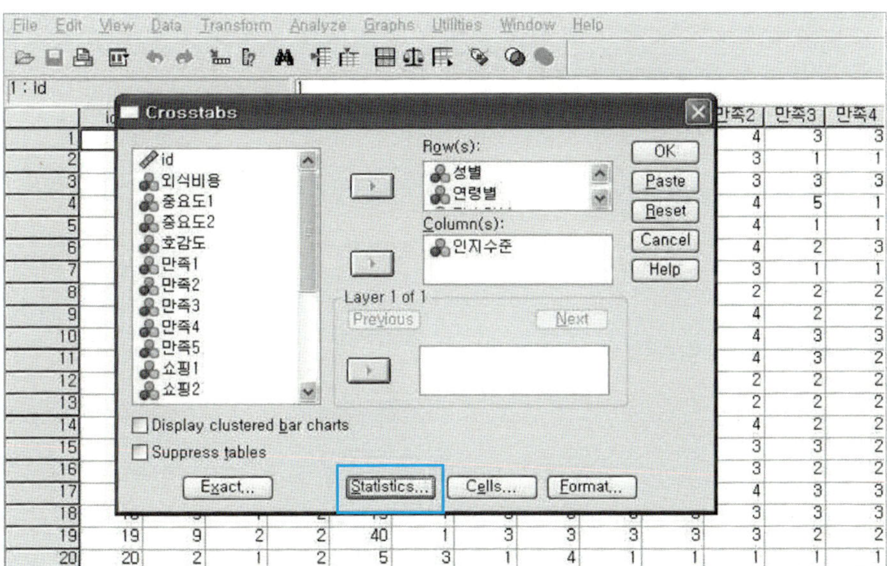

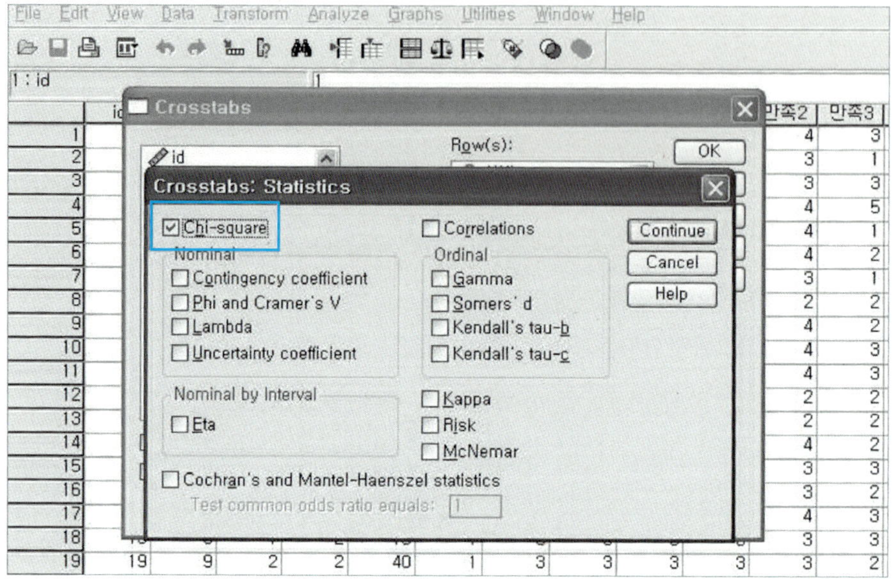

분석결과 Output에는 다음과 같이 교차집계표와 더불어 아래에 Chi-square Tests 결과가 순차적으로 제시된다. Chi-square는 기본적으로 집단 간 응답비율의 차이가 없다고 가정하고 있으므로 유의확률인 Sig 값이 0.05 이하이면 집단 간 응답비율에 차이가 있다고 해석한다. 이 결과에서 유의확률이 0.05 이하이므로 남녀 집단 간 인지수준 비율은 차이가 있음을 알 수 있다. 단, 카이자승 분석을 통해 각 집단 간 변수(문항) 수준에서의 응답률 차이는 검증할 수 있으나, 변수(문항)를 구성하는 응답항목별 응답률의 차이는 검증할 수 없다. 즉, 남자와 여자 집단 간 전반적인 인지수준에 대한 비율 차이에 대해서는 카이자승분석을 통해 차이가 있다, 혹은 없다라고 결론지을 수 있으나 두 집단별 '매우 잘 알고 있다', '어느 정도 알고 있다', '잘 모르겠다'와 같은 개별 문항의 응답비율이 차이가 있는지를 논할 수는 없다.

**Crosstab**

| | | | 인지수준 | | | | Total |
|---|---|---|---|---|---|---|---|
| | | | 매우 잘 알고 있다 | 어느 정도 알고 있다 | 잘 알지는 못하나 어디쯤 인지는 대충 안다 | 잘 모르겠다 | |
| 성별 | 남 자 | Count | 49 | 55 | 21 | 29 | 154 |
| | | % within 성별 | 31.8% | 35.7% | 13.6% | 18.8% | 100.0% |
| | | % of Total | 16.3% | 18.3% | 7.0% | 9.7% | 51.3% |
| | 여 자 | Count | 25 | 50 | 23 | 48 | 146 |
| | | % within 성별 | 17.1% | 34.2% | 15.8% | 32.9% | 100.0% |
| | | % of Total | 8.3% | 16.7% | 7.7% | 16.0% | 48.7% |
| Total | | Count | 74 | 105 | 44 | 77 | 300 |
| | | % within 성별 | 24.7% | 35.0% | 14.7% | 25.7% | 100.0% |
| | | % of Total | 24.7% | 35.0% | 14.7% | 25.7% | 100.0% |

**Chi-Square Tests**

| | Value | df | Asymp. Sig. (2-sided) |
|---|---|---|---|
| Pearson Chi-Square | 12.597[a] | 3 | .006 |
| Likelihood Ratio | 12.779 | 3 | .005 |
| Linear-by-Linear Association | 12.057 | 1 | .001 |
| N of Valid Cases | 300 | | |

a. 0 cells (.0%) have expected count less than 5. The minimum expected count is 21.41.

　　상기의 분석결과를 종합해 보면 전체 응답자의 59.7%는 어느 정도 인지를 하고 있는 것으로 나타났으며, 남자의 '매우+어느 정도 안다' 의 비율이 67.5%로 여자의 51.3%에 비해 높아 남자의 전반적인 인지수준이 여자에 비해 상대적으로 높다고 해석할 수 있다.

　　앞서 살펴본 결과에서 아래와 같이 모름/무응답( '9' )이 포함된 결과를 해석하는 방법에 대해 알아보자. 우선 남자의 모름/무응답이 16.9%로 여자의 2.1%에 비해 훨씬 높아 모름/무응답을 그대로 둔 채 인지수준 결과를 보게 되면 잘못 해석할 수 있다. 아래 결과표에서 남자 집단의 '어느 정도 알고 있다' 의 비율은

28.6%로 여자의 32.2%에 비해 3.6% 정도 낮은 것으로 나타나 있다. 그러나 인지수준에 응답을 하지 않은 모름/무응답 비율을 제외한 재백분율을 적용해 보면 남자 집단은 34.4%(27.3%÷(100%−16.9%)), 여자의 32.9%(17.1%÷(100%−2.1%))에 비해 오히려 1.5% 높은 것으로 나타난다.



**성별 * 인지수준 Crosstabulation**

| | | | | 인지수준 | | | | | Total |
|---|---|---|---|---|---|---|---|---|---|
| | | | | 매우 잘 알고 있다 | 어느 정도 알고 있다 | 잘 알지는 못하나 어디쯤 인지는 대충 안다 | 잘 모르겠다 | 9 | |
| 성별 | 남 자 | | Count | 42 | 44 | 20 | 22 | 26 | 154 |
| | | | % within 성별 | 27.3% | 28.6% | 13.0% | 14.3% | 16.9% | 100.0% |
| | | | % of Total | 14.0% | 14.7% | 6.7% | 7.3% | 8.7% | 51.3% |
| | 여 자 | | Count | 25 | 47 | 23 | 48 | 3 | 146 |
| | | | % within 성별 | 17.1% | 32.2% | 15.8% | 32.9% | 2.1% | 100.0% |
| | | | % of Total | 8.3% | 15.7% | 7.7% | 16.0% | 1.0% | 48.7% |
| Total | | | Count | 67 | 91 | 43 | 70 | 29 | 300 |
| | | | % within 성별 | 22.3% | 30.3% | 14.3% | 23.3% | 9.7% | 100.0% |
| | | | % of Total | 22.3% | 30.3% | 14.3% | 23.3% | 9.7% | 100.0% |

이처럼 비교하고자 하는 집단들이 모름/무응답을 포함하고 있다면 집단 간 비율자료 비교 시 모름/무응답을 반드시 고려하여 해석을 하여야 한다.

## (2) 평균자료의 교차분석

마케팅조사 실무에서는 응답비율이 아닌 리커트형 척도(5점, 7점, 9점, 10점, 11점 등) 문항에 대한 평균값을 교차분석으로 확인해야 하는 경우도 자주 있다. 특히, 브랜드, 서비스품질, 고객만족, 직원만족 등의 지수(Index)를 분석할 때, 평균값에 대한 교차분석을 통해 전체 지수 및 응답자 특성별 지수차이를 비교해야 한다. 빈도분석에서 언급한 바와 같이 평균자료 분석 시 가장 먼저 살펴보아야 할 것은 분석변수(문항)가 '모름/무응답'이 있는지의 여부를 확인하는 것이다. 평균값의 계산에 응답 값 이외에 다른 값들이 포함되면 분석결과가 왜곡되기 때문이다. 모름/무응답의 처리 방법에 대해서는 이미 설명하였으므로 여기서는 모름/무응답의 확인 및 처리 후의 교차분석에 대해서 살펴보기로 한다.

SPSS에서 Analyze – Compare Means – Means 순으로 클릭한다.

분석 창에서는 해당 변수(문항)를 Dependent List(열)로 삽입하고 분석하고자 하는 응답자 특성(예 : 성, 연령, 직업 등)을 Independent List(행)로 투입한다.

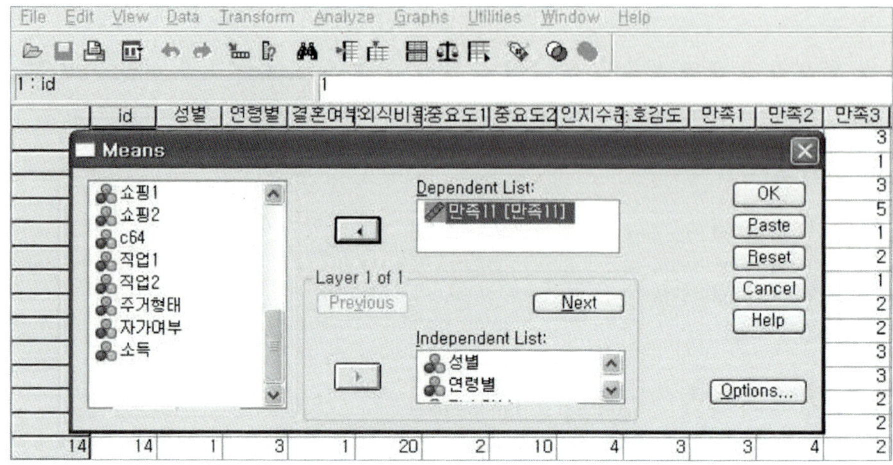

창 오른쪽 하단에 있는 Options를 클릭하면 작은 창이 하나 더 뜨게 되는데, 이 창에서 Means, Standard Deviation, Frequency를 선택한 후 최종적으로 OK를 클릭한다.

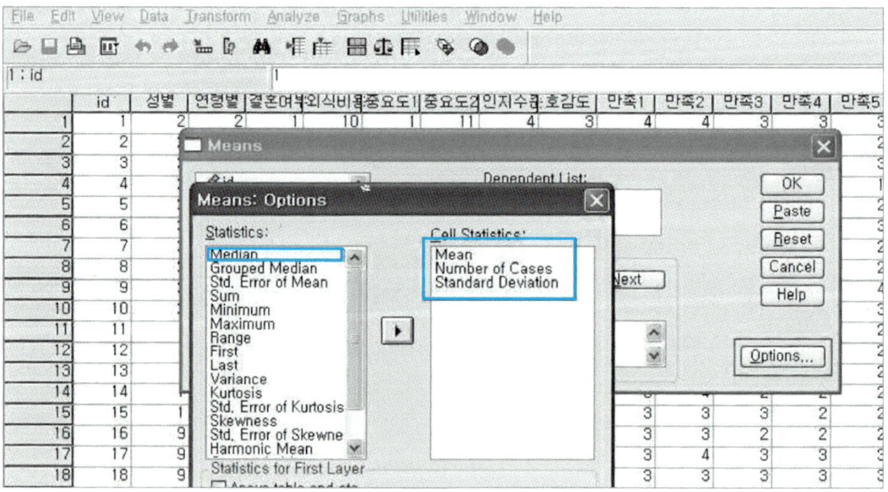

분석결과 Output 창을 살펴보면 비율에 대한 교차분석 결과와 마찬가지로 'Case Processing Summary'에는 분석변수(문항), 분석에 포함된 표본 수와 제외된 표본 수 등이 제시되어 있다. 분석에 포함된 총 표본 수는 296명, 모름/무응답 등으로 Missing된 표본 수는 4명임을 알 수 있다.

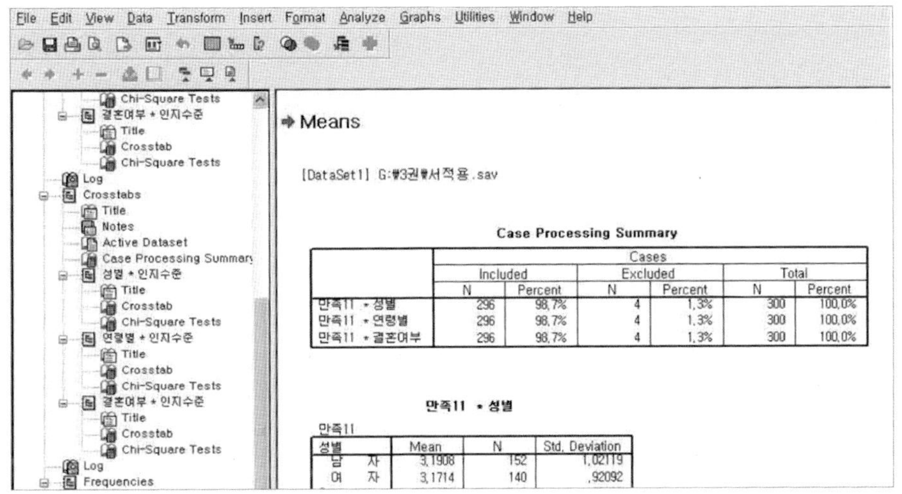

'Case Processing Summary' 아래에는 변수(문항)별 분석결과가 제시된다. 분석결과표에는 응답자 특성별 결과와 맨 아래 전체 결과인 Total이 있고, 평균, 분석표본 수(N), 그리고 표준편차로 구성되어 있다.

평균자료의 교차분석 결과 해석 시에는 가장 먼저 Mean 값과 표본크기를 본다. 통상 표본크기가 30 이하인 경우에는 분석결과를 해석하지 않는 것이 좋다. 표의 맨 오른쪽에 있는 표준편차는 해당 문항에 응답한 응답자들의 평균적인 응답범위라고 할 수 있다. 즉, 문항에 대해 응답자들이 응답한 수치 차이의 평균이라고 할 수 있다. 따라서 표준편차 값이 크면 클수록 해당 문항에 응답한 응답 자들의 응답수치 차이가 크다(응답자에 따라 생각/느낌/태도의 차이가 크다)고 해석할 수 있으며, 작으면 작을수록 응답자별로 차이가 크지 않다고 해석할 수 있다. 브랜드, 고객만족 등의 지수분석 시에는 일반적으로 평균값이 상대적으로 작고, 표준편차 값이 큰 문항이 우선 관리대상이 된다.

**만족11**

| 성별 | Mean | N | Std. Deviation |
|---|---|---|---|
| 남　　자 | 3.1908 | 152 | 1.02119 |
| 여　　자 | 3.1714 | 140 | .92092 |
| 9 | 3.0000 | 4 | .00000 |
| Total | 3.1791 | 296 | .96640 |

**만족11 ＊ 연령별**

**만족11**

| 연령별 | Mean | N | Std. Deviation |
|---|---|---|---|
| 20　　대 | 3.2500 | 80 | .98726 |
| 30　　대 | 3.2658 | 79 | .98331 |
| 40　　대 | 3.1622 | 74 | .86050 |
| 50대　이상 | 3.0000 | 63 | 1.03175 |
| Total | 3.1791 | 296 | .96640 |

　　상기의 조사결과를 해석해 보면, 전체 응답자의 만족도 점수는 5점 만점을 기준으로 3.18점이다. 성별로는 남자가 3.19점, 여자가 3.17점으로 만족도 수준은 차이가 없는 것으로 나타났다. 연령별로는 20~30대의 만족도 점수가 높은 반면, 40대와 50대 이상이 낮다. 50대 이상은 만족도도 낮고 표준편차도 다른 연령층에 비해 상대적으로 커서 만족 집단과 불만족 집단의 차이가 크다는 것을 알 수 있다.

여기서 성별로는 남자와 여자, 연령별로는 20대와 30대, 30대와 40대, 40대와 50대 이상 집단 간 만족도 점수의 차이 여부를 해석하여야 한다. 실무에서는 통상 100점 만점 기준으로 1~2점, 5점이나 7점 만점 기준으로는 0.1~0.2점 정도면 점수 차이가 있다고 해석한다. 평균의 차이에 대한 보다 정확한 해석을 위해서는 통계적 검증을 거쳐야 한다.

## (3) 비율(평균)자료의 교차분석 아웃풋 이미지

비율자료와 평균자료를 이용해 분석한 교차분석 결과에 대한 아웃풋 이미지에 대한 예시는 다음과 같다.

**비율자료의 교차분석 아웃풋 이미지 예시**

| 구분 | | 사례 수(명) | A타입 | B타입 | C타입 | D타입 |
|---|---|---|---|---|---|---|
| 연령별 | 20대 초반 | 170 | 75.0 | 75.0 | 75.0 | 75.0 |
| | 20대 후반 | 225 | 70.0 | 70.0 | 70.0 | 70.0 |
| | 30대 초반 | 200 | 65.5 | 65.5 | 65.5 | 65.5 |
| | 30대 후반 | 210 | 60.0 | 60.0 | 60.0 | 60.0 |
| | 40대 초반 | 195 | 55.0 | 55.0 | 55.0 | 55.0 |
| 이용 빈도별 | 1~2회 | 250 | 65.5 | 65.5 | 65.5 | 65.5 |
| | 3~4회 | 380 | 75.5 | 75.5 | 75.5 | 75.5 |
| | 5회 이상 | 370 | 80.0 | 80.0 | 80.0 | 80.0 |
| 고객 등급별 | A등급 | 220 | 60.0 | 60.0 | 60.0 | 60.0 |
| | B등급 | 550 | 75.5 | 75.5 | 75.5 | 75.5 |
| | C등급 | 230 | 80.0 | 80.0 | 80.0 | 80.0 |

| 구분 | | 사례 수(명) | 전반적 만족도 | A차원 만족도 | B차원 만족도 | C차원 만족도 | D차원 만족도 | E차원 만족도 | F차원 만족도 |
|---|---|---|---|---|---|---|---|---|---|
| 성별 | 남자 | 500 | 70.0 | 70.0 | 70.0 | 70.0 | 70.0 | 70.0 | 70.0 |
| | 여자 | 500 | 60.0 | 60.0 | 60.0 | 60.0 | 60.0 | 60.0 | 60.0 |
| 연령별 | 20대 | 250 | 55.0 | 55.0 | 55.0 | 55.0 | 55.0 | 55.0 | 55.0 |
| | 30대 | 380 | 60.0 | 60.0 | 60.0 | 60.0 | 60.0 | 60.0 | 60.0 |
| | 40대 | 370 | 70.0 | 70.0 | 70.0 | 70.0 | 70.0 | 70.0 | 70.0 |
| 이용 횟수별 | 1~2회 | 220 | 70.0 | 70.0 | 70.0 | 70.0 | 70.0 | 70.0 | 70.0 |
| | 3~4회 | 550 | 65.0 | 65.0 | 65.0 | 65.0 | 65.0 | 65.0 | 65.0 |
| | 5회 이상 | 230 | 50.0 | 50.0 | 50.0 | 50.0 | 50.0 | 50.0 | 50.0 |

# 3. 분산분석

집단 간 평균에 차이가 있는지를 검증하는 것은 분산분석이다. 비교대상이 되는 집단의 수에 따라 두 집단 간 비교는 T-test, 3개 이상의 집단 간 비교는 ANOVA를 사용한다.

## (1) T-test

T-test는 두 집단 간 평균 차이를 검증하는 데 사용된다. 앞서 평균자료의 교차분석에서 예로 든 남녀 집단 간에 평균 차이가 있는지를 실제로 검증해 보자.

SPSS - Analyze - Compare Means를 선택하면 One-Sample T Test, Independent-Samples T Test, Paired-Samples T Test가 있다.

Independent-Samples T Test는 비교집단이 서로 독립인 경우, 즉 서로 다른 집단을 비교하고자 하는 경우에 활용되며, Paired-Samples T Test는 동일한 집단의 평균 차이를 검증하기 위해 사용된다. 전자는 성별, 연령별 등 응답자 특성별 비교에 주로 사용되며, 후자는 콘셉트나 제품 테스트 시 동일한 집단에 대해 사전, 사후에 걸쳐 응답받은 결과를 비교하고자 할 때 활용된다. 여기서는 성별 비교이므로 Independent-Samples T Test를 순서대로 클릭한다.



분석 창에서 평균변수(문항)를 Test Variable(s)에 투입하고 비교대상이 되는 집단변수를 아래에 있는 Grouping Variable에 투입한다. Grouping Variable 은 변수 투입 후 아래에 있는 Define Groups를 클릭해서 집단을 구분하는 숫자 를 지정해 준 후 분석을 실행한다.

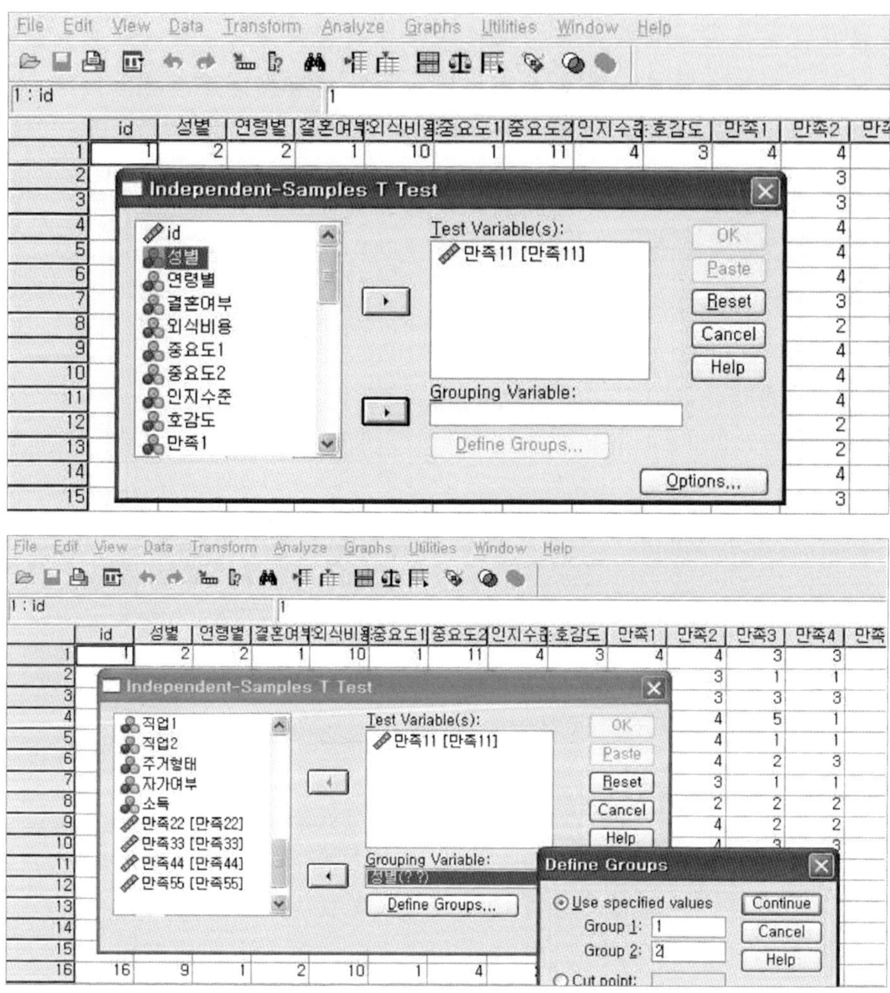

결과 Output 창의 맨 상단에는 Group Statistics가 제시된다. 이 표에서는 집단별 표본 수(N), 평균(Mean), 표준편차(Std. Deviation), 그리고 표준오차의 평균(Std. Error Mean)이 각각 제시되어 있다. 남자의 평균이 약 3.19점, 여자는 3.17점이다.

Group Statistics 아래에는 평균 차이에 대한 검증 결과인 Independent Samples Test가 있다. 이 표에서는 우선 맨 왼쪽에 있는 집단 간 등분산 가정부터 살펴보아야 한다. Levene's Test for Equality of Variances에서 Sig 값이 0.05 이하이면 표에서 맨 아래에 있는 수치를 기준으로 해석하고 0.05 이상이면 위쪽의 수치를 해석하면 된다. 여기서는 0.078로 0.05보다 크므로 첫 번째 행에 있는 수치를 해석하면 된다. 두 집단 간 평균에 차이가 있는지를 나타내 주는 수치는 중간에 있는 Sig(2-tailed)이다. 이 값이 0.05 이하이면 두 집단 간 평균에 차이가 있다는 것을 의미하며, 0.05 이상이면 통계적으로 차이가 없다는 것을 의미한다. 아래 표에서는 0.865로 남자와 여자 집단 간 만족도 점수의 차이가 없는 것으로 분석되었다.

**➡ T Test**

[DataSet1] E:\usb최근\3권\서적용.sav

**Group Statistics**

| | 성별 | N | Mean | Std. Deviation | Std. Error Mean |
|---|---|---|---|---|---|
| 만족11 | 남 자 | 152 | 3.1908 | 1.02119 | .08283 |
| | 여 자 | 140 | 3.1714 | .92092 | .07783 |

**Independent Samples Test**

| | | Levene's Test for Equality of Variances | | t-test for Equality of Means | | | | | | 95% Confidence Interval of the Difference | |
|---|---|---|---|---|---|---|---|---|---|---|---|
| | | F | Sig. | t | df | Sig. (2-tailed) | Mean Difference | Std. Error Difference | Lower | Upper |
| 만족11 | Equal variances assumed | 3.136 | .078 | .170 | 290 | .865 | .01936 | .11414 | -.20529 | .24402 |
| | Equal variances not assumed | | | .170 | 289.875 | .865 | .01936 | .11366 | -.20434 | .24306 |

동일한 집단을 대상으로 콘셉트 · 제품 테스트를 사전 · 사후적으로 실시한 조사결과를 비교하는 Paired-Samples T Test도 간략하게 살펴보자. SPSS - Analyze - Compare Means를 선택하고, Paired-Samples T Test를 순서대

로 선택한다.

분석 창에서 왼쪽에 있는 여러 변수들 중 비교하고자 하는 두 변수(사전결과와 사후결과)를 순서대로 선택하여 오른쪽에 있는 Paired Variables에 투입한 후 OK를 누른다.

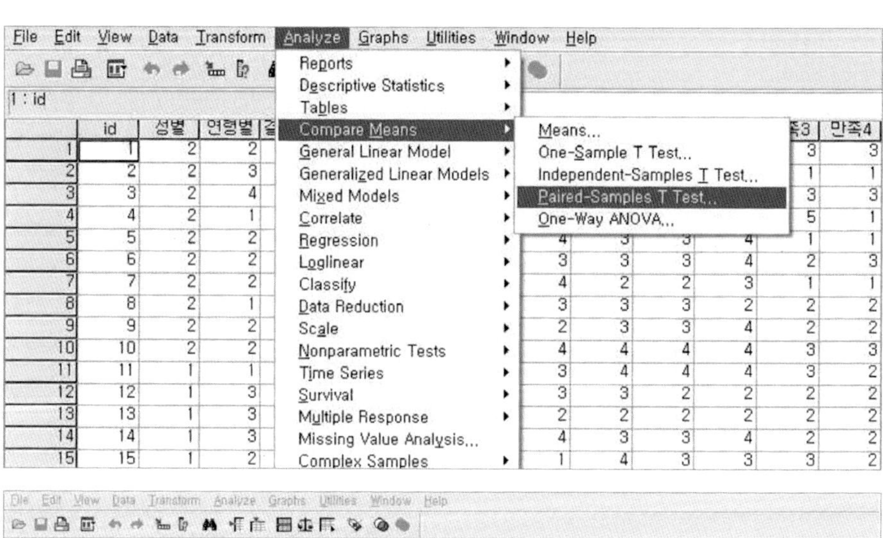

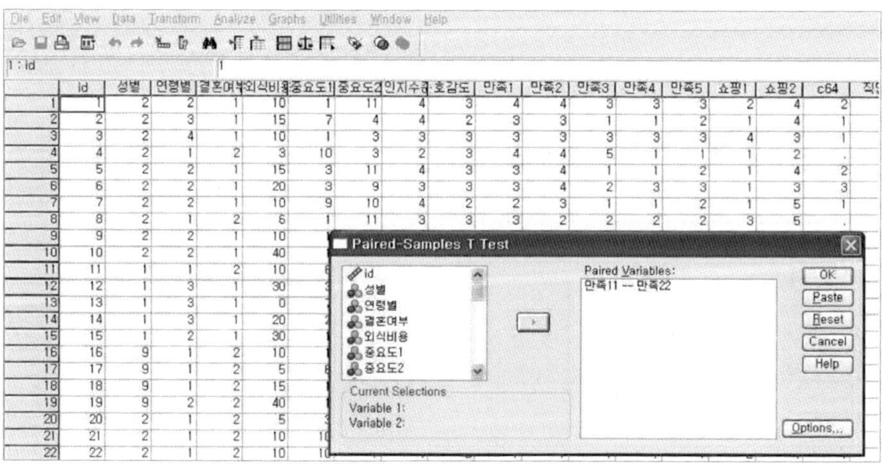

Output 창에서 맨 아래에 있는 Paired Samples Test 표에서 맨 오른쪽에 있
는 Sig 값이 0.05 이하인지를 확인하면 된다. 본 예에서는 Sig 값이 0.05 이하
이므로 사전·사후 테스트 간 차이가 있다고 해석할 수 있다.

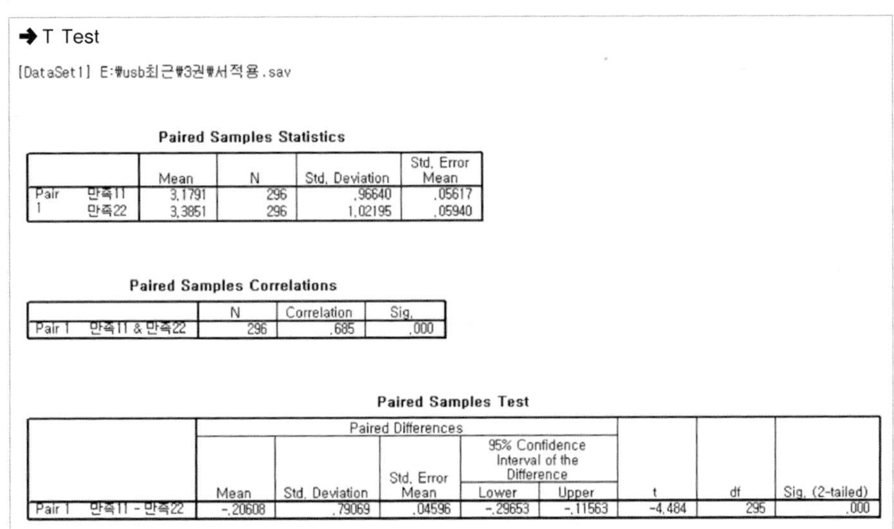



**Paired Samples Statistics**

| | | Mean | N | Std. Deviation | Std. Error Mean |
|---|---|---|---|---|---|
| Pair 1 | 만족11 | 3.1791 | 296 | .96640 | .05617 |
| | 만족22 | 3.3851 | 296 | 1.02195 | .05940 |

**Paired Samples Correlations**

| | | N | Correlation | Sig. |
|---|---|---|---|---|
| Pair 1 | 만족11 & 만족22 | 296 | .685 | .000 |

**Paired Samples Test**

| | | Paired Differences | | | | | | | |
|---|---|---|---|---|---|---|---|---|---|
| | | | | | 95% Confidence Interval of the Difference | | | | |
| | | Mean | Std. Deviation | Std. Error Mean | Lower | Upper | t | df | Sig. (2-tailed) |
| Pair 1 | 만족11 – 만족22 | -.20608 | .79069 | .04596 | -.29653 | -.11563 | -4.484 | 295 | .000 |

## (2) ANOVA

세 개 이상의 집단 간 평균 차이를 검증하고자 하는 경우에는 ANOVA를 사용
해야 한다. 평균자료의 교차분석에서 연령별 평균 점수에 차이가 있는지를 검
증해 보자. SPSS – Analyze – Compare Means – One-way ANOVA를 선택
한다.

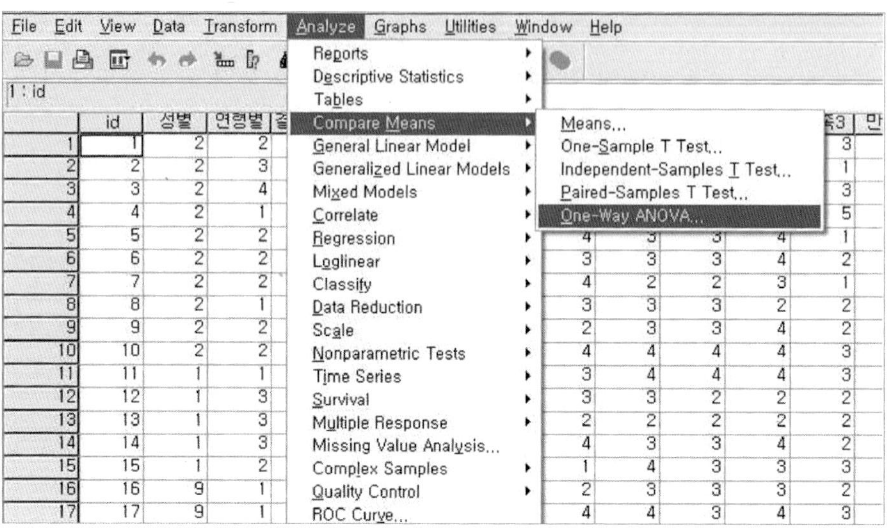

분석 창에서 Dependent List에는 평균변수(문항)를, Factor에는 집단구분변수(예 : 연령)를 각각 투입한다.

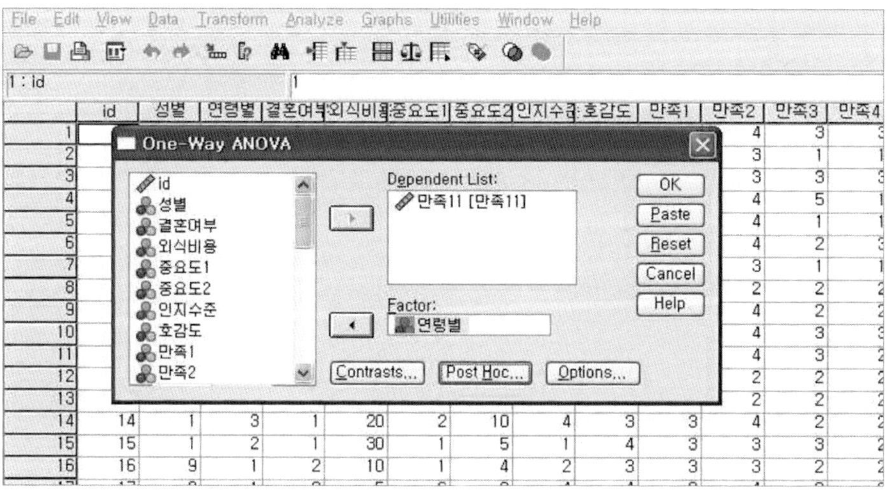

다음으로 아래에 있는 Post Hoc을 선택해서 창의 가운데에 있는 Duncan을
선택한 뒤 지정을 완료한다.

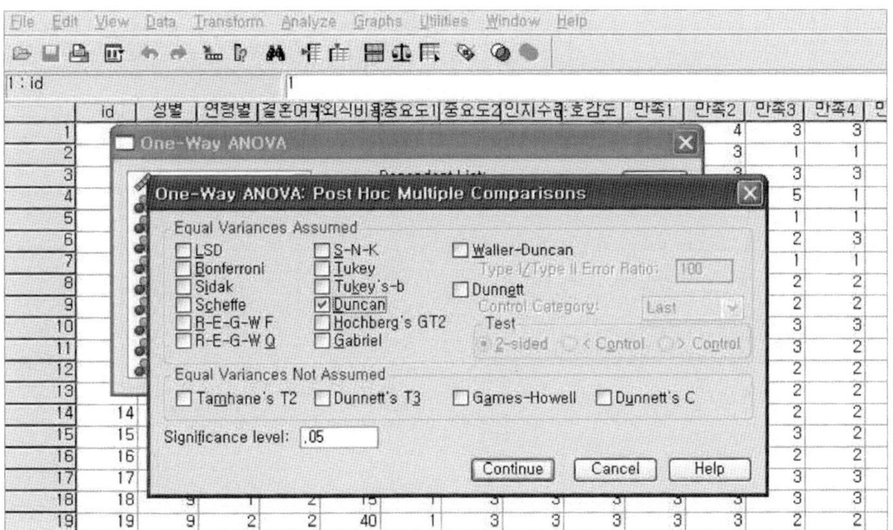

Output 창에서 맨 위쪽에는 ANOVA 표가 제시된다. 이 표는 집단 간 평균 차
이가 있는지에 대한 통계적 검증 결과를 나타내는 것으로 맨 오른쪽에 있는 Sig
값으로 해석한다. 아래 예시에서는 Sig 값이 0.356으로 통계적으로 차이가 없
다는 것을 의미한다.

ANOVA 테이블 아래에 있는 Post Hoc Tests는 만약 집단 간 평균값이 차이
가 있다면 어떤 집단 간 차이가 있는지를 제시해 준다. 본 예에서는 ANOVA 테
이블에서 이미 세 집단 간 차이가 없는 것으로 나타났으므로 Post Hoc Tests에
서도 동일한 결과가 제시되어 있다.

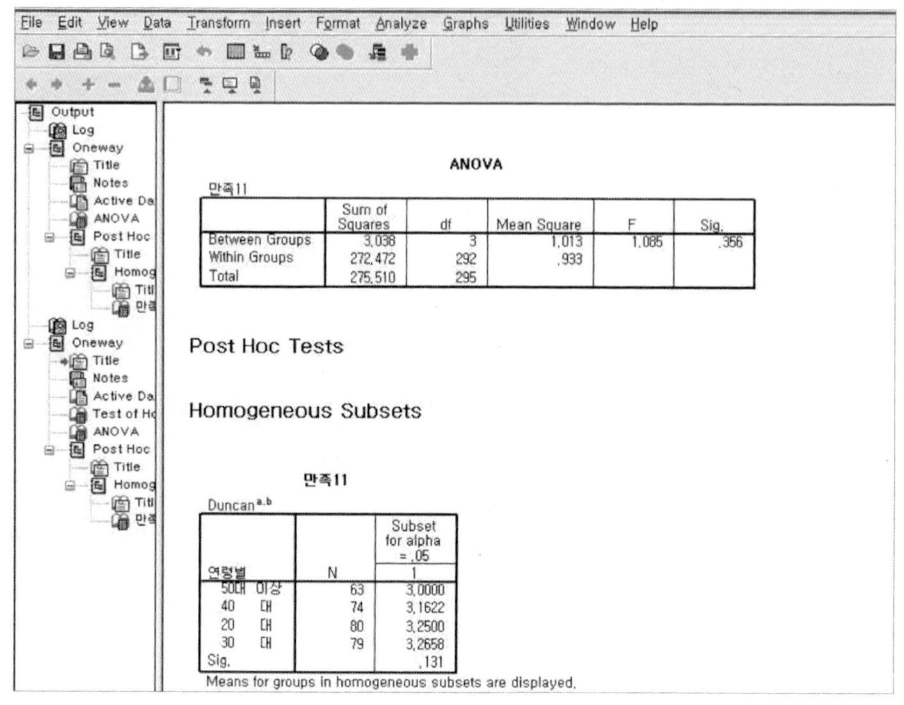



| | Sum of Squares | df | Mean Square | F | Sig. |
|---|---|---|---|---|---|
| Between Groups | 3.038 | 3 | 1.013 | 1.085 | .356 |
| Within Groups | 272.472 | 292 | .933 | | |
| Total | 275.510 | 295 | | | |



| 연령별 | N | Subset for alpha = .05<br>1 |
|---|---|---|
| 50대 이상 | 63 | 3.0000 |
| 40 대 | 74 | 3.1622 |
| 20 대 | 80 | 3.2500 |
| 30 대 | 79 | 3.2658 |
| Sig. | | .131 |



ANOVA 분석결과 집단 간 차이가 나는 경우에는 다음과 같은 결과가 제시된다. 우선 ANOVA 테이블에서 맨 오른쪽에 있는 Sig 값이 0.025로 0.05보다 작으므로 집단 간 평균이 통계적으로 차이가 있다는 것을 나타낸다. 아래쪽에 있는 Post Hoc Tests에서 앞서 살펴본 예와는 달리 표의 오른쪽에 있는 Subset for alpha = .05가 두 개의 열로 쪼개져 있음을 알 수 있다. 이것이 의미하는 바는 각 열에 같이 있는 집단 간에는 평균 차이가 없다는 것을 의미한다. 즉, 20대와 30대, 30대와 40대 집단 간의 평균은 차이가 없으나, 같은 열에 묶이지 않은 20대와 40대는 평균이 차이가 있음을 의미한다. 따라서 다음 결과를 통해 연령별 평균 점수는 20대와 40대 집단 간에 통계적으로 유의한 차이가 있다고 결론

내릴 수 있다.

**ANOVA**

(평균)

| | Sum of Squares | df | Mean Square | F | Sig. |
|---|---|---|---|---|---|
| Between Groups | 13,038 | 2 | 6,519 | 3,696 | .025 |
| Within Groups | 1061,911 | 602 | 1,764 | | |
| Total | 1074,949 | 604 | | | |

## Post Hoc Tests

## Homogeneous Subsets

(평균)

Duncan [a,b]

| ▣ 연    령 ▣ | N | Subset for alpha = ,05 | |
|---|---|---|---|
| | | 1 | 2 |
| 20대 | 242 | 8,3595 | |
| 30대 | 213 | 8,5634 | 8,5634 |
| 40대 | 150 | | 8,7267 |
| Sig. | | ,131 | ,227 |

Means for groups in homogeneous subsets are displayed.
   a. Uses Harmonic Mean Sample Size = 193,627.

## (3) 분산분석 아웃풋 이미지

  분산분석의 결과를 제시하는 특정한 아웃풋 이미지는 없으며, 그래프상에 표시를 하고 아래에 주석을 다는 것이 가장 일반적이다.

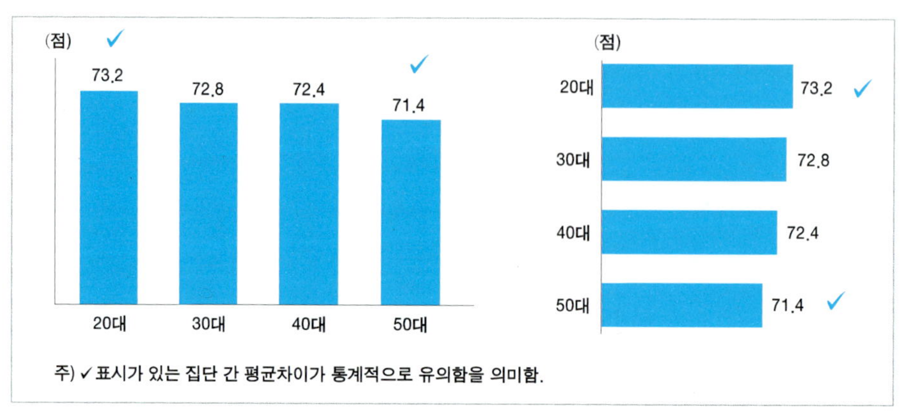


# 4. 상관관계 분석

변수 간 관계가 어느 정도 있는지를 파악하기 위해 널리 쓰이는 분석기법이 상관관계 분석이다. 상관관계 분석은 자료의 형태에 따라 크게 카이자승분석과 상관분석으로 구분해 볼 수 있다.

카이자승분석은 명목형으로 된 변수 간의 관계를 분석하는 데 활용되는 반면, 상관분석은 리커트형 척도로 된 변수들의 상관관계 분석에 주로 활용되는 것으로, 흔히 상관분석이라고 하면 피어슨의 상관계수를 의미하는 경우가 대부분이다. 카이자승분석은 엄밀히 따져서 두 변수 간의 독립성을 검증하는 분석기법으로 분석결과 두 변수가 독립적이지 않다는 것은 관계가 있음을 의미하게 된다. 예를 들어, 특정 브랜드에 대한 구매경험 여부와 고객의 연령대에 따라 차이가 나는지를 검증하고자 할 때 카이자승분석을 활용하면 되는데 분석결과 구매

경험률이 연령대에 따라 차이가 있다고 한다면 이는 두 변수 간(구매경험 여부와 연령) 상관관계가 있다고 해석할 수 있는 것이다. 앞서 비율자료의 교차분석에서 카이자승분석에 대해 이미 설명한 바 있으며, 여기서는 평균자료를 이용한 상관분석에 대해서 살펴보기로 한다.

## (1) 상관분석 시 주의사항

마케팅조사 실무에서 상관분석이라고 하면 흔히 피어슨의 상관계수를 일컫는다. 리커트형 척도나 연속형 척도로 된 변수(문항) 간 상관관계를 −1부터 1 사이로 나타나는 상관계수를 통해 두 변수(문항) 간 상관관계 정도를 분석하는 것이다. 상관분석은 논리 자체가 매우 심플해서 누구나 쉽게 이해할 수 있으나 회귀분석, 요인분석 등과 같은 다변량 분석의 기초가 되므로 그 의미를 정확하게 이해하는 것은 매우 중요하다. 상관분석을 하고자 할 때 주의해야 할 사항들을 다음과 같이 정리해 보았다.

첫째, 모름/무응답의 처리이다. 상관분석에서 상관계수는 두 변수 간의 응답 일치 정도를 이용해 산출하게 되는데 모름/무응답이 분석에 포함되게 되면 분석결과가 크게 왜곡될 수 있다. 예를 들어, 5점 척도로 응답된 결과에서 모름/무응답을 결측치(Missing Value)로 처리하지 않고 '9'로 그대로 둔 채 분석을 하게 되면 상관계수가 잘못 산출될 수밖에 없다. 따라서 상관분석을 실시할 때는 반드시 사전에 빈도분석을 통해 모름/무응답과 같은 이상치를 확인하여 이를 결측처리한 후 분석해야 한다. 상관분석 결과가 이상하게 산출되면 일단 빈도분석을 해서 데이터에 이상이 없는지를 확인해야 한다.

둘째, 결측치의 처리이다. 결측치는 응답 값을 공란으로 처리하는 것으로 결측치의 처리 여부에 따라 상관분석의 결과는 달라질 수 있다. 상관분석에서 결측치의 처리방법은 크게 Pairwise와 Listwise 두 가지가 있다. Pairwise는 두 변수(문항) 사이에서 나타나는 결측치만을 제거하여 분석하는 것이고 Listwise 는 분석에 사용된 모든 변수에서 결측치가 있는 응답은 아예 분석에서 제외하는 것이다.

단지 두 개의 변수만을 이용해 상관분석을 할 경우라면 Pairwise를 하든 Listwise를 하든 동일하나, 세 개 이상의 변수(문항)들의 상관관계를 분석할 때는 반드시 Listwise를 통해 결측치를 제거한 후 분석하여야 한다.

### 결측치 데이터 예시

| 구분 | 변수1 | 변수2 | 변수3 |
| --- | --- | --- | --- |
| 응답자1 | 4 | – | – |
| 응답자2 | 1 | – | 2 |
| 응답자3 | 2 | – | 3 |
| 응답자4 | 4 | – | 3 |
| 응답자5 | 5 | 3 | 4 |
| 응답자6 | 2 | 2 | 3 |
| 응답자7 | 4 | 3 | – |
| 응답자8 | 4 | 5 | – |
| 응답자9 | 3 | 4 | – |
| 응답자10 | 4 | – | – |

앞의 데이터를 이용해 변수1, 2, 3 간 상관관계를 분석한다고 해 보자. 여기서 변수1과 2의 상관계수보다 변수1과 3의 상관계수가 더 높은지, 혹은 낮은지를 알기 위해서는 세 개의 변수 모두 분석데이터가 동일해야 하며, 이를 위해서는 결측치를 Listwise로 처리해야 한다. Pairwise로 처리할 경우 변수1과 2의 공통부분(응답자5~9)과 변수1과 3의 공통부분(응답자2~5)만을 이용해 분석하게 되므로 변수들 간 상관계수가 왜곡이 있을 수밖에 없어 상관관계의 정도를 비교하는 것이 논리적으로 문제가 된다. 특히, 여러 변수(문항)들의 상관관계를 나타내는 행렬을 바탕으로 분석하게 되는 모든 다변량 분석에서 결측치의 잘못된 처리는 분석결과의 왜곡을 야기시킬 수 있다.

셋째, 상관계수의 해석에 대한 부분이다. 상관계수는 0을 기준으로 −1에서 1까지의 숫자로 산출되며, −1이나 1에 가까울수록 두 변수(문항) 간 상관관계가 강하다는 것을 의미한다. 물론 0에 가까울수록 상관관계가 약하거나 없다는 것을 의미한다. 실무에서는 상관계수가 이처럼 명확하지 않을 때가 많아 해석에 대한 기준이 필요하지만, 상관계수의 해석에 대한 절대적 기준은 존재하지 않는다.

상관분석은 다변량 분석의 기초로서 변수(문항) 간 일정 수준 이상의 상관관계가 존재하지 않으면 아무리 정교한 다변량 분석을 적용한다 하더라도 의미 있는 결과를 도출하기 힘들다. 정해진 기준은 없지만 실무적인 경험으로 볼 때 회귀분석이나 요인분석에서 의미 있는 결과가 산출되기 위해서는 변수(문항) 간 상관계수가 최소 0.3 이상은 되어야 한다. 데이터에 이상이 없는 한 다변량 분석 결과가 의미 없다는 것은 곧 변수(문항) 간 상관관계가 없다는 점을 의미한다. 따라서 다변량 분석을 시행하기 이전에 먼저 상관분석을 실시해서 변수(문항) 간 상관관계 정도를 먼저 확인하는 것이 좋다.

피어슨 상관계수는 기본적으로 5점, 7점 등과 같은 등간척도인 경우에 분석이 가능하다. 척도의 항목 수에 따라 상관계수는 달라질 수 있으므로 상관분석을 위한 문항 구성이나 결과해석 시에는 반드시 이러한 척도항목의 영향을 고려하여야 한다. 동일한 조건에서 척도항목 수가 많으면 많을수록 상대적으로 상관계수는 커지게 되며, 척도항목 수가 같은 변수와 다른 변수 간 상관계수도 척도항목 수가 같은 두 변수 간의 상관계수와 달라질 수 있음을 유념할 필요가 있다.

**척도항목 수와 상관계수**

| 두 변수척도 | 모집단에서의 상관계수 | | | | |
| --- | --- | --- | --- | --- | --- |
| | 0.100 | 0.500 | 0.700 | 0.800 | 0.900 |
| 10-10 | 0.092 | 0.485 | 0.670 | 0.777 | 0.873 |
| 10-8 | 0.090 | 0.479 | 0.668 | 0.768 | 0.868 |
| 8-8 | 0.095 | 0.479 | 0.675 | 0.768 | 0.862 |
| 8-6 | 0.091 | 0.474 | 0.653 | 0.750 | 0.843 |
| 6-6 | 0.095 | 0.455 | 0.640 | 0.738 | 0.828 |
| 6-4 | 0.079 | 0.432 | 0.614 | 0.695 | 0.790 |
| 4-4 | 0.081 | 0.413 | 0.587 | 0.664 | 0.770 |

다변량 분석, 이영준, 도서출판 석정, 1998년, p.14

## (2) 상관분석의 실행

SPSS를 이용해 상관분석을 실시해 보자. 앞서 언급한 바와 같이 상관분석은 '모름/무응답'과 결측치에 따라 결과가 달라질 수 있으므로 상관분석 이전에 반드시 빈도분석을 통해 상관분석을 실시할 변수(문항)들의 데이터를 확인하여야 한다. 빈도분석을 통한 데이터 클리닝에 대해서는 이미 설명하였으므로 여기서는 이 과정은 생략하고 바로 상관분석을 실시해 보도록 한다. SPSS에서 Analyze – Correlate – Bivariate를 선택한다.

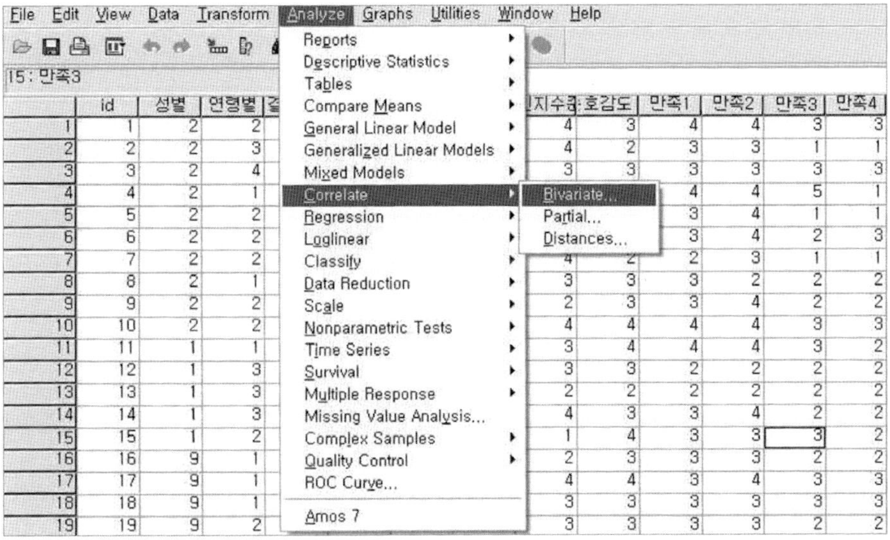

File  Edit  View  Data  Transform  **Analyze**  Graphs  Utilities  Window  Help

15 : 만족3

Analyze 메뉴:
- Reports ▸
- Descriptive Statistics ▸
- Tables ▸
- Compare Means ▸
- General Linear Model ▸
- Generalized Linear Models ▸
- Mixed Models ▸
- **Correlate** ▸ → Bivariate... / Partial... / Distances...
- Regression ▸
- Loglinear ▸
- Classify ▸
- Data Reduction ▸
- Scale ▸
- Nonparametric Tests ▸
- Time Series ▸
- Survival ▸
- Multiple Response ▸
- Missing Value Analysis...
- Complex Samples ▸
- Quality Control ▸
- ROC Curve...
- Amos 7

| | id | 성별 | 연령별 | 지수급 | 호감도 | 만족1 | 만족2 | 만족3 | 만족4 |
|---|---|---|---|---|---|---|---|---|---|
| 1 | 1 | 2 | 2 | 4 | 3 | 4 | 4 | 3 | 3 |
| 2 | 2 | 2 | 3 | 4 | 2 | 3 | 3 | 1 | 1 |
| 3 | 3 | 2 | 4 | 3 | 3 | 3 | 3 | 3 | 3 |
| 4 | 4 | 2 | 1 | | | 4 | 4 | 5 | 1 |
| 5 | 5 | 2 | 2 | | | 3 | 4 | 1 | 1 |
| 6 | 6 | 2 | 2 | | | 3 | 4 | 2 | 3 |
| 7 | 7 | 2 | 2 | 4 | 2 | 2 | 3 | 1 | 1 |
| 8 | 8 | 2 | 1 | 3 | 3 | 3 | 2 | 2 | 2 |
| 9 | 9 | 2 | 2 | 2 | 3 | 3 | 4 | 2 | 2 |
| 10 | 10 | 2 | 2 | 4 | 4 | 4 | 4 | 3 | 3 |
| 11 | 11 | 1 | 1 | 3 | 4 | 4 | 4 | 3 | 2 |
| 12 | 12 | 1 | 3 | 3 | 3 | 2 | 2 | 2 | 2 |
| 13 | 13 | 1 | 3 | 2 | 2 | 2 | 2 | 2 | 2 |
| 14 | 14 | 1 | 3 | 4 | 3 | 3 | 4 | 2 | 2 |
| 15 | 15 | 1 | 2 | 1 | 4 | 3 | 3 | 3 | 2 |
| 16 | 16 | 9 | 1 | 2 | 3 | 3 | 3 | 2 | 2 |
| 17 | 17 | 9 | 1 | 4 | 4 | 3 | 4 | 3 | 3 |
| 18 | 18 | 9 | 1 | 3 | 3 | 3 | 3 | 3 | 3 |
| 19 | 19 | 9 | 2 | 3 | 3 | 3 | 3 | 2 | 2 |

분석 창에서 상관분석을 실시할 변수를 Variables:에 투입한다. 분석 창의 왼쪽 중간에는 Correlation Coefficients 아래에 Pearson, Kendall's tau-b, Spearman이 있는데 디폴트로 Pearson에 체크가 되어 있다. 참고로 마케팅조

사 실무에서 가장 널리 사용하는 상관계수는 피어슨 상관계수이며, 켄달의 타우와 스피어만의 서열상관계수는 특수한 경우를 제외하고는 사용되는 경우가 거의 없다. Correlation Coefficients 아래에는 Test of Significance의 Two-tailed와 One-tailed가 나란히 있는데, 통계적 검정에서 양측 검정과 단측 검정에 대한 옵션을 의미한다. 양측 검정인 Two-tailed가 Default로 되어 있다. 상관분석은 변수 간의 상관관계가 존재하는지 확인하는 것으로 관계의 방향이 어느 쪽인지는 알 수 없다. 따라서 상관계수에 대한 통계적 검증도 방향이 정해져 있지 않은 상태이므로 특정 방향을 가정한 단측 검정이 아닌 양측 검정을 활용하는 것이다. 단측 검정에 비해 양측검정이 좀 더 보수적으로 검정된다는 점을 참고하기 바란다.

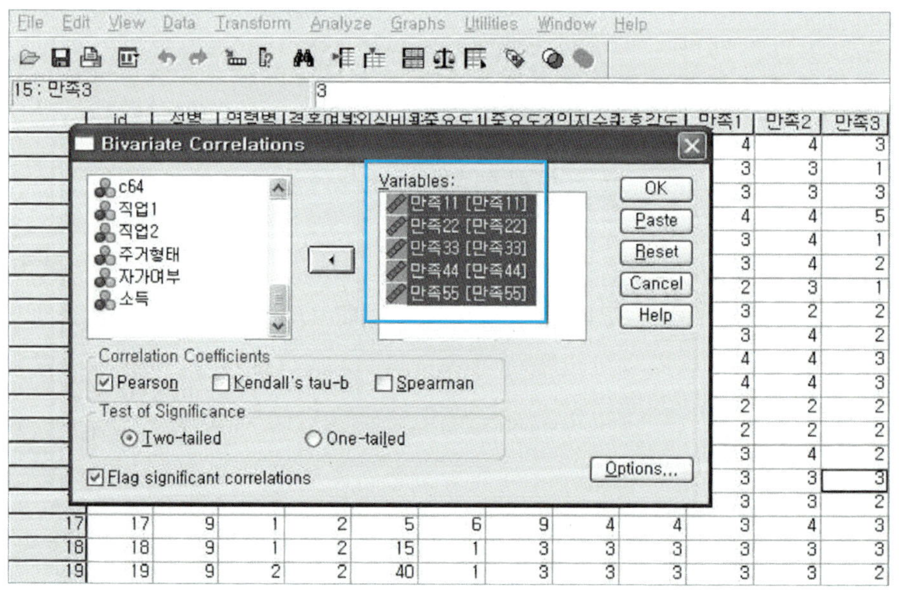

　분석 창의 오른쪽 맨 아래에 있는 Options라는 메뉴를 클릭하면 작은 분석 창이 하나 나타나는데 이 창의 아래쪽에 결측치를 처리하는 방법을 선택할 수 있는 Missing Values가 있다. 앞서 설명한 바와 같이 Pairwise와 Listwise를 선택할 수 있도록 되어 있고 Pairwise가 Default로 설정되어 있다. 분석하려는 변수가 단지 2개라면 어느 방법으로 결측치를 처리하든 상관없으나 결측치를 많이 가지고 있는 3개 이상의 변수(문항)를 분석해야 한다면 반드시 Listwise로 처리하여야 변수(문항) 간 상관계수의 왜곡을 방지할 수 있다.

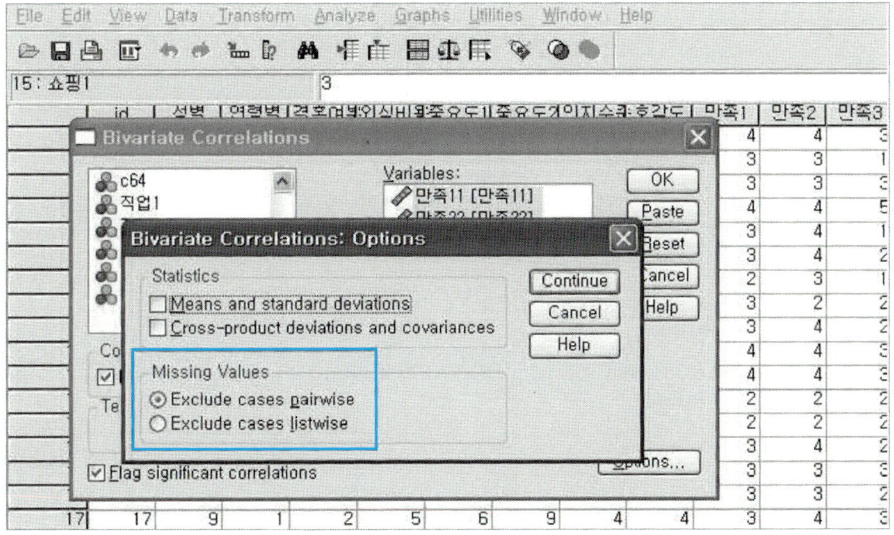

　Continue와 OK를 선택해서 분석을 실시하면 결과 Output 창이 나타난다. 상관분석의 결과는 매트릭스 형태로 된 표로 제시된다. 표의 행과 열에는 변수(문항)들이 있고 같은 변수(문항)가 만나는 표의 대각선을 중심으로 변수(문항) 간 상관관계가 행렬로 나타난다. 표의 각 셀에는 상관계수, 유의확률인 p값, 그리

고 분석에 포함된 표본 수가 제시된다. 상관계수의 오른쪽 옆에 '**' 표시는 99% 수준에서 통계적으로 유의하다는 것을 의미한다.

아래의 분석결과를 살펴보면 우선 5개의 변수(문항) 간 모든 상관계수는 통계적으로 유의하며, 만족44와 55, 만족11과 22의 상관계수가 가장 크다는 것을 알 수 있다. 상관계수에 대한 명확한 기준은 없으나, 일반적으로 실무에서 해석하는 상관계수의 해석기준은 절댓값을 기준으로 0~0.2 사이는 상관관계가 거의 없음, 0.3~0.6 상관관계 존재, 0.7 이상은 매우 강한 상관관계 존재로 해석한다.

➡ T Test
[DataSet1] G:\3권\서적용.sav

**Correlations**

| | | 만족11 | 만족22 | 만족33 | 만족44 | 만족55 |
|---|---|---|---|---|---|---|
| 만족11 | Pearson Correlation | 1 | .685** | .456** | .375** | .359** |
| | Sig. (2-tailed) | | .000 | .000 | .000 | .000 |
| | N | 296 | 296 | 296 | 296 | 296 |
| 만족22 | Pearson Correlation | .685** | 1 | .354** | .377** | .381** |
| | Sig. (2-tailed) | .000 | | .000 | .000 | .000 |
| | N | 296 | 300 | 300 | 300 | 300 |
| 만족33 | Pearson Correlation | .456** | .354** | 1 | .572** | .565** |
| | Sig. (2-tailed) | .000 | .000 | | .000 | .000 |
| | N | 296 | 300 | 300 | 300 | 300 |
| 만족44 | Pearson Correlation | .375** | .377** | .572** | 1 | .784** |
| | Sig. (2-tailed) | .000 | .000 | .000 | | .000 |
| | N | 296 | 300 | 300 | 300 | 300 |
| 만족55 | Pearson Correlation | .359** | .381** | .565** | .784** | 1 |
| | Sig. (2-tailed) | .000 | .000 | .000 | .000 | |
| | N | 296 | 300 | 300 | 300 | 300 |

**. Correlation is significant at the 0.01 level (2-tailed).

상관분석을 하다 보면 상관계수의 절댓값과 통계적 유의성이 일치하지 않는 경우가 발생할 수 있다. 즉, 상관계수의 절댓값은 높은데 통계적으로 유의하지 않은 것으로 나타나거나 반대로 통계적으로 유의하긴 하나 상관계수 값 자체가 낮은 경우이다. 실무에서는 통계적인 유의성보다는 실무적 활용과 의미가 더 중요하므로 상관계수의 절댓값을 통계적 유의성보다 우선시하는 경향이 있다. 통계학적 관점에서만 본다면 통계적 유의성이 없으면 통계결과가 의미가 없는 것으로 간주하지만, 현실에서는 이론에서 생각하는 것처럼 모든 조건이 완벽하지 않아 분석에 사용되는 데이터의 오차와 이론이 아닌 실무에서의 적용을 더 중시하므로 통계학에서처럼 엄격한 기준으로 통계분석을 적용하고 활용하지는 않는다. 통계분석은 실무에서 문제를 해결하는 데 필요한 하나의 도구일 뿐이지 그 자체가 문제 해결책이 될 수 없기 때문이다. 구조방정식에서와 마찬가지로 모든 통계분석은 분석결과 그 자체보다는 그 결과를 뒷받침할 수 있는 논리와 시사점이 실무에서 더 중요하며, 상관분석도 예외는 아니다. 아무리 상관계수가 높고 통계적으로 유의하더라도 논리적이지 못하다면 실무적으로 그 결과는 아무런 의미도 제공하지 못한다.

마케팅조사 실무에서는 5점이나 7점 척도로 측정된 변수(문항)를 100점 지수로 환산해서 활용하는 것이 매우 흔한 일이다. 상관분석 시 원래 척도 점수와 100점 환산 점수 중 어떤 것을 사용해야 할까? 정답은 어느 것을 사용해도 분석결과는 동일하다. 상관계수는 −1부터 1까지의 값을 가지는 표준화된 값이므로 상관계수 산출 시 응답 값의 절대치의 크기는 표준화되어 계산이 된다. 따라서 원래 점수든 아니면 100점 환산 점수든 간에 상관계수는 동일하게 된다.

앞서 예로 든 만족22와 만족33 변수를 100점 만점으로 환산해 새로 만들어 비교한 결과를 살펴보자. 만족22와 만족33의 원래 변수는 5점 척도로 측정이 되었고, 비교를 위해 이 두 변수를 100점 만점으로 환산하여 만족222와 만족333 변수를 만든 다음 상관분석을 실시한 결과를 살펴보면, 원래 척도와 100점 환산 점수 간 상관분석 결과는 동일함을 알 수 있다.

**Correlations**

|  |  | 만족22 | 만족33 |
|---|---|---|---|
| 만족22 | Pearson Correlation | 1 | .354** |
|  | Sig. (2-tailed) |  | .000 |
|  | N | 300 | 300 |
| 만족33 | Pearson Correlation | .354** | 1 |
|  | Sig. (2-tailed) | .000 |  |
|  | N | 300 | 300 |

**, Correlation is significant at the 0.01 level

**Correlations**

|  |  | 만족222 | 만족333 |
|---|---|---|---|
| 만족222 | Pearson Correlation | 1 | .354** |
|  | Sig. (2-tailed) |  | .000 |
|  | N | 300 | 300 |
| 만족333 | Pearson Correlation | .354** | 1 |
|  | Sig. (2-tailed) | .000 |  |
|  | N | 300 | 300 |

**, Correlation is significant at the 0.01 level

## (3) 상관분석 아웃풋 이미지

상관분석 결과는 일반적으로 상관행렬 형태로 제시하는 것이 가장 일반적이다. 행렬상에서 상관계수가 높은 것들을 표시해서 눈에 잘 띄게 해 준다.

| 구분 | A | B | C | D | E | F | G | H | I | J |
|---|---|---|---|---|---|---|---|---|---|---|
| A | 1 | | | | | | | | | |
| B | 0.471 | 1 | | | | | | | | |
| C | 0.955 | 0.496 | 1 | | | | | | | |
| D | 0.918 | 0.539 | 0.938 | 1 | | | | | | |
| E | 0.882 | 0.438 | 0.872 | 0.873 | 1 | | | | | |
| F | 0.839 | 0.757 | 0.861 | 0.831 | 0.841 | 1 | | | | |
| G | −0.444 | −0.182 | −0.369 | −0.320 | −0.378 | −0.459 | 1 | | | |
| H | 0.498 | 0.659 | 0.418 | 0.433 | 0.463 | 0.519 | −0.190 | 1 | | |
| I | 0.527 | 0.121 | 0.628 | 0.683 | 0.538 | 0.380 | −0.266 | −0.011 | 1 | |
| J | −0.179 | 0.074 | −0.227 | −0.351 | −0.125 | 0.095 | −0.381 | 0.203 | −0.539 | 1 |

# 5. 회귀분석

회귀분석은 변수(문항) 간의 인과관계를 파악하기 위한 분석방법으로 마케팅 조사에서는 주로 중요도 산출이나 성과분석에 활용된다. 회귀분석을 하기 위해서는 반드시 사전에 변수(문항) 간의 인과관계를 명확히 하여야 한다. 즉, 원인이 되는 변수(문항)와 결과가 되는 변수(문항)를 사전에 분명히 구분해야 한다. 예를 들어 브랜드에서는 브랜드 이미지가 브랜드 호감도를 설명하므로 원인변수는 이미지, 결과변수는 호감도가 되어야 한다. 고객만족도에서는 품질 요인이 원인변수, 전반적 만족도가 결과변수가 된다.

| 원인변수 | 매개변수 | 결과변수 |
| --- | --- | --- |
| 브랜드 인지도, 브랜드 이미지 | 브랜드 호감도 | 향후 구입의향 |
| 서비스품질, 차원만족도 | 전반적 만족도 | 재구입(이용)의향, 추천의향 |
| 광고 속성평가 | 광고 전반적 호감도 | 브랜드 호감도, 구입의향 |
| 콘셉트 속성평가 | 콘셉트 전반적 호감도 | 향후 구입의향 |

## (1) 질문문항의 구성

회귀분석을 위한 질문문항의 구성도 사전에 정립한 인과관계에 따라 구성하는 것이 좋다. 즉, 원인이 되는 변수(문항)를 먼저 물은 후 결과로 나타나는 변수(문항)를 묻는 순서로 구성하여야 한다. 대개의 경우 응답자들은 예상하지 못한 상황에서 응답에 임하게 되므로 응답상황에서의 관여도가 떨어질 수밖에 없다. 따라서 가급적 응답자들로 하여금 질문에 응답하기 위한 생각과 경험을 순차적으로 떠올리게 해서 이성적으로 응답을 할 수 있도록 질문문항 순서를 구성하여야 한다. 일부에서는 질문의 순서효과(Ordering Bias)를 배제한다는 명목으로 결과변수를 먼저 묻고 원인변수들을 뒤쪽에 배치하는 경우가 있는데 응답자의 응답상황이라는 현실성을 고려한다면 응답자가 조사주제에 대한 자신의 생각과 경험을 상기할 수 있도록 워밍업을 할 여유를 줄 수 있는 인과관계의 순서가 논리적으로 더 타당할 것이다. 회귀분석을 위한 질문문항의 순서 예시를 다음과 같이 제시한다.

문) 다음은 은행에서 제공하는 서비스에 대한 평가입니다. 아래의 항목별로 1. 전혀 그렇지 않다, 2. 그렇지 않은 편이다, 3. 보통이다, 4. 그런 편이다, 5. 매우 그렇다 중 하나씩만 선택해 주십시오.

먼저 상품에 대한 질문입니다.

| 구분 | 전혀 그렇지 않다 | 별로 그렇지 않은 편이다 | 보통 이다 | 그런 편이다 | 매우 그렇다 |
|---|---|---|---|---|---|
| 1. 예금/대출/펀드 등 금융상품이 다양하다 | 1 | 2 | 3 | 4 | 5 |
| 2. 예금/펀드 상품의 수익률이 우수하다 | 1 | 2 | 3 | 4 | 5 |
| 3. 대출상품의 이율이 적절하다 | 1 | 2 | 3 | 4 | 5 |
| 4. 새로운 금융상품이 지속적으로 출시된다 | 1 | 2 | 3 | 4 | 5 |
| 5. 금융상품에 대해 전반적으로 만족한다 | 1 | 2 | 3 | 4 | 5 |

다음은 직원서비스에 대한 질문입니다.

| 구분 | 전혀 그렇지 않다 | 별로 그렇지 않은 편이다 | 보통 이다 | 그런 편이다 | 매우 그렇다 |
|---|---|---|---|---|---|
| 1. 직원들이 친절하다 | 1 | 2 | 3 | 4 | 5 |
| 2. 직원들의 업무처리가 신속하다 | 1 | 2 | 3 | 4 | 5 |
| 3. 직원들의 업무처리가 정확하다 | 1 | 2 | 3 | 4 | 5 |
| 4. 직원들이 적극적으로 응대하기 위해 노력한다 | 1 | 2 | 3 | 4 | 5 |
| 5. 직원들이 고객배려를 위해 노력한다 | 1 | 2 | 3 | 4 | 5 |
| 6. 직원서비스에 대해 전반적으로 만족한다 | 1 | 2 | 3 | 4 | 5 |

상기 예시는 은행서비스에 대한 고객만족도를 전사적 차원에서 측정하고자 하는 경우의 질문문항들이다. 이 질문구조에서 회귀분석의 바탕이 되는 인과관계는 차원별 세부항목 평가와 차원 전반적 만족도, 차원 전반적 만족도와 은행 전반적 만족도, 은행 전반적 만족도와 의향이다. 즉, 상품을 구성하는 세부항목들과 상품에 대한 전반적 만족도, 상품, 직원서비스 등의 차원 만족도들과 은행 전반적 만족도, 은행 전반적 만족도와 재이용의향, 은행 전반적 만족도와 타인 추천의향의 관계를 회귀분석을 활용해 분석할 수 있다. 예시 1과 같은 유형은 회귀분석과 더불어 최근 구조방정식을 이용하여 분석하는 사례도 많아지고 있다. 회귀분석은 단편적인 원인-결과 관계만 분석할 수 있지만, 구조방정식은 앞의 예와 같은 모델 전체를 한꺼번에 분석할 수 있기 때문이다.



문) 다음은 은행지점에서 제공하는 서비스에 대한 평가입니다. 아래의 항목별로 1. 전혀 그렇지 않다, 2. 그렇지 않은 편이다, 3. 보통이다, 4. 그런 편이다, 5. 매우 그렇다 중 하나씩만 선택해 주십시오.

| 구분 | 전혀 그렇지 않다 | 별로 그렇지 않은 편이다 | 보통 이다 | 그런 편이다 | 매우 그렇다 |
|---|---|---|---|---|---|
| 1. 지점직원들이 친절하다 | 1 | 2 | 3 | 4 | 5 |
| 2. 지점직원들의 업무처리가 신속하다 | 1 | 2 | 3 | 4 | 5 |
| 3. 지점직원들의 업무처리가 정확하다 | 1 | 2 | 3 | 4 | 5 |
| 4. 지점직원들이 고객배려를 위해 노력한다 | 1 | 2 | 3 | 4 | 5 |
| 5. 지점환경이 이용하기에 쾌적하다 | 1 | 2 | 3 | 4 | 5 |

문) 지금까지 평가하신 모든 점들을 고려할 때 AA은행의 지점에 대해 전반적으로 얼마나 만족 혹은 불만족하십니까?

1. 매우 불만족
2. 불만족하는 편
3. 보통
4. 만족하는 편
5. 매우 만족

문) 그럼, 앞으로도 AA은행 지점과 계속해서 이용하실 의향은 어느 정도나 되십니까?

    1. 절대 이용하지 않겠다
    2. 가급적 이용하지 않겠다
    3. 보통이다
    4. 가급적 이용하겠다
    5. 반드시 이용하겠다

문) 주위 분들에게 AA은행 지점을 추천하실 의향은 어느 정도나 되십니까?

    1. 절대 추천하지 않겠다
    2. 가급적 추천하지 않겠다
    3. 보통이다
    4. 가급적 추천하겠다
    5. 반드시 추천하겠다

예시 2는 은행의 특정지점에 대한 만족도 평가를 위해 구성한 질문이다. 지점에서 고객만족에 영향을 미칠 수 있는 문항들로 한정해서 전반적 만족도의 원인변수로 구성하였다는 점이 예시 1과 다른 점이다. 그래서 회귀분석을 위한 인과관계 유형은 지점서비스 문항과 지점 전반적 만족도, 지점 전반적 만족도와 재이용의향, 지점 전반적 만족도와 타인추천의향이다.

## (2) 회귀분석의 실행

SPSS를 활용해 실제로 회귀분석을 실시해 보자. 먼저 SPSS에서 Analyze – Regression – Linear를 선택한다. 참고로 회귀분석은 통계학 전공 석사과정에서 한 학기를 할애할 정도로 내용이 방대하고 유형이 다양하나 마케팅조사 실무에서 활용되는 회귀분석 유형은 극히 제한적이다. SPSS Regression 메뉴에서도 방금 선택한 Linear 이외에도 매우 다양한 유형의 회귀분석을 제공하고 있음을 알 수 있다. Linear는 마케팅조사 실무에서 가장 널리 활용하는 '선형' 회귀를 의미한다.

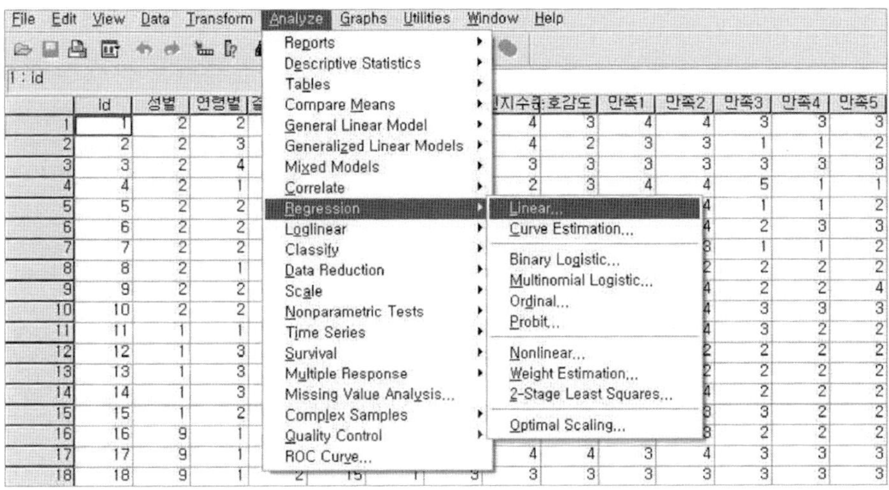

분석 창에서 가운데 위쪽에 있는 'Dependent'에 결과변수를, 아래쪽에 있는 'Independent'에 원인변수를 선택하여 투입한다. 여기서 Dependent에는 하나의 변수(문항)만 투입할 수 있는 반면, Independent에는 여러 변수(문항)들을 투입할 수 있다. 상관분석과 마찬가지로 모름/무응답은 Missing 처리하여 계산에 포함되지 않도록 해야 하므로 원래 변수(문항)에서 모름/무응답을 결측치로 처리한 변수(문항)를 만들어 사용하는 것이 좋다.

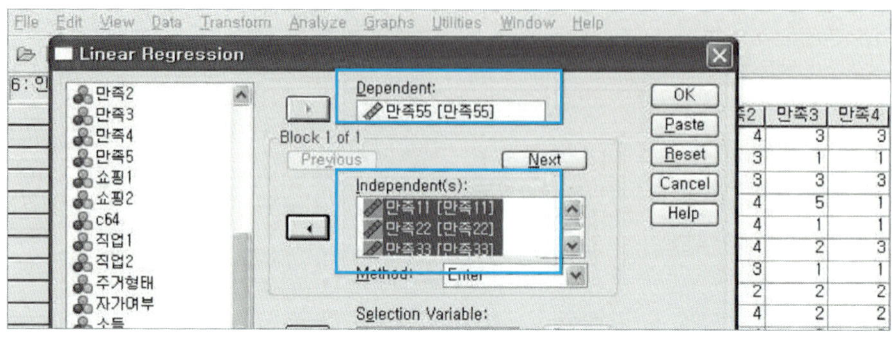

변수(문항) 지정을 완료한 후 OK를 클릭하면 분석이 실행된다. 분석결과 Output 창을 보면 맨 먼저 'Variable Entered/Removed'가 나타난다. 여기에는 분석에 투입된 변수(문항)와 제거된 변수(문항), 변수(문항)투입방식에 대한 내용이 제시된다. 마케팅조사 실무에서는 변수(문항)투입방식을 Enter만 사용하므로 참고로만 보면 된다.

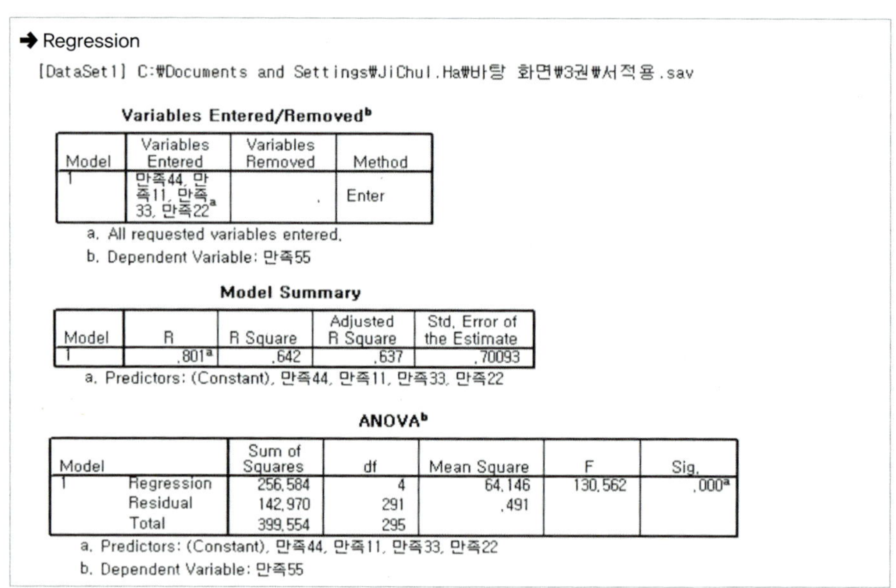

→ Regression

[DataSet1] C:\Documents and Settings\JiChul.Ha\바탕 화면\3권\서적용.sav

**Variables Entered/Removed[b]**

| Model | Variables Entered | Variables Removed | Method |
|---|---|---|---|
| 1 | 만족44, 만족11, 만족33, 만족22[a] | . | Enter |

a. All requested variables entered.
b. Dependent Variable: 만족55

**Model Summary**

| Model | R | R Square | Adjusted R Square | Std. Error of the Estimate |
|---|---|---|---|---|
| 1 | .801[a] | .642 | .637 | .70093 |

a. Predictors: (Constant), 만족44, 만족11, 만족33, 만족22

**ANOVA[b]**

| Model | | Sum of Squares | df | Mean Square | F | Sig. |
|---|---|---|---|---|---|---|
| 1 | Regression | 256.584 | 4 | 64.146 | 130.562 | .000[a] |
| | Residual | 142.970 | 291 | .491 | | |
| | Total | 399.554 | 295 | | | |

a. Predictors: (Constant), 만족44, 만족11, 만족33, 만족22
b. Dependent Variable: 만족55

‘Variable Entered/Removed’ 아래에는 ‘Model Summary’가 있는데 회귀
분석 모델의 설명력인 R Square가 제시되고 있다. 이 표에서 R은 원인변수들
과 결과변수 간의 상관관계를 의미하며, R Square는 R을 제곱한 수치이다. 아
래 예에서 R값이 0.8이며, R Square는 약 0.64(0.8 × 0.8)임을 알 수 있다. R
Square 옆에는 Adjusted R Square가 있는데 이 지표는 회귀분석의 분석 로직
상 R Square를 실제보다 크게 만드는 단점이 있다는 점을 감안해 R Square를
보수적으로 조정한 수치이다. 분석에 사용된 표본크기가 200명 이상인 경우에
는 Adjusted R Square를 기준으로 해석하는 것이 정확하며, 마케팅조사 실무
에서는 대부분의 경우 Adjusted R Square를 기준으로 해석한다. 아래 분석결
과에서는 이 지표가 0.637로 마케팅조사 실무에서 회귀분석 모델설명력의 수
용기준인 0.4 이상이므로 모델이 설명력이 있다고 해석한다. 만약, 이 수치가
0.4 미만이면 원인변수로 구성한 변수(문항)들이 결과변수를 충분히 설명하지
못한다는 것을 의미하므로 변수(문항)를 조정하여 다시 분석하거나 회귀분석을
시행해서는 안 된다.

통계학에서는 회귀분석을 모형 혹은 모델이라고 부르는데 통계분석에서 모든
모형은 모형 자체가 통계적으로 의미가 있는지 없는지를 검증하는 지표가 존재
한다. 회귀분석에서는 R Square 값이 바로 회귀모델 자체에 대한 통계적 검증
지표인 것이다.

R Square는 변수(문항) 간의 상관계수를 제곱한 것으로 학계에서는 0.6 이상,
마케팅조사 실무에서는 0.4 이상이면 의미가 있다(사용해도 된다)고 해석한다. 이
수치가 의미하는 것은 원인변수가 결과변수를 설명하는 정도로서 R Square가

0.4라는 것은 원인변수들의 분산이 결과변수의 분산을 40% 정도 설명한다는 뜻이다. 언뜻 생각해 보면 원인변수들의 설명력이 50%도 안 되는데 의미가 있나라고 생각할 수도 있지만, 사회과학에서 어떤 현상을 100% 설명하는 것은 현실적으로 불가능하고 절대 가능할 수도 없는 것임을 감안한다면 40%도 결코 작은 수치가 아니라고 할 수 있다. 회귀분석을 실시했을 때 이 R Square 값이 0.4 이상이 되지 않으면 나머지 지표들은 볼 필요도 없이 의미가 없는 것이므로 반드시 이 지표를 먼저 봐서 0.4 이상인지를 확인하여야 한다. ANOVA 테이블은 회귀모델이 통계적으로 유의한지를 검증하는 수치로서 실무에서는 거의 참고만 할 뿐 활용하지 않는다.

회귀모델이 설명력이 있는 것으로 판정되면 그다음으로 실무에서 보는 지표가 바로 ANOVA 테이블 아래에 있는 Coefficients이다. Coefficient는 우리말로 계수라는 의미로서 인과관계의 크기라고 보면 된다. Coefficients는 크게 비표준화된 값을 말하는 Unstandardized와 표준화된 수치인 Standardized가 있다. Unstandardized는 주로 회귀분석을 활용한 성과분석에서 널리 활용되며, Standardized는 베타 값으로 중요도 분석에 활용된다. 표의 맨 오른쪽에는 각 변수(문항)의 계수가 통계적으로 유의한지를 나타내는 t통계량과 Sig 값이 있다. Sig 값이 0.05 이하이면 통계적으로 유의하다고 해석하면 된다.

**Coefficients<sup>a</sup>**

| Model | | Unstandardized Coefficients | | Standardized Coefficients | t | Sig. |
|---|---|---|---|---|---|---|
| | | B | Std. Error | Beta | | |
| 1 | (Constant) | .247 | .159 | | 1.554 | .121 |
| | 만족11 | -.039 | .061 | -.032 | -.632 | .528 |
| | 만족22 | .107 | .056 | .094 | 1.918 | .056 |
| | 만족33 | .168 | .045 | .167 | 3.709 | .000 |
| | 만족44 | .657 | .043 | .666 | 15.193 | .000 |

a. Dependent Variable: 만족55

마케팅조사 실무에서는 각 계수의 통계적 유의성은 크게 염두에 두지 않는다. 앞의 분석결과에서 보는 바와 같이 일반적으로 계수의 절댓값이 크면 클수록 통계적으로 유의하기 때문에 계수 값을 중요도로 활용하는 경우에는 계수 값의 절대크기가 크면 클수록 더 중요하고 작으면 작을수록 덜 중요한 것으로 해석하는 원리와 논리가 맞아떨어지기 때문이다.

마케팅조사 실무에서는 베타 값을 주로 활용하는 편이다. 베타 값은 쉽게 말해서 원인변수들이 결과변수에 미치는 상대적인 영향력의 크기이며, 베타 값들의 합이 최대 1이 되도록 표준화한 값이다. 예를 들어 제품품질, 가격, 이미지 등 3개의 원인변수들과 전반적 만족도를 회귀분석 했을 때 원인변수들의 베타 값이 각각 0.35, 0.21, 0.15로 분석되었다고 한다면 제품품질이 다른 변수들에 비해 전반적 만족도에 미치는 영향력이 가장 크다고 해석하는 것이다. 마케팅조사 실무에서는 베타 값을 이용해서 중요도를 산출한다.

회귀분석을 하다 보면 앞의 분석결과와 같이 일부의 계수 값이 '-'가 나오는 경우가 종종 발생한다. 마케팅조사 실무에서는 사전에 의도하지 않는 한 원인변수들이 결과변수에 미치는 영향력은 '+'로 가정하게 되므로 '-' 값이 나오는 것 자체가 논리적으로 말이 안 된다. 하지만 실제 오차가 있는 데이터를 다루다 보면 '-' 값이 나오는 경우가 종종 있다. 마케팅조사 실무에서는 '-' 값의 절대크기에 따라 두 가지 방법으로 처리한다.

우선 앞의 예시와 같이 '-' 값의 절댓값이 상대적으로 작고 통계적으로 유의하지 않는 경우에는 '-' 값을 무시하고 절댓값을 사용한다. 즉, 앞의 예에서

'-0.032'를 절댓값으로 취해 '0.032'로 사용한다. 둘째, '-' 값의 절댓값이 다른 변수에 비해 상대적으로 크고 통계적으로도 유의한 것으로 나타나면 회귀분석 결과를 사용하지 않는 것이 일반적이다. 이러한 현상이 발생하는 이유는 원인변수로 투입된 변수가 표본크기에 비해 너무 많거나 원인변수 간 상관관계가 크기 때문이다. 실제 표본크기는 상대적으로 작으면서 원인변수들이 많은 경우 회귀분석 결과가 좋지 않게 나타날 가능성이 매우 높다. 이런 현상이 발생하면 상관분석과 같은 다른 분석방법을 사용하거나 회귀분석 자체를 포기해야 한다. 이론 연구와는 달리 마케팅조사 실무에서는 회귀분석에서 분석결과가 좋지 않다고 해서 일부 문항을 제외하는 등의 수정을 할 수 없다. 이미 사전에 질문문항을 다 정해 놓은 상태이거나 조사목적상 반드시 필요한 문항들로 구성하였는데, 분석결과가 좋지 않다고 해서 일부 문항을 제외하는 것은 현실성이 떨어지기 때문이다.

## (3) 회귀분석의 활용

회귀분석은 마케팅조사 실무에서 크게 중요도 분석과 성과분석 시 널리 활용된다.

### 가. 중요도 분석

마케팅조사에서 중요도라는 것은 소비자의 기대나 니즈를 말한다. 즉, 브랜드를 선택할 때 소비자가 고려하는 우선순위에 부여하는 비중이나 고객만족을 형성하는 여러 요인들이 고객만족에 미치는 영향력의 크기를 마케팅조사에서는 중요도라고 한다. 중요도를 산출하는 방법은 크게 응답자에게 직접 물어봐서

받는 경우와, 특정 방식으로 질문을 구성해서 통계분석을 통해 산출하는 방식으로 구분될 수 있다. 마케팅조사 실무에서 중요도를 분석하는 방법은 크게 직접 중요도와 간접 중요도로 구분해 볼 수 있다.

### a. 직접 중요도

고객에게 어느 것이 중요한지를 직접 물어보는 것이다. 이용실태조사에서 어떤 브랜드를 선택할 때 중요하게 고려했던 요인이 무엇인지 물어본다거나 브랜드나 만족도 조사에서 해당 브랜드에 대한 평가를 위해 중요하게 고려하는 요소는 무엇인지를 응답자에게 직접 물어보는 것이다.



문) 귀하께서는 '노트북' 을 구매하실 때 다음 중 어떤 점을 중요하게 고려하십니까?(단답)

　　1. 브랜드
　　2. 품질/성능
　　3. 가격
　　4. A/S
　　5. 디자인

문) 귀하께서는 '노트북' 을 구매하실 때 다음 중 어떤 점을 중요하게 고려하십니까?
　　중요하다고 생각하시는 것을 2개만 선택해 주십시오.

　　1. 브랜드
　　2. 품질/성능
　　3. 가격
　　4. A/S
　　5. 디자인

문) 귀하께서는 '노트북'을 구매하실 때 다음 중 어떤 점을 중요하게 고려하십니까?
순서대로 2개까지 선택해 주십시오.(중복응답)
1순위 : ___________          2순위 : ___________

1. 브랜드
2. 품질/성능
3. 가격
4. A/S
5. 디자인

문) 귀하께서는 '노트북'을 구매하실 때 다음의 요소들을 얼마나 중요하게 고려하십니까? 1. 전혀 중요하지 않다 부터 5. 매우 중요하다 중 하나를 선택해 주십시오.

| 구분 | 전혀 중요하지 않다 | 별로 중요하지 않은 편이다 | 보통이다 | 중요한 편이다 | 매우 중요하다 |
|---|---|---|---|---|---|
| 1. 브랜드 | 1 | 2 | 3 | 4 | 5 |
| 2. 품질/성능 | 1 | 2 | 3 | 4 | 5 |
| 3. 가격 | 1 | 2 | 3 | 4 | 5 |
| 4. A/S | 1 | 2 | 3 | 4 | 5 |
| 5. 디자인 | 1 | 2 | 3 | 4 | 5 |

직접 중요도는 응답자에게 물어봄으로써 간편하게 산출될 수 있다는 장점은 있으나 결과의 정확성이나 신뢰성이 다소 결여될 수 있다는 단점이 있다. 브랜드 선택 시 10명 중 9명은 '가격'을 가장 중요하게 고려한다고 응답할 가능성이 높지만, 실제 구매 혹은 평가과정에서는 가격 이외에 다른 요인들이 더 중요하게 작용할 수 있기 때문이다.

직접 중요도의 이러한 단점을 극복하기 위해 실무에서는 대개 중요 순서대로 복수의 응답을 받아 응답순서에 따라 가중치를 주어 산출하거나 복수응답을 기준으로 재백분을 한다. 하나만 응답을 받을 경우에는 각 응답 값에 '무작위 선택비율'을 더한 후 평균하여 활용하기도 한다.

## 직접 중요도 계산방법

| 직접 중요도 유형 | 계산방법 |
| --- | --- |
| 선택형 단답 | 단답응답을 비율로 단순집계하거나 응답비율에 무작위 선택비율을 적용해서 계산한다. 예를 들어, 브랜드 25%, 품질/성능 20%, 가격 30%, A/S 15%, 디자인 10%로 응답한 경우 이 응답치를 그대로 사용하거나 각 응답비율에 무작위 선택비율인 25%(100%/5개 속성)를 더하여 2로 나누어 준다. ((브랜드 25% + 무작위 선택비율 25%)/2) = 25%) 극단적인 응답을 줄이고 항목 간 중요도 차이를 줄이는 효과가 있으며, 사회조사에서 주로 사용된다. |
| 선택형 복수응답 | 항목에 대한 복수응답률을 재백분율로 계산하여 중요도를 산출한다. 예를 들어, 응답결과가 브랜드 35%, 품질/성능 30%, 가격 50%, A/S 30%, 디자인 15%라면 항목별 응답비율을 모든 응답비율을 모두 더한 값으로 나누어 전체가 100이 되도록 환산한다. (브랜드 35% / 전체 160% = 21.9%) 순위효과가 반영되지 못하는 단점이 있으나 논리적으로 명쾌한 방식이다. |
| 선택형 순서응답 | 1순위 응답률과 2순위 응답률에 가중치를 부여하여 산출한다. 예를 들어 브랜드 항목이 1순위 응답 20%, 2순위 응답 10%라면 (1순위 응답률(20%) × 0.8 + 2순위 응답률(10%) × 0.2)로 계산한다. 단, 여기서 가중치인 0.8과 0.2에 대한 기준은 없으며, 임의로 부여한 것이다. 이 방식은 순위효과는 반영할 수 있으나 순위별 가중치에 대한 기준이 없다는 단점이 있다. |
| 리커트형 응답 | 항목별 평균 점수를 다 더하여 총합을 계산한 뒤 이를 다시 항목별 평균 점수에 나누어 주어 재백분을 하는 방식(브랜드 점수가 5점 만점에 3.5점이고, 5개 항목을 모두 더한 점수가 15점이라면 3.5점 / 15점 = 23.3%)이나 항목별 평균 점수를 그대로 중요도 점수로 활용한다. 질문문항 수가 많고 상대적인 관점이 반영되지 못할 뿐 아니라 항목 간 중요도 차이가 크지 않아 실무에서는 거의 쓰이지 않는다. |

## b. 간접 중요도

고객이 응답한 항목을 바탕으로 통계적인 분석방법을 적용하여 중요도를 산출하는 것이다. 브랜드에 대한 전반적 호감도나 만족도와 차원, 혹은 항목별 평가문항 간의 상관분석이나 회귀분석을 이용해 산출하거나 선호순서를 물어 효용개념의 중요도를 산출하는 컨조인트 분석(Conjoint Analysis), 두 항목 간의 쌍대비교를 통해 상대적으로 중요도를 물은 후 이를 다시 분석하여 중요도를 산출하는 AHP(Analytic Hierarchical Process) 등이 대표적이다.

상관분석이나 회귀분석은 기본적으로 브랜드에 대한 전반적인 태도(브랜드 호감도, 고객만족도)와 태도에 영향을 미치는 요인들(이미지 요인들, 품질 요인들)과의 관계를 분석해서 상관계수나 회귀계수를 이용해 상대적인 중요도를 산출하게 된다.

컨조인트 분석은 제품이나 서비스를 구성하는 요소들을 여러 조합으로 만들어 조합별 고객의 선호순서를 받은 후 이를 이용해 제품/서비스 구성요소들의 중요도를 효용의 개념으로 분석하여 활용한다. AHP는 주로 소수의 전문가를 대상으로 쌍대비교방식으로 질문을 한 결과를 분석하여 중요도를 산출하게 된다. 컨조인트 분석이나 AHP는 주로 보다 정교하게 중요도를 산출할 필요가 있는 경우(예 : 각종 예측모델의 기초자료로 활용)에 활용되는 것으로 실무에서 자주 사용되지는 않는다. 여기서는 상관분석과 회귀분석을 활용한 중요도 산출에 대해 보다 구체적으로 알아보도록 하자.

상관분석과 회귀분석을 통해 중요도를 산출하는 질문유형은 정해져 있다. 즉, 원인변수들을 나열하여 먼저 응답받은 후 결과변수를 마지막에 묻는 방식으로 구성된다.

문) 다음은 은행지점에서 제공하는 서비스에 대한 평가입니다. 아래의 항목별로 1. 전혀 그렇지 않다, 2. 그렇지 않은 편이다, 3. 보통이다, 4. 그런 편이다, 5. 매우 그렇다 중 하나씩만 선택해 주십시오.

| 구분 | 전혀 그렇지 않다 | 별로 그렇지 않은 편이다 | 보통 이다 | 그런 편이다 | 매우 그렇다 |
|---|---|---|---|---|---|
| 1. 지점직원들이 친절하다 | 1 | 2 | 3 | 4 | 5 |
| 2. 지점직원들의 업무처리가 신속하다 | 1 | 2 | 3 | 4 | 5 |
| 3. 지점직원들의 업무처리가 정확하다 | 1 | 2 | 3 | 4 | 5 |
| 4. 지점직원들이 고객배려를 위해 노력한다 | 1 | 2 | 3 | 4 | 5 |
| 5. 지점환경이 이용하기에 쾌적하다 | 1 | 2 | 3 | 4 | 5 |

문) 지금까지 평가하신 모든 점들을 고려할 때 AA은행의 지점에 대해 전반적으로 얼마나 만족 혹은 불만족하십니까?

1. 매우 불만족
2. 불만족하는 편
3. 보통
4. 만족하는 편
5. 매우 만족

상관분석과 회귀분석 결과를 활용하여 중요도를 산출하기 위해서는 먼저 상관계수와 회귀계수를 재백분하여야 한다. 즉, 상관계수와 회귀분석의 베타 값을 다 더한 총합을 분모로 두고 항목별 상관계수와 베타 값을 분자로 해서 나누어 주는 것이다. 이렇게 하면 중요도 전체 합이 100이 된다.

| 상관계수 | 회귀계수(베타 값) |
|---|---|
| 항목들의 상관계수가 A항목 0.67, B항목 0.75, C항목 0.52, D항목 0.58이라면 4개 항목의 상관계수를 모두 더한 값인 2.52를 분모로 하고 항목별 상관계수를 분자에 두어 나누어 주면 A항목 27%, B항목 30%, C항목 21%, D항목 23%가 된다. | 항목들의 베타 값이 A항목 0.25, B항목 0.28, C항목 0.08, D항목 0.12라면 4개 항목의 값을 모두 더한 값인 0.73을 분모로 하고 항목별 베타 값을 분자에 두어 나누어 주면 A항목 34%, B항목 38%, C항목 11%, D항목 16%가 된다. |

마케팅조사 실무에서는 간접 중요도 산출 시 주로 상관분석과 회귀분석을 활용한다. 상관분석은 분석이 심플한 반면, 항목들의 중요도 간 차이가 크지 않아 실무에 별로 도움이 되지 못한다. 회귀분석은 상관분석에 비해 분석이 복잡하고 분석에 요구되는 전제조건도 까다롭기는 하나 항목들의 중요도 간 차이가 커서 실무에서 보다 의미 있는 중요도 결과로 활용할 수 있다. 회귀분석 결과 모델설명력이 떨어진다거나 베타 값이 '-'로 산출되어 활용할 수 없는 경우에는 상관분석으로 대신하기도 한다.

중요도 분석 시 상관분석과 회귀분석 중 어떤 방법이 더 좋은가에 대한 정답은 없지만, 논리적으로나 실무적으로 회귀분석이 더 적합한 방법인 것으로 판단된다. 그 이유는 우선 상관분석은 말 그대로 두 변수 간의 관계 유무만을 분석하게 되므로 여러 원인변수가 하나의 결과변수에 미치는 상대적인 영향력을 반영하지 못한다. 또한, 상관계수를 재백분한 값들은 문항 간 중요도 차이가 크지 않아 실무적으로도 별로 도움이 되지 못한다. 반면, 회귀분석은 기본적으로 여러 원인변수들이 결과변수에 미치는 영향력이라는 관점이 분석에 반영되어 있으며, 분석결과 산출되는 중요도 값들도 실무에서 의사결정을 할 수 있을 정도로 차이가 커서 논리적으로 실무적으로 더 적합하다고 할 수 있다. 일부 실무에서는 오로지 상관분석으로 중요도를 분석하는 경우가 있으나 앞의 논리로 볼때 중요도는 회귀분석으로 도출하는 것이 분석목적이나 결과활용 측면에서 타당할 것으로 판단된다.

지금까지 중요도 분석을 살펴보았다. 응답자들에게 직접 물어보게 되는 직접 중요도는 주로 구매의사결정 단계에서 선택에 미치는 영향력을 산출하는 데 활용되는 반면, 간접 중요도는 주로 태도형성 및 평가단계에서 태도형성에 미치는 영향력 정도를 도출하는 데 활용된다. 즉, 직접 중요도는 구매 이전과 구매 시점에서의 중요도인 반면, 간접 중요도는 주로 구매 이후 시점에서의 중요도인 것이다.

## c. 회귀분석을 이용한 중요도 분석 아웃풋 이미지

중요도를 표현하는 아웃풋 이미지는 크게 아래 그림의 왼쪽에서와 같이 구조 형태로 제시하거나 오른쪽의 표 형태로 제시하는 것이 가장 일반적이다.

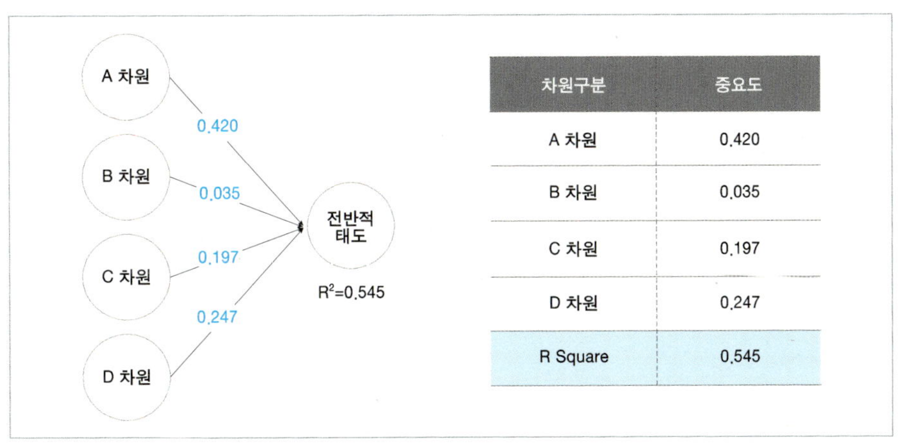


| 차원구분 | 중요도 |
| --- | --- |
| A 차원 | 0.420 |
| B 차원 | 0.035 |
| C 차원 | 0.197 |
| D 차원 | 0.247 |
| R Square | 0.545 |

## 나. 성과분석

기업의 마케팅활동은 궁극적으로 성과를 창출하기 위한 것이다. 여기서 성과란 대개 매출, 이익 등의 재무적 성과를 말한다. 마케팅조사를 통해 측정하게 되는 많은 지표들은 궁극적으로 이러한 재무적 성과를 높이기 위한 선행요인들이라고 할 수 있다. 그래서 마케팅 담당자들은 각종 지표와 성과 간의 관계를 파악하여 마케팅 활동이 성과에 얼마나 영향을 미쳤는지를 알고 싶어 한다. 예를 들어 브랜드 관리를 담당하는 실무자는 브랜드 이미지 제고를 위해 시행한 광고, 홍보, 이벤트 등의 각종 활동들이 기업의 매출에 얼마나 기여했는지를 계량화하기를 원하며, 고객만족을 담당하는 실무자들은 정기적으로 실시하는 고객만족도 결과가 성과와 어떻게 연관되는지를 알고 싶어 한다. 회귀분석은 이러한 마케팅 지표와 기업의 재무성과 간의 관계를 분석하는 성과분석에 널리 활용된다.

### a. 성과분석 절차

다른 분석방법들과 마찬가지로 성과분석도 우선 분석대상이 되는 변수(문항) 간 관계의 논리성이 분석결과보다 우선시된다. 즉, 아무리 분석결과가 좋게 나오더라도 분석에 투입된 변수(문항)들 간 관계에 대한 합리적 · 논리적 근거가 없다면 그 결과는 의미가 없게 된다. 따라서 성과분석을 시행하기 전에 해당 마케팅 지표와 어떤 재무적 성과가 연관되어 있는지를 사전에 파악하는 것이 매우 중요하다. 브랜드, 광고, 고객만족 등의 주요 지표들은 이미 추상적인 수준에서 마케팅 이론 연구를 통해 기업의 재무적 성과에 긍정적인 영향을 미친다는 사실이 검증되어 있으므로 먼저 해당 마케팅 지표에 대한 이론 연구를 찾아보는 것이 좋다.

| 구분 | 재무적 성과 |
|---|---|
| 광고 | 광고는 궁극적으로 매출액에 영향을 미치지만, 브랜드에 먼저 영향을 미친다. 따라서 먼저 광고가 브랜드에 미치는 영향력을 분석한 뒤 브랜드가 매출액에 미치는 영향력을 분석하는 단계를 거치는 것이 논리적이다. |
| 브랜드 | 브랜드는 신규 고객을 유치하는 것이 주요 목적이므로 기업의 재무성과 중 매출액에 영향을 미친다고 보는 것이 타당하다. 즉, 브랜드 인지도나 호감도와 같은 지표는 기업의 매출액과의 관계를 검증하는 것이 맞다. |
| 고객만족 | 고객만족은 기존고객을 유지하는 것이 주요 목적이기 때문에 매출액보다는 이익에 더 많은 영향을 미치게 된다. 따라서 고객만족 지표는 기업의 영업이익과의 관계를 분석하는 것이 타당하다. |



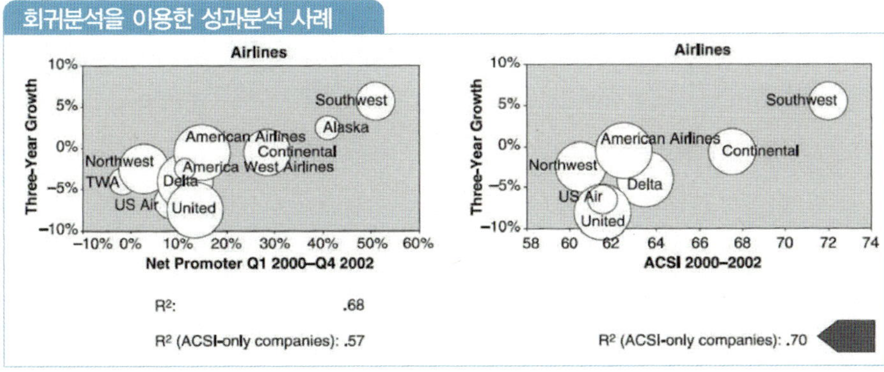


A Longitudinal Examination of Net Promoter and Firm Revenue Growth, Keiningham 외, Journal of Marketing Vol. 71(July, 2007), pp.39~51

상기는 가장 일반적이고 대표적인 성과분석 유형을 제시한 것으로 성과분석에 투입할 변수들은 매우 다양할 수 있다. 매출, 이익 등 재무적 지표의 성장률이나 주가 혹은 기업 가치와의 관계를 분석한 경우도 있고, 방송/초고속 인터넷 서비스나 보험상품의 경우 고객유지율 혹은 이탈률과 고객만족 지표 간의 관계를 분석하기도 한다. 산업과 기업특성에 따라 마케팅 지표가 영향을 미치는 재무적 성과는 매우 다양해질 수 있으므로 분석을 시행하기에 앞서 해당 마케팅 지표에 맞는 적절한 성과변수를 찾는 것이 선행되어야 한다.

**b. 성과분석 실행**

이제는 실제 예를 들어 성과분석을 실행해 보자. 우선 성과분석을 위한 데이터의 수는 가급적 20개 이상이 되는 것이 좋다. 통계적으로나 논리적으로 가장 문제가 되지 않는 최소 분석의 수가 20개 정도이기 때문이다. 하지만 실무에서 이 정도로 많은 데이터를 확보하기는 쉽지가 않다. 예를 들어 연간 1회 브랜드를 측정하는 경우 20이 되기 위해서는 최소 20년간 데이터를 축적해야 성과분석이 가능하며, 연 2회나 4회로 측정한다 하더라도 최소 수년간 데이터를 쌓아야 가능하기 때문이다. 따라서 실무에서는 최소 5개 이상만 되더라도 전체적인 경향을 확인한다는 관점에서 성과분석을 시행하는 경우가 많이 있다. 위에서 제시한 성과분석 사례에서도 실제 데이터는 7개에 불과하다. 또한 앞서 언급한 바와 같이 브랜드/광고, 고객만족 등의 지표는 이미 이론적으로 기업의 재무적 성과에 긍정적으로 영향을 미친다는 점이 검증되었으므로 실제 실무에서도 그런 경향이 나타나는지를 검증하는 것이 성과분석의 주요 목적이지, 이론 연구에서처럼 엄격한 과학적 검증을 거쳐야 하는 것은 아니기 때문이다.

성과분석 유형은 크게 두 가지로 구분해 볼 수 있다. 첫 번째는 전사 차원에서의 마케팅 지표와 성과 간의 관계를 분석하는 것이며, 두 번째는 전사가 아닌 사업본부, 지점 등의 단위별 마케팅 지표와 성과 간의 관계를 분석하는 것이다. 브랜드나 광고 지표의 경우 전사 차원에서의 성과분석만 가능하나 고객만족/서비스품질 지표는 본부별, 지점별로도 성과분석이 가능하다. 단, 이 경우에는 본부별, 지점별 고객만족 지표와 재무성과 자료가 있는 경우에 한해서이다.

보다 구체적인 예를 들어 성과분석을 실시하는 과정을 살펴보자. A기업이 연간 2회씩 3년에 걸쳐 고객만족도를 측정한 결과와 반기별 영업이익이 다음과 같다고 가정해 보자.

**반기별 고객만족도 점수와 영업이익 예시**

| 반기 | 고객만족도 점수(점) | 영업이익(억 원) |
| --- | --- | --- |
| 1 | 68.3 | 255 |
| 2 | 69.2 | 260 |
| 3 | 70.0 | 263 |
| 4 | 70.4 | 262 |
| 5 | 71.3 | 270 |
| 6 | 71.5 | 272 |

먼저 상기의 자료를 다음과 같이 엑셀에 입력한 다음 상단의 '도움말' 메뉴 아래에 있는 그래프 표시를 클릭한다.

그러면 차트마법사 창이 뜨게 되는데 이 창의 왼쪽에 있는 차트 종류에서 위에서 다섯 번째에 위치한 분산형 그래프를 선택한 뒤 다음을 계속 눌러 마침을 선택한다.

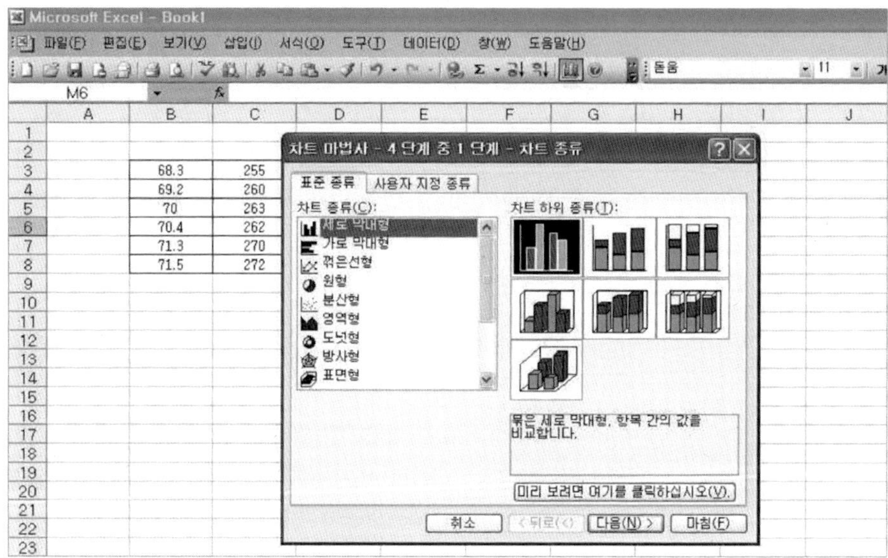

차트마법사에서 지정을 완료하면 다음과 같이 분산형 그래프가 생성된다. 이 그래프에서 점에 마우스를 갖다 대고 오른쪽을 클릭하면 작은 메뉴 창이 뜨게 되는데 메뉴 중 추세선 추가를 선택한다.

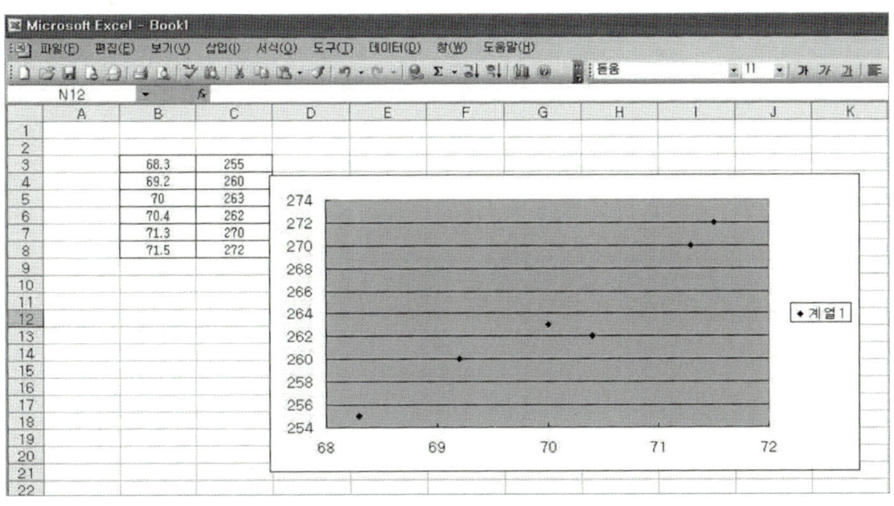

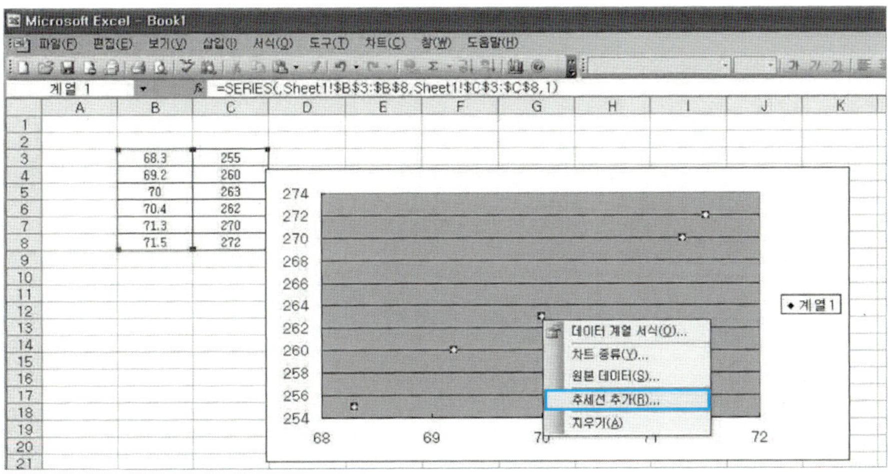

추세선 창에서는 다양한 추세선 유형이 제시된다. 가장 일반적으로 맨 위쪽에 있는 선형을 성과분석에서 널리 활용한다. 그래프에 있는 점들의 분포에 따라 다른 유형을 선택할 수도 있으나 선택한 추세선 유형에 대한 논리가 뒷받침되어야 하므로 가급적 선형이나 로그를 선택하는 것이 논리적으로 가장 무난하다.

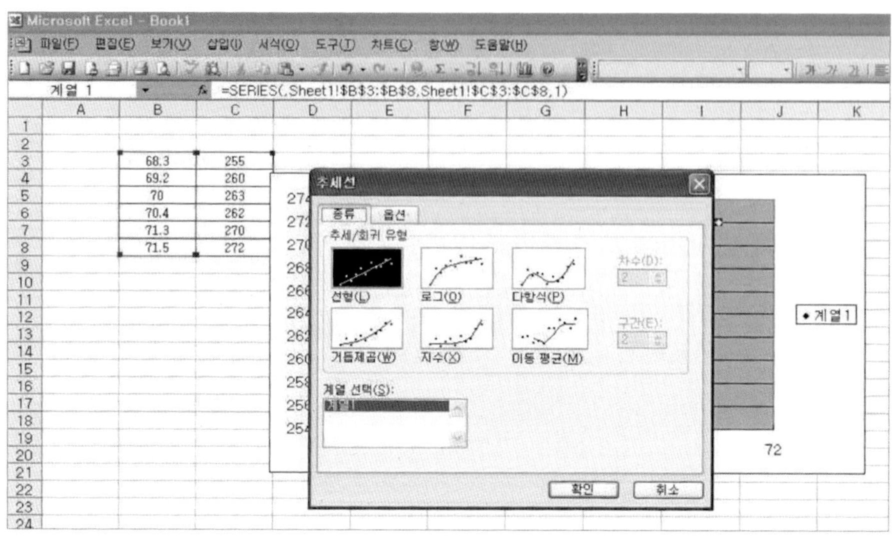

추세선 지정을 완료하면 아래와 같이 분산형 그래프의 점 위로 추세선이 생기게 된다. 여기서 추세선에 마우스 화살표를 갖다 댄 후 마우스 오른쪽을 클릭하게 되면 작은 메뉴 창이 나타나는데 이 창에서 추세선 서식을 선택한다.

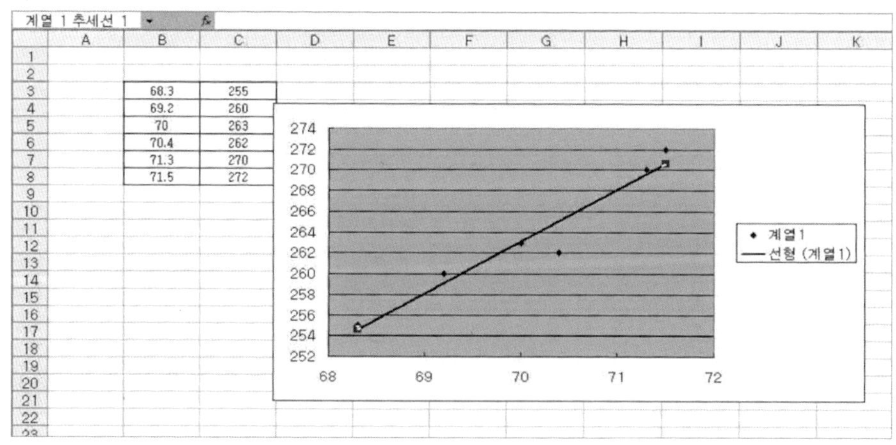

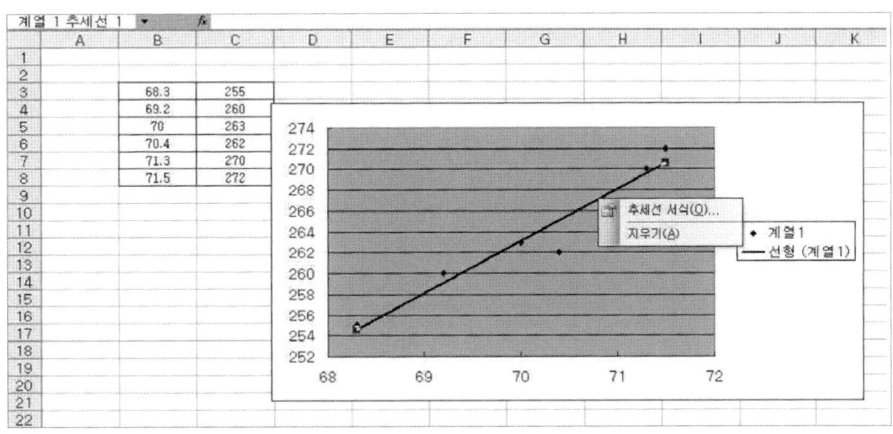

추세선 서식 창에서 '옵션' 시트를 선택하여 맨 아래에 있는 '수식을 차트에
표시' 와 'R-제곱 값을 차트에 표시' 를 선택한 후 확인을 누르고 지정을 완료
한다.

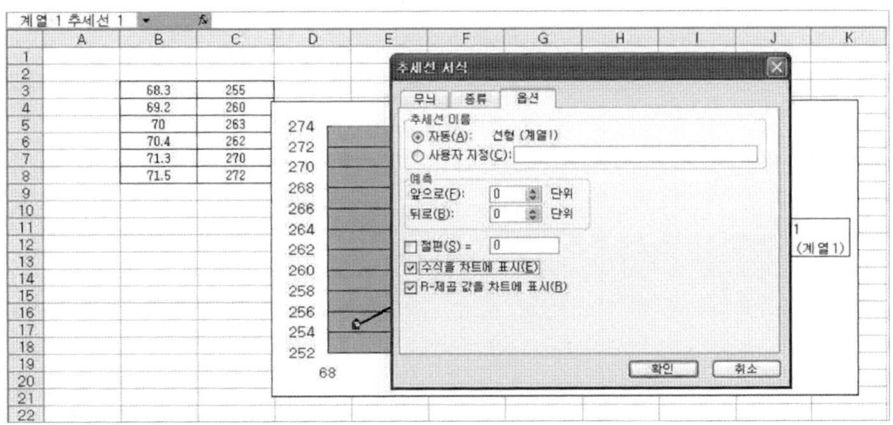

추세선 그래프 안에 'y = 4.9989x − 86.839' 와 R Square = 0.9369라는 수

식이 생기게 된다. 'y = 4.9989x − 86.839'는 회귀식을 의미하는 것으로 x가 한 단위 변화할 때 y의 변화량을 계산할 수 있는 식이다. 이 그래프에서 x는 만족도 점수이므로 만족도 점수가 1점 변할 때 y인 영업이익은 약 5억 원 정도 증가할 수 있다는 것을 의미한다. 두 번째 R Square = 0.9369는 이 회귀식의 설명력을 나타내는 것으로 앞서 살펴본 R Square이다. 여기서도 마찬가지로 먼저 R Square가 0.4 이상을 넘는지를 확인한 후 회귀식을 해석해야 한다.

예시로 든 성과분석 결과를 해석해 보면 고객만족 활동의 결과로 나타나는 고객만족도 점수의 관리를 통해 영업이익을 증대시킬 수 있음을 통계적으로 확인하였으며, 실제 고객만족도 점수 1점은 약 5억 원의 영업이익 증대 효과를 가져오는 것으로 확인되었다. 따라서 향후 기업에서는 이 결과를 바탕으로 매년 연간계획을 수립할 때 회사의 영업이익 목표 수준에 맞추어 고객만족도 목표 점수를 설정할 수 있다.

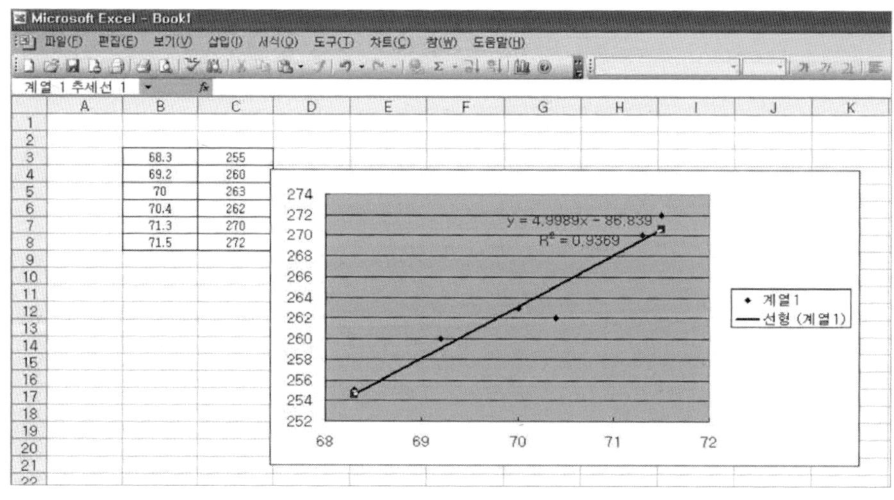

지금까지 회귀분석을 활용한 성과분석 예시를 살펴보았다. 앞선 예시는 매우 분석결과가 좋은 사례로서 실제 데이터를 이용해 분석을 하다 보면 생각보다 성과분석 결과가 좋지 않은 경우도 많이 있다. 따라서 원래 데이터를 가지고 무작정 성과분석을 시행하지 말고 분석에 사용될 데이터를 먼저 눈으로 살피거나 상관분석을 통해 변수 간 상관관계를 확인한 후 분석에 들어가는 것이 좋다. 필요하다면 원래 데이터를 그대로 사용하지 말고 몇 개의 집단으로 구분하여 평균을 내는 등 데이터를 가공해서 분석하여야 한다. 특히, 본부나 지점 단위의 고객만족도 지표와 재무성과는 그 자체로 많은 오차를 포함하고 있을 가능성이 매우 높으므로 고객만족도 지표 혹은 재무성과의 수준별로 집단을 여러 개로 나눈 후 집단별 평균 만족도 점수와 재무성과 지표를 이용해서 성과분석을 하게 되면 보다 의미 있는 결과를 얻을 수 있다.

### c. 회귀분석을 이용한 성과분석 아웃풋 이미지

성과분석의 결과는 분산형 그래프와 성과의 결과로 나타나는 재무적 성과를 동시에 보여주는 것이 효과적이다. 가장 일반적으로 사용되는 성과분석의 아웃풋 이미지는 다음과 같다.

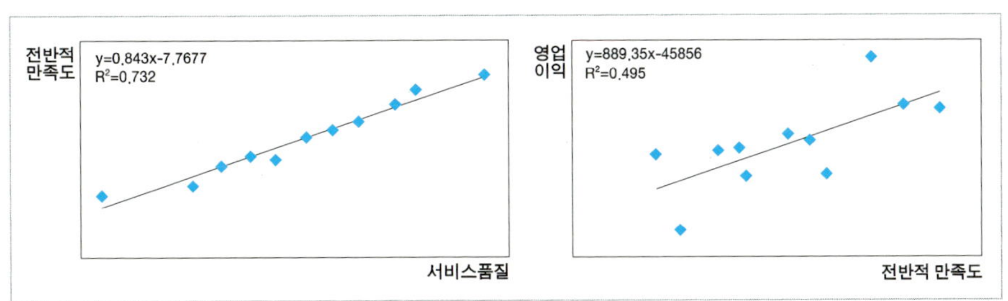

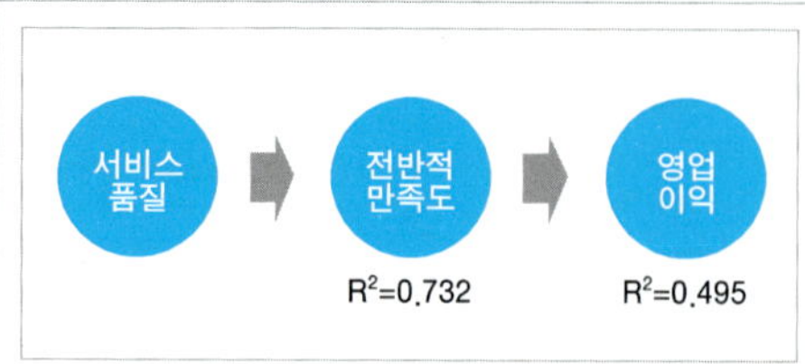


# 6. 요인분석

요인분석은 자료를 축소하는 대표적인 통계분석방법이다. 즉, 여러 문항을 Factor라는 단일 차원으로 묶어서 보다 의미 있는 분석결과를 도출하는 데 활용된다. 조사 실무에서는 측정도구의 타당성 검증, 시장세분화 분석, 그리고 포지셔닝 분석을 하고자 할 때 요인분석을 주로 사용한다.

## (1) 질문문항의 구성

요인분석의 활용목적에 따라 질문문항의 구성은 달라지게 되나 공통적인 조건은 질문문항이 5점이나 7점 등의 리커트척도 형태여야 한다는 것이다. 명목척도나 순서척도로 된 변수(문항)로는 요인분석을 시행하는 것이 전혀 의미가 없다. 분석 목적별 요구되는 질문문항의 구성을 제시하면 다음과 같다.

### 가. 측정도구의 타당성 검증을 위한 질문문항 구성

사전에 임의로 구성한 질문문항들이 적절한가에 대해 통계적으로 검증하는 것이 바로 측정도구의 신뢰성과 타당성 검증이다. 마케팅조사 실무에서는 대개 과거 경험이나 유사조사의 사례를 바탕으로 담당 실무자가 질문문항들을 구성하게 되는데 이처럼 임의로 구성한 문항들이 신뢰할 만한 것인지, 분석에 사용해도 문제가 없는 것인지를 확인해야 할 필요가 있으며, 이를 통계적으로 검증하는 것이 신뢰성과 타당성 검증이다.

신뢰성과 타당성 검증은 대개 5점 혹은 7점 등과 같은 리커트형 척도로 되어 있는 브랜드 이미지 구성 차원과 항목들, 광고 · 콘셉트 테스트의 평가 차원과 속성들, 서비스품질/고객만족을 구성하는 인적서비스, 품질, 환경 등의 차원과 구성항목들에 대한 통계적 검증에 가장 널리 활용된다. 보다 정확한 이해를 위해 우선 신뢰성분석과 타당성분석의 개념을 먼저 살펴보자.

### a. 신뢰성분석

신뢰성분석(Reliability Analysis)은 동일한 개념에 대해 지속적으로 반복 측정했을 때 동일한 값을 얻을 가능성을 말한다. 즉, 브랜드 이미지나 서비스품질의 차원을 구성하는 항목들이 같은 방향으로 움직이는지를 체크하는 것이 신뢰성분석이라고 할 수 있다.

오른쪽 그림에서 비록 점들이 타깃에서 궁극적으로 목표로 하는 곳에 있지는 않지만, 서로 인접하여 있다. 신뢰성분석은 종류에 따라 크게 3가지가 있으며, 종류별 특징은 다음과 같다.

| 구분 | 내용 |
|---|---|
| 반복측정 신뢰도 | 동일한 문항을 동일인에게 일정 시점을 두고 반복측정 |
| 대안항목 신뢰도 | 동일한 개념을 측정하는 동일한 두 세트의 항목들을 동일인에게 측정하여 두 측정치가 상관관계 비교 |
| 내적일관성 신뢰도 | 다 항목의 합산점수와 개별 항목의 점수 간 상관관계를 통한 검증 |

마케팅학계와 조사 실무에서는 상기의 3가지 신뢰성분석 중 내적일관성 신뢰도를 가장 널리 사용한다. SPSS의 신뢰성분석을 실시해서 도출되는 크롬바 알파(Cronbach' $\alpha$)값을 통해 측정항목 간 내적일관성 정도를 판단하게 되는데 학계에서는 0.8~0.9 이상, 마케팅조사 실무에서는 이 값이 0.6~0.7 이상이면 양호한 것으로 해석한다.

### b. 타당성분석

측정하고자 하는 개념을 얼마나 정확히 측정했는가 하는 것을 말한다. 즉, 차원을 구성하는 항목들이 해당 차원을 제대로 측정하고 있는가를 체크하기 위한 것이라고 할 수 있다.

오른쪽의 그림에서 앞서 신뢰성분석의 예시와는 달리 점들이 궁극적으로 목표로 하는 타깃의 정중간에 모여 있으며, 타당성분석의 주요 목적은 바로 항목들이 해당 차원을 제대로 측정하고 있는지를 검증하는 것이다. 타당성분석도 크게 3가지로 구분될 수 있다.

| 구분 | 내용 |
| --- | --- |
| 내용 타당성 | 문항내용이 목적에 비추어 적절한지에 대해 경험 혹은 전문 지식을 바탕으로 한 정성적 검토 |
| 예측 타당성 | 현재 측정된 특성이 미래상태를 예측하는 데 적절한지에 대한 평가 |
| 구성개념 타당성 | 측정하려고 의도한 개념을 측정항목이 얼마나 잘 측정하는가에 대한 평가<br>* 수렴 타당성 : 서로 다른 방법의 측정치가 서로 같은 방향으로 수렴하는지에 대한 평가<br>* 판별 타당성 : 서로 다른 개념을 측정하는 문항들이 서로 구별되는 정도에 대한 평가 |

타당성과 관련된 3가지 개념들 중 내용 타당성은 관련 전문가나 실무자가 지식과 경험을 바탕으로 정성적으로 평가하는 것인 반면, 수렴 타당성과 판별 타당성은 요인분석을 통해 분석한다. 일반적으로 타당성분석이라고 하면 요인분

### 탐색적 요인분석과 확인적 요인분석

탐색적 요인분석(Exploratory Factor Analysis)은 서로 관계가 알려져 있지 않은 측정변수와 잠재변수 간의 관계를 규명하기 위해 이용한다. 예를 들어, 브랜드 이미지를 평가하기 위한 차원들로 '신뢰성', '혁신성', '친근함' 등 3개로 구성하고, 차원별로 4개의 세부항목이 측정변수로 사용되었다고 한다면, 탐색적 요인분석을 통해 차원별 세부항목들이 해당 차원과 얼마나 관계가 있는지를 검증하게 된다. 즉, 측정항목들이 미리 의도한 해당 차원을 제대로 측정하고 있는지에 대해 사전지식을 갖고 있지 않기 때문에 탐색적(Exploratory)이라고 하며, 분석결과에 따라 일부 항목을 제거하거나 추가하게 된다. 탐색적 요인분석은 일반적으로 SPSS의 요인분석을 통해 행한다.

확인적 요인분석(Confirmatory Factor Analysis)은 이론적 지식 혹은 경험에 근거하여 각 측정변수와 잠재변수 간의 관계를 사전에 가정하고 이 가정을 통계적으로 검증하기 위해 이용되는 것으로 학계에서 기존 이론모델을 수정 혹은 변경한 모델에 대한 검증에 많이 이용된다. 확인적 요인분석은 LISREL이나 AMOS와 같은 구조방정식모델을 이용해 분석하는 것이 일반적이다.

석을 통해 구성 개념의 수렴 타당성과 판별 타당성을 평가하는 것을 의미하며, 이러한 요인분석에는 크게 탐색적 요인분석과 확인적 요인분석 두 가지가 있다. SPSS의 요인분석은 주로 탐색적 요인분석에 활용되므로 본 서에서는 탐색적 요인분석에 대해서만 다루기로 한다.

탐색적 요인분석을 통한 타당성 검증은 주로 브랜드, 서비스품질, 고객만족도 조사에서 소비자 태도에 영향을 미치는 브랜드 이미지나 서비스품질 차원들을 대상으로 이루어진다. 요인분석을 이용한 타당성분석은 신뢰성분석과 함께 측정도구의 신뢰성과 타당성 검증에 널리 활용된다. 타당성 검증을 위한 브랜드 이미지와 서비스품질 차원의 질문문항 구성의 예는 다음과 같다.

### 브랜드 이미지 측정항목과 순서 예시

문) 지금부터는 브랜드 이미지에 대해 여쭙겠습니다. 먼저 품질이미지에 대한 질문입니다. 다음 항목별로 각각의 브랜드에 대해 1. 전혀 그렇지 않다, 2. 별로 그렇지 않은 편이다, 3. 보통이다, 4. 다소 그런 편이다, 5. 매우 그렇다 중 하나씩만 선택해 주십시오.

| 품질이미지 세부항목 | AAA | BBB | CCC |
| --- | --- | --- | --- |
| 1. 제품성능이 우수하다 | | | |
| 2. 제품의 내구성이 우수하다 | | | |
| 3. AS가 우수하다 | | | |
| : | : | : | : |

다음은 감성이미지에 대한 질문입니다.

| 감성이미지 세부항목 | AAA | BBB | CCC |
| --- | --- | --- | --- |
| 1. 친근하다 | | | |
| 2. 신뢰가 간다 | | | |
| 3. 고급스럽다 | | | |
| ⋮ | ⋮ | ⋮ | ⋮ |

이제는 사회적 이미지에 대한 질문입니다.

| 사회적 이미지 세부항목 | AAA | BBB | CCC |
| --- | --- | --- | --- |
| 1. 최근 인기가 있는 브랜드이다 | | | |
| 2. 주위 사람들이 좋아하는 브랜드이다 | | | |
| 3. 앞으로도 계속 인기를 끌 것 같다 | | | |
| ⋮ | ⋮ | ⋮ | ⋮ |

## 서비스품질 측정항목과 순서 예시

문) 다음은 AA은행에서 제공하는 서비스에 대한 평가입니다. 아래의 항목별로 1. 전혀 그렇지 않다, 2. 별로 그렇지 않은 편이다, 3. 보통이다, 4. 그런 편이다, 5. 매우 그렇다 중 하나씩만 선택해 주십시오.

| 구분 | 전혀 그렇지 않다 | 별로 그렇지 않은 편이다 | 보통 이다 | 그런 편이다 | 매우 그렇다 |
| --- | --- | --- | --- | --- | --- |
| 1. 예금/대출/펀드 등 금융상품이 다양하다 | 1 | 2 | 3 | 4 | 5 |
| 2. 예금/펀드 상품의 수익률이 우수하다 | 1 | 2 | 3 | 4 | 5 |
| 3. 대출상품의 이율이 적절하다 | 1 | 2 | 3 | 4 | 5 |
| 4. 새로운 금융상품이 지속적으로 출시된다 | 1 | 2 | 3 | 4 | 5 |

다음은 직원서비스에 대한 질문입니다.

| 구분 | 전혀 그렇지 않다 | 별로 그렇지 않은 편이다 | 보통 이다 | 그런 편이다 | 매우 그렇다 |
|---|---|---|---|---|---|
| 1. 직원들이 친절하다 | 1 | 2 | 3 | 4 | 5 |
| 2. 직원들의 업무처리가 신속하다 | 1 | 2 | 3 | 4 | 5 |
| 3. 직원들의 업무처리가 정확하다 | 1 | 2 | 3 | 4 | 5 |
| 4. 직원들이 고객배려를 위해 노력한다 | 1 | 2 | 3 | 4 | 5 |
| 5. 환경이 이용하기에 쾌적하다 | 1 | 2 | 3 | 4 | 5 |

앞의 두 가지 예시의 차이점은 브랜드 이미지는 여러 브랜드를 모두 응답받는 반면 서비스품질은 주로 이용하는 브랜드에 대해서만 응답받는다는 것이다. 앞에서 브랜드는 AAA, BBB, CCC 세 개 브랜드에 대해 모두 응답을 받지만, 서비스품질에서는 AA은행의 서비스품질에 대해서만 응답받는다.

서비스품질이나 만족도와는 달리 브랜드 이미지 질문에서는 동일한 문항이 평가받는 브랜드 수에 비례하여 늘어나기 때문에 요인분석을 위해서는 브랜드별로 동일한 문항들을 데이터에서 같은 열에 오도록 먼저 정리해야 한다. 마케팅조사 실무에서는 이러한 작업에 '데이터를 세운다' 는 표현을 사용한다.

다음 그림에서 보는 바와 같이 왼쪽에서처럼 동일한 질문문항에 대해 브랜드별로 다르게 구성된 변수들을 오른쪽의 데이터 형태로 브랜드별로 '데이터를 세워서' 동일문항은 하나의 변수(문항)로 만들어 주어야 한다.

| 응답자 ID | 제품성능 | | | 내구성 | | |
|---|---|---|---|---|---|---|
| | AAA | BBB | CCC | AAA | BBB | CCC |
| 1 | 3 | 2 | 4 | 4 | 2 | 3 |
| 2 | 2 | 3 | 5 | 1 | 3 | 2 |
| 3 | 3 | 3 | 3 | 2 | 5 | 5 |
| 4 | 4 | 4 | 5 | 3 | 2 | 2 |
| 5 | 5 | 5 | 3 | 5 | 1 | 2 |
| 6 | 5 | 4 | 3 | 4 | 4 | 3 |
| 7 | 4 | 3 | 2 | 2 | 5 | 3 |

| 응답자 ID | 브랜드 | 제품성능 | 내구성 |
|---|---|---|---|
| 1 | AAA | 3 | 4 |
| 2 | AAA | 2 | 1 |
| 3 | AAA | 3 | 2 |
| 4 | AAA | 4 | 3 |
| 5 | AAA | 5 | 5 |
| 6 | AAA | 5 | 4 |
| 7 | AAA | 4 | 2 |
| 1 | BBB | 2 | 2 |
| 2 | BBB | 3 | 3 |
| 3 | BBB | 3 | 5 |
| 4 | BBB | 4 | 2 |
| 5 | BBB | 5 | 1 |
| 6 | BBB | 4 | 4 |
| 7 | BBB | 3 | 5 |
| 1 | CCC | 4 | 3 |
| 2 | CCC | 5 | 2 |
| 3 | CCC | 3 | 5 |
| 4 | CCC | 5 | 2 |
| 5 | CCC | 3 | 2 |
| 6 | CCC | 3 | 3 |
| 7 | CCC | 2 | 3 |

## 나. 시장세분화 분석을 위한 질문문항의 구성

시장세분화란 전체의 시장을 유사한 성격을 가진 시장으로 나누는 것을 의미하며, 마케팅조사에서 시장세분화는 주로 응답자, 즉 소비자나 고객집단을 구분하는 것을 의미한다. 마케팅조사 실무에서 활용하는 전통적인 시장세분화 분석방법은 요인분석을 통해 질문문항을 몇 개의 요인으로 분류한 뒤 군집분석을 실시해서 최종적으로 응답자들을 집단에 따라 구분하는 것이다. 최근 Latent Class Analysis를 가능하게 하는 통계패키지(Latent GOLD)가 있어 요인분석과 군집분석을 활용한 시장세분화 분석방법이 예전처럼 널리 활용되지는 않는다. 요인분석을 활용한 시장세분화를 위해 구성되는 질문문항의 예시는 다음과 같다.

문) 평소 귀하의 생각과 행동을 바탕으로 할 때 다음의 각 항목을 잘 읽어 보시고 하나씩 응답해 주십시오.

| 구분 | 전혀 그렇지 않다 | 별로 그렇지 않은 편이다 | 보통 이다 | 그런 편이다 | 매우 그렇다 |
|---|---|---|---|---|---|
| 나는 평소 옷을 살 때 편안함보다는 디자인에 중점을 두는 편이다 | 1 | 2 | 3 | 4 | 5 |
| 새로운 패션이나 유행은 빨리 받아들이는 편이다 | 1 | 2 | 3 | 4 | 5 |
| 가격이 비싸더라도 브랜드가 있는 제품을 선택하는 편이다 | 1 | 2 | 3 | 4 | 5 |
| 나는 제품을 선택하기 전에 여러 가지 정보를 모아서 꼼꼼하게 비교하는 편이다 | 1 | 2 | 3 | 4 | 5 |
| ⋮ | | | | | |
| 나는 한 번 구입한 브랜드를 지속적으로 구입하는 편이다 | | | | | |

상기 예시에서는 흔히 말하는 의식주와 관련된 라이프스타일 문항들을 담았다. 시장세분화를 위한 기준변수로는 라이프스타일 이외에도 추구가치나 편익 등이 널리 활용되므로 가격, 품질, 디자인, 브랜드 등의 가치/편익과 관련된 문항을 상기와 같은 형태로 구성해서 측정하는 것이 일반적이다. 여기서 한 가지 주목해야 할 점은 브랜드나 서비스품질, 고객만족 질문문항과는 달리 차원별로 문항들을 구분하지 않는다는 사실이다. 오히려 여러 의미의 문항을 여기저기에 섞어서 배치함으로써 응답자가 알아채지 못하게 하는 것이 일반적이다. 여기서

의 목적은 이성적이고 합리적인 차원의 구분이 아니라 응답자의 평소 생각과 행동을 최대한 자연스럽게 측정하는 것이기 때문에 브랜드나 고객만족의 질문 문항과는 다르게 여러 성격의 문항을 섞게 되는 것이다.

### 다. 포지셔닝 분석을 위한 질문문항의 구성

포지셔닝 분석이란 2차원 평면상에 서로 경쟁하는 브랜드들이 어떤 속성에 가깝게 위치되어 있는지를 분석하는 기법을 말한다. 마케팅조사 실무에서는 주로 브랜드 조사 시 브랜드별 이미지 포지셔닝 맵을 도출하기 위해 포지셔닝 분석을 활용한다. 포지셔닝 분석을 위한 통계분석방법은 요인분석 이외에도 다차원척도법, 대응분석 등 매우 다양하다. 포지셔닝 분석 시 요인분석은 주로 회귀분석과 같이 사용되며, 다른 포지셔닝 분석방법들에 비해 널리 활용되는 편은 아니다.

포지셔닝 분석을 위한 질문문항의 구성은 앞서 타당성분석에서 제시한 브랜드 이미지 구성항목과 거의 동일하다. 다만 브랜드 이미지 항목 이외에 브랜드별 전반적 호감도 항목을 추가해야 하는데, 전반적 호감도는 추후 회귀분석을 통한 선호 방향을 설정하는 데 활용된다.

문) 지금부터는 브랜드 이미지에 대해 여쭙겠습니다. 먼저 품질이미지에 대한 질문입니다. 다음 항목별로 각각의 브랜드에 대해 1. 전혀 그렇지 않다, 2. 별로 그렇지 않은 편이다, 3. 보통이다, 4. 다소 그런 편이다, 5. 매우 그렇다 중 하나씩만 선택해 주십시오.

| 품질이미지 세부항목 | AAA | BBB | CCC |
| --- | --- | --- | --- |
| 1. 제품성능이 우수하다 | | | |
| 2. 제품의 내구성이 우수하다 | | | |
| 3. AS가 우수하다 | | | |
| ⋮ | ⋮ | ⋮ | ⋮ |

다음은 감성이미지에 대한 질문입니다.

| 감성이미지 세부항목 | AAA | BBB | CCC |
| --- | --- | --- | --- |
| 1. 친근하다 | | | |
| 2. 신뢰가 간다 | | | |
| 3. 고급스럽다 | | | |
| ⋮ | ⋮ | ⋮ | ⋮ |

이제는 사회적 이미지에 대한 질문입니다.

| 사회적 이미지 세부항목 | AAA | BBB | CCC |
| --- | --- | --- | --- |
| 1. 최근 인기가 있는 브랜드이다 | | | |
| 2. 주위 사람들이 좋아하는 브랜드이다 | | | |
| 3. 앞으로도 계속 인기를 끌 것 같다 | | | |
| ⋮ | ⋮ | ⋮ | ⋮ |

문) 지금까지 평가하신 모든 점들을 고려할 때 AAA브랜드에 대해 얼마나 호감이 가십니까? 1. 전혀 호감이 가지 않는다, 2. 별로 호감이 가지 않는다, 3. 보통이다, 4. 호감이 가는 편이다, 5. 매우 호감이 간다 중 귀하의 생각에 가장 가까운 것을 하나만 선택해 주십시오. 그럼, BBB는요? CCC는 어떻습니까?

| 구분 | 호감도 |
|------|--------|
| AAA | |
| BBB | |
| CCC | |

## (2) 요인분석의 실행

요인분석의 일반적인 분석절차를 살펴보도록 하자. 먼저 앞서 상관분석 시 주의사항에서 언급한 바와 같이 데이터에 모름/무응답은 없는지, 있다면 Missing

처리되었는지를 사전에 점검하여야 한다. 요인분석의 실행을 위해 예시로 든 분석데이터는 4개 브랜드에 대해 기능적 이미지 3개 항목, 정서적 이미지 4개 항목, 사회적 이미지 3개 항목 등 총 3개 차원, 10개 항목으로 측정하였고, 전반적 호감도 1개 문항으로 구성하여 측정하였다. 먼저 SPSS를 실행해서 Analyze – Data Reduction – Factor Analysis를 선택한다.

요인분석 창에서 먼저 왼쪽에 있던 이미지 세부항목들을 오른쪽의 Variables로 옮긴다. 단, 여기서 브랜드 호감도 문항을 분석에 포함해서는 안 된다.

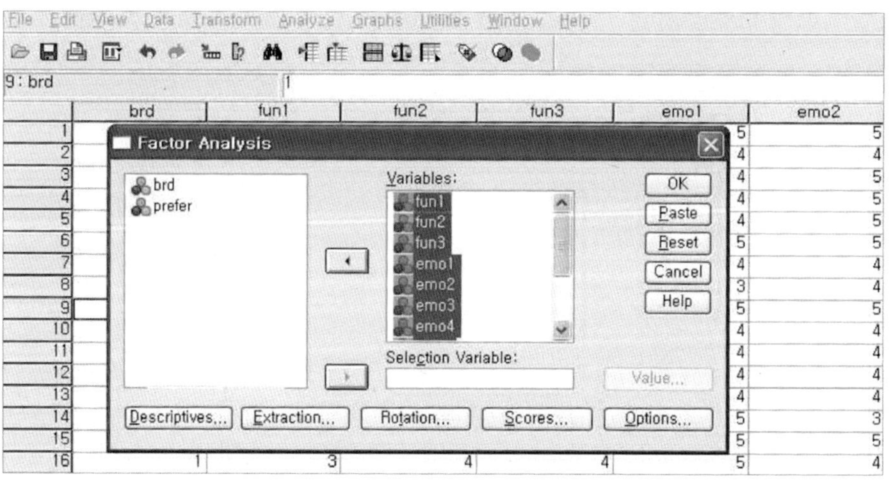

다음으로 요인분석 창의 맨 아래에 있는 여러 메뉴들 중 가장 왼쪽에 있는 Descriptives를 클릭하여 맨 아래에 있는 KMO and Bartlett's test of sphericity를 선택한 후 Continue를 누른다. 다른 다변량분석과 마찬가지로 요인분석을 위해서는 측정변수(문항) 간 어느 정도의 상관관계가 반드시 존재해야

하는데, 분석데이터가 요인분석에 적합한지 여부를 판단할 수 있는 통계량이 바로 KMO and Bartlett's test of sphericity이다. 이 통계량에 대한 구체적인 내용과 판단기준은 추후 결과 해석에서 살펴보기로 한다.

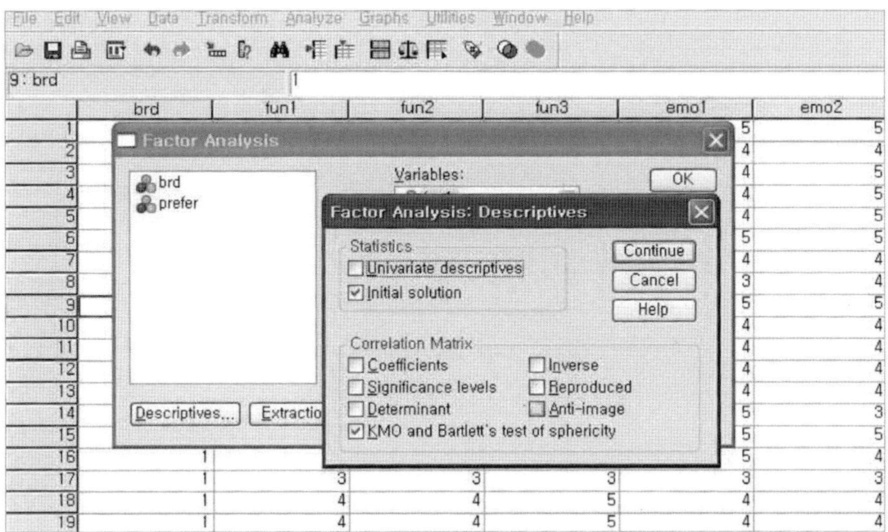


요인분석 창에서 앞서 지정한 Descriptives의 오른쪽 옆에 있는 'Extraction' 단추를 클릭하면 Descriptive에서와 같이 'Factor Analysis: Extraction' 이 뜬다. 여기서는 요인추출방법과 요인추출기준에 대한 통계량을 지정해 주게 되는데, 우선 요인추출방법의 경우 작은 분석 창의 맨 상단에 'Method' 로 지정할 수 있다. 이 메뉴는 요인분석에서 요인을 추출하는 방법들을 설정하는 것으로서 Default로 되어 있는 Principal Components를 일반적으로 가장 널리 활용한다.

요인추출기준에 대한 설정은 'Factor Analysis: Extraction' 의 중간부분에

'Extract' 라는 메뉴에서 'Eigenvalues over' 와 'Number of factors' 로 지정
할 수 있는데 이미 질문문항 개발단계에서 3개의 차원으로 구성하였으므로
'Number of factors' 에 사전에 정한 차원의 개수인 3을 지정해 준다.

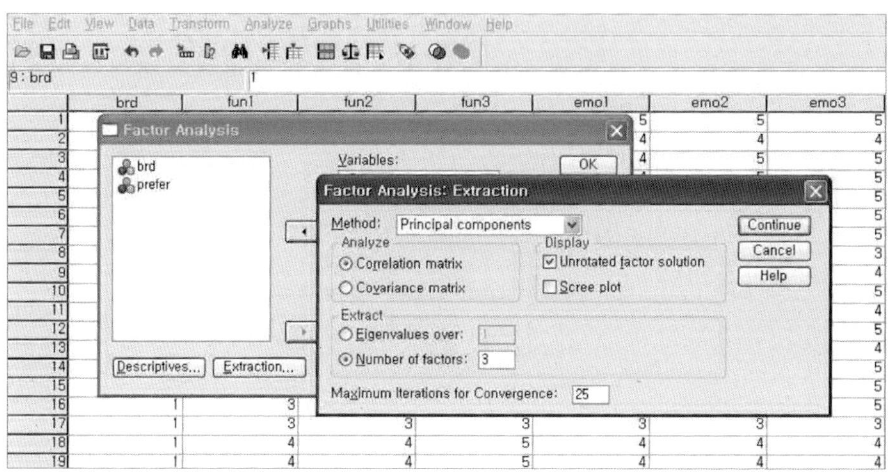

요인추출방법에 대한 지정을 끝내고 Continue를 눌러 최초의 요인분석 창으
로 돌아간 다음, 요인회전방법을 지정하기 위해 분석 창의 중앙 하단에 있는
'Rotation' 메뉴를 클릭하면 'Factor Analysis: Rotation' 이 뜬다.

이 창에서 맨 위의 'Method' 메뉴에는 여러 가지 회전방법들이 나열되어 있
는데, 이 중에서 가장 많이 쓰이는 회전방법이 직각회전(Varimax)과 사각회전
(Direct Oblimin)이다. 직각회전은 요인 간 상관관계가 0이 되도록 요인을 회전하
는 것이므로 해석이 간명하기는 하나, 복잡하게 얽혀 있는 사회과학의 문제들
에서 요인 간 관계가 전혀 없음을 가정한다는 것은 비현실적이라는 단점이 있

으며, 사각회전은 이러한 현실을 반영하여 요인 간 관계를 허용하면서 요인을 회전하므로 상대적으로 보다 현실적이기는 하나 요인 간 상관관계를 유지함으로써 해석이 어렵다는 단점이 있다. 일반적으로 직각회전을 가장 널리 활용하므로 직각회전으로 지정한다.

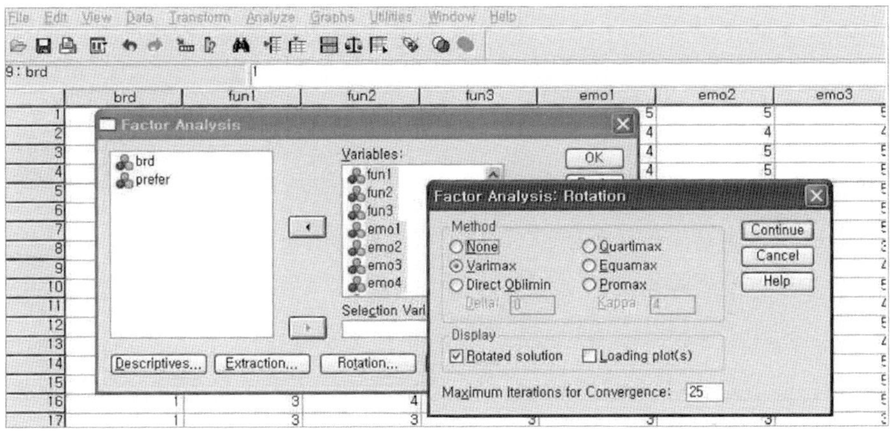



Rotation 지정이 완료된 후에는 Score를 클릭하여 메뉴 창을 연 뒤 맨 위에 있는 Save as Variables를 선택한다. 이 메뉴는 데이터에 요인점수인 Factor Score를 저장하라는 의미이다. 참고로 요인점수(Factor Score)는 개별 응답자가 응답한 차원 구성항목들의 점수를 계산하여 만든 차원의 대푯값이라고 할 수 있다. 이 값은 요인분석을 통해 포지셔닝 맵을 그릴 때 브랜드별 좌표 값을 계산하는 데 활용되거나 아니면 시장세분화 분석 시 군집분석을 위한 분석변수로 활용된다.

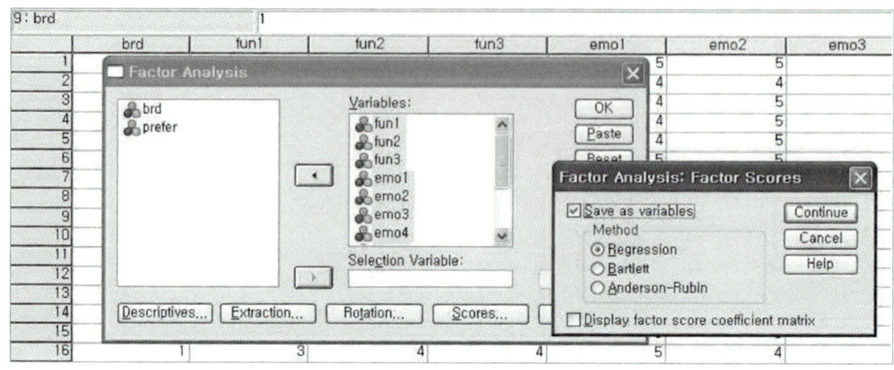

이제 요인분석을 위한 모든 지정을 마쳤으니 요인분석 창에서 맨 오른쪽 상단에 있는 OK를 클릭한다. 그러면 분석결과를 나타내는 Output 창이 뜨는데, 이 창에서 가장 먼저 확인해야 할 지표는 Output 상단에 제시된 'KMO and Bartlett's test'이다. 이 통계량은 요인분석을 위해 변수(문항) 간 상관관계가 어느 정도는 존재해야 한다는 가정을 검증하기 위한 것으로 KMO는 0.9 이상(0.5

| KMO의 표본적합도 수치와 판정기준 | |
| --- | --- |
| KMO의 표본적합도 | 판정기준 |
| 0.90 이상 | Marvelous (매우 만족스러운 수준) |
| 0.80 ~ 0.89 | Meritorious (꽤 괜찮은 수준) |
| 0.70 ~ 0.79 | Middling (괜찮은 수준) |
| 0.60 ~ 0.69 | Mediocre (보통 수준) |
| 0.50 ~ 0.59 | Miserable (빈약한 수준) |
| 0.50 미만 | Unacceptable (받아들일 수 없는 수준) |

다변량 분석, 이영준, 도서출판 석정, 1998년, p.52

미만이면 부적합), Bartlett's test는 p<0.05이면 적합한 것으로 판정하면 된다.

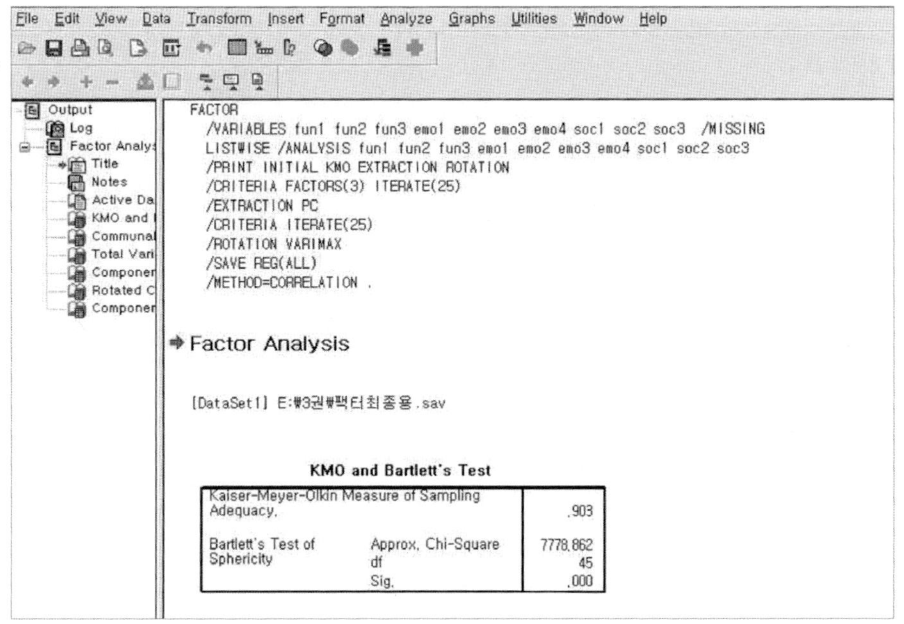

예시 데이터의 KMO는 0.903, Bartlett's test는 p=0.000이므로 두 가지 통계량 모두 기준을 충족하여 분석데이터가 요인분석을 시행하기에 적합하다고 할 수 있다.


두 번째로 살펴보아야 할 통계량은 Output 창의 중간쯤에 있는 'Total Variance Explained'이다. 이것은 추출된 요인들이 설명하는 전체 분산에 대한 상대적 비율을 나타내는 것으로 일반적으로 60~75% 이상 되어야 하는 것으로 알려져 있다. 본 예에서는 67%로 분석에서 추출된 요인들의 설명력이 적절한 수준이다.

**Total Variance Explained**

| Component | Initial Eigenvalues | | | Extraction Sums of Squared Loadings | | | Rotation Sums of Squared Loadings | | |
|---|---|---|---|---|---|---|---|---|---|
| | Total | % of Variance | Cumulative % | Total | % of Variance | Cumulative % | Total | % of Variance | Cumulative % |
| 1 | 4.724 | 47.242 | 47.242 | 4.724 | 47.242 | 47.242 | 2.607 | 26.065 | 26.065 |
| 2 | 1.143 | 11.433 | 58.675 | 1.143 | 11.433 | 58.675 | 2.105 | 21.050 | 47.116 |
| 3 | .884 | 8.836 | 67.510 | .884 | 8.836 | 67.510 | 2.039 | 20.394 | 67.510 |
| 4 | .599 | 5.992 | 73.502 | | | | | | |
| 5 | .502 | 5.019 | 78.522 | | | | | | |
| 6 | .487 | 4.874 | 83.396 | | | | | | |
| 7 | .471 | 4.709 | 88.105 | | | | | | |
| 8 | .451 | 4.511 | 92.615 | | | | | | |
| 9 | .376 | 3.759 | 96.375 | | | | | | |
| 10 | .363 | 3.625 | 100.000 | | | | | | |

Extraction Method: Principal Component Analysis.

마지막으로 변수(문항)들이 해당 차원에 잘 묶이는지를 살펴보기 위해 'Rotated Component Matrix'를 Output 창 하단에서 확인한다. 여기서 해당 요인(Factor)과 항목별 단순상관관계인 요인적재값(Factor Loadings)이 일정수준 이상이 되어야 해당 변수(문항)가 요인에 묶인다고 할 수 있다. 요인적재값의 일반적인 수용기준은 마케팅조사 실무에서는 0.5 이상, 이론 연구는 0.6~0.7 이상이다. 그러나 절대적인 기준은 없으며, 분석표본 수 대비 변수의 수 등에 따라 달라질 수 있다.

오른쪽 분석결과에서는 모든 측정항목들이 해당 요인에 묶이는 요인적재값이 0.6 이상을 보여 해당 차원에 잘 묶여 있으며, 다른 차원과의 상관관계가 상대적으로 낮음을 확인할 수 있다. 예를 들어, fun1, fun2, fun3의 경우 Component 2와의 상관관계가 일정하게 가장 높은 반면, 다른 Component와의 상관관계는 낮아서 3개의 항목이 해당 차원에 잘 수렴됨을 확인할 수 있다. 다른 차원을 구성하는 항목들도 해당 요인과의 상관관계가 일정한 수준 이상으로 가장 높게 나타나고 있다.

**Rotated Component Matrix[a]**

| | Component | | |
|---|---|---|---|
| | 1 | 2 | 3 |
| fun1 | .199 | .760 | .293 |
| fun2 | .290 | .785 | .210 |
| fun3 | .242 | .753 | .169 |
| emo1 | .752 | .250 | .126 |
| emo2 | .776 | .211 | .254 |
| emo3 | .728 | .195 | .278 |
| emo4 | .781 | .198 | .099 |
| soc1 | .223 | .238 | .721 |
| soc2 | .140 | .123 | .816 |
| soc3 | .216 | .296 | .726 |

Extraction Method: Principal Component Analysis.
Rotation Method: Varimax with Kaiser Normalization.
a. Rotation converged in 5 iterations.

## (3) 요인분석의 활용

요인분석을 다른 통계분석기법과 함께 사용하면 다양한 목적으로 활용할 수 있다. 우선 신뢰성분석과 결합되면 측정도구의 신뢰성과 타당성을 검증할 수 있으며, 회귀분석과 함께 활용하면 포지셔닝 분석도 할 수 있다. 또한 군집분석과 같이 사용해서 시장세분화 분석도 할 수 있다. 요인분석의 활용목적이 무엇이건 간에 앞서 살펴보았던 요인분석의 절차는 모두 동일하다. 달라지는 것은 요인분석을 통해 산출된 여러 결과 값들을 활용목적에 따라 취사선택하는 것이다. 이제부터는 요인분석의 활용목적별로 어떤 결과 값을 어떻게 사용하는지를 살펴보도록 하자.

### 가. 측정도구의 타당성 검증

질문문항 구성에서 언급한 바와 같이 임의로 구성한 문항들이 신뢰할 만한 것인지, 분석에 사용해도 문제가 없는 것인지를 확인해야 할 필요가 있는데, 이를 통계적으로 검증하는 것이 신뢰성과 타당성이다. 타당성 검증을 위해서는 요인분석의 실행에서 맨 마지막으로 산출된 분석결과인 'Rotated Component Matrix'에 있는 항목별 요인적재값을 확인하면 된다.

요인적재값은 해당 요인과 항목 간의 상관관계를 나타내는 수치로 이 값이 크면 클수록 항목이 해당 요인에 잘 묶인다고 표현하며, 특정 항목이 여러 요인들 중 하나의 요인에 잘 속하는지를 통계적으로 검증하게 된다. 앞서 요인분석의 실행에서 도출된 결과를 예로 들어 설명해 보면 브랜드 이미지를 구성하는 3가지 차원인 fun, emo, sco에 속하는 항목들이 다른 항목들에 비해 요인적재값이 매우 높음을 알 수 있다. 아래 예시에서 fun에 속하는 fun1, fun2, fun3은 Component 2에서의 값들이 모두 0.7 이상인 반면, Component 1과 Component 3에는 0.2 이하로 낮은 것을 알 수 있다. 이것이 의미하는 바는 fun1, fun2, fun3이 다른 브랜드 이미지 차원에 속하는 항목들인 emo1부터 soc3까지의 항목들과는 구분되게 Component 2에만 잘 속해 있으며(판별타당성), Component 2와의 상관관계 또한 통계적으로 문제가 없을 정도로 높다는 것(수렴타당성)을 의미한다. 정서적 이미지와 사회적 이미지를 구성하는 차원들의 세부항목들 또한 기능적 이미지와 마찬가지로 항목들이 해당 차원에 잘 묶여 있으면서 요인적재값이 일정하게 높은 수준임을 알 수 있다.

여기서 한 가지 분명한 사실은 비록 브랜드 이미지의 3가지 차원을 구성하는 항목들이 통계적으로는 타당성이 있다 할지라도 해당 차원에 100% 속하지는 못한다는 사실이다. 즉, fun1을 예로 들어 보면 비록 Component 2에 속한 요인적재값이 가장 높기는 하나 Component 1 및 Component 3과도 낮은 수준이 긴 하지만 상관관계가 일정수준 존재하므로 Component 2에 100% 속한다고는 할 수 없다. 이러한 현상은 사회과학이 가지는 한계점에서 기인한다. 아무리 정교한 분석방법이라 하더라도 현실을 100% 반영할 수 없으므로 이러한 한계를 고려하여 통계분석의 결과를 해석하게 되는 것이다. 요인적재값의 적정 기준도 이런 관점에서 현실적 한계를 반영하여 설정된 것이라고 할 수 있으며, 연구하는 학자에 따라, 혹은 이론 연구냐 마케팅조사 실무냐에 따라 수용기준이 달라지는 것도 이 때문이다.

**Rotated Component Matrix[a]**

|      | Component | | |
| --- | --- | --- | --- |
|      | 1 | 2 | 3 |
| fun1 | .199 | .760 | .293 |
| fun2 | .290 | .785 | .210 |
| fun3 | .242 | .753 | .169 |
| emo1 | .752 | .250 | .126 |
| emo2 | .776 | .211 | .254 |
| emo3 | .728 | .195 | .278 |
| emo4 | .781 | .198 | .099 |
| soc1 | .223 | .238 | .721 |
| soc2 | .140 | .123 | .816 |
| soc3 | .216 | .296 | .726 |

Extraction Method: Principal Component Analysis.
Rotation Method: Varimax with Kaiser Normalization.
a. Rotation converged in 5 iterations.

타당성과 더불어 항목들이 신뢰성이 있는지도 검증해야 한다. 신뢰성분석은 각 차원을 구성하는 항목들이 동일한 방향으로 같이 움직이는지를 검증하는 것이다. 항목들에 대한 신뢰성을 분석하는 방법은 동일한 문항을 일정 시점을 두고 반복측정하는 반복측정 신뢰도, 동일한 차원을 측정하는 항목들을 두 세트로 나누어 측정한 다음 비교하는 대안항목 신뢰도, 그리고 항목들의 합산점수와 개별 항목의 점수 간 상관관계를 통해 검증하는 내적일관성 신뢰도가 있다. 이들 3가지 신뢰성분석 방법 중 시간적인 측면에서의 경제성과 분석의 효율성을 고려해 마케팅 학계와 조사 실무에서는 세 번째 방법인 내적일관성 신뢰도를 가장 널리 활용하며, SPSS의 신뢰성분석을 통해 분석한다.

SPSS 메뉴에서 Anaylyze − Scale − Reliability Analysis를 순서대로 클릭한다.

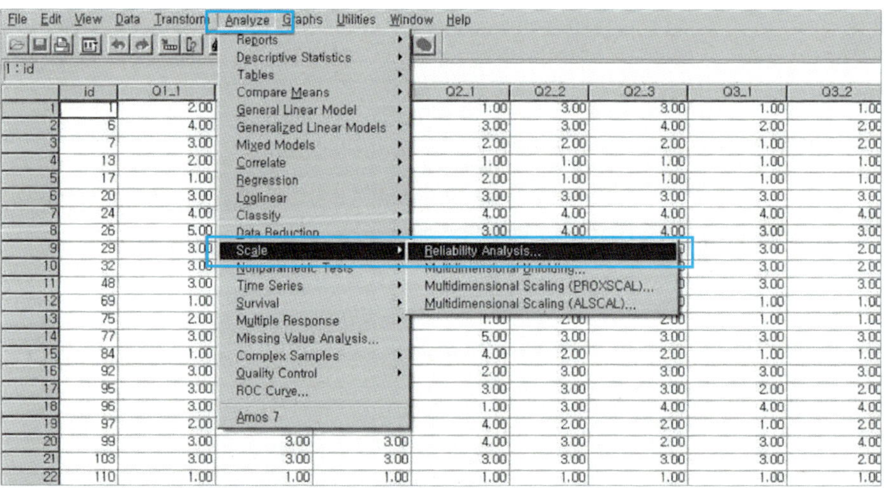

신뢰성분석 창이 뜨면 왼쪽에서 분석하고자 하는 변수(문항)들을 오른쪽에 있는 'Items : '에 투입한다. 신뢰성분석은 요인분석과는 달리 차원별로 이루어지므로 차원별로 따로따로 분석한다는 점을 유의해야 한다.

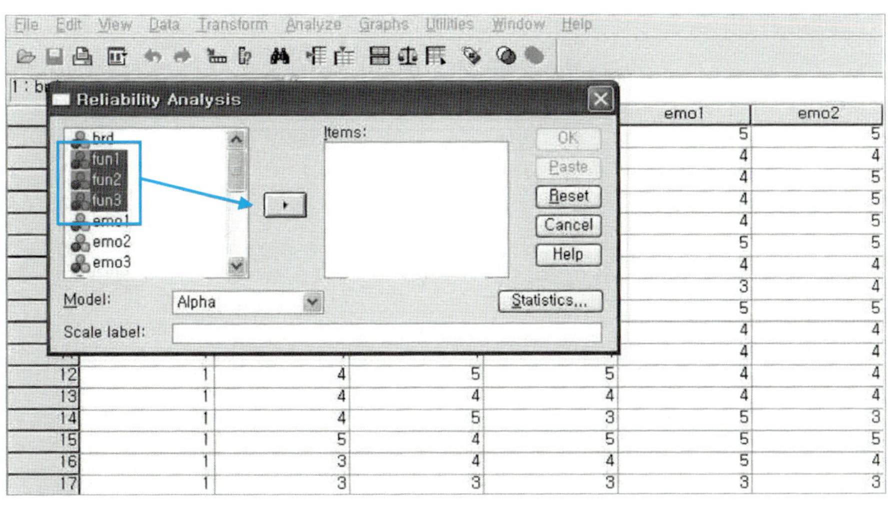

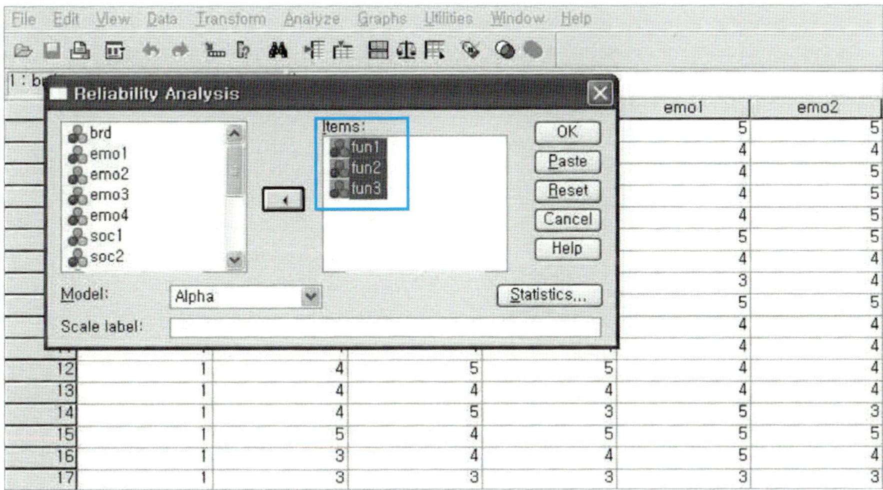

분석결과 Output에서 먼저 상단에 있는 박스(Case Processing Summary)에는 분석에 사용된 표본 수가 표시된다. 아래에 있는 박스(Reliability Statistics)에는 신뢰성 분석결과와 분석변수(문항)의 수가 표시되어 있다. 박스의 왼쪽에 표시된

크롬바 알파값이 측정변수들의 신뢰성을 나타내는 통계지표인데, 학계에서는 0.8~0.9 이상, 마케팅조사 실무에서는 이 값이 0.6~0.7 이상이 되어야 의미 있는 것으로 해석한다. 반대로 크롬바 알파값이 이 수준을 넘지 못하면 일부 항목을 제거하거나 새로운 항목을 투입해야 한다. 경험적으로 볼 때 신뢰성과 타당성 검증에서 신뢰성분석이 문제가 되는 경우는 거의 없다.

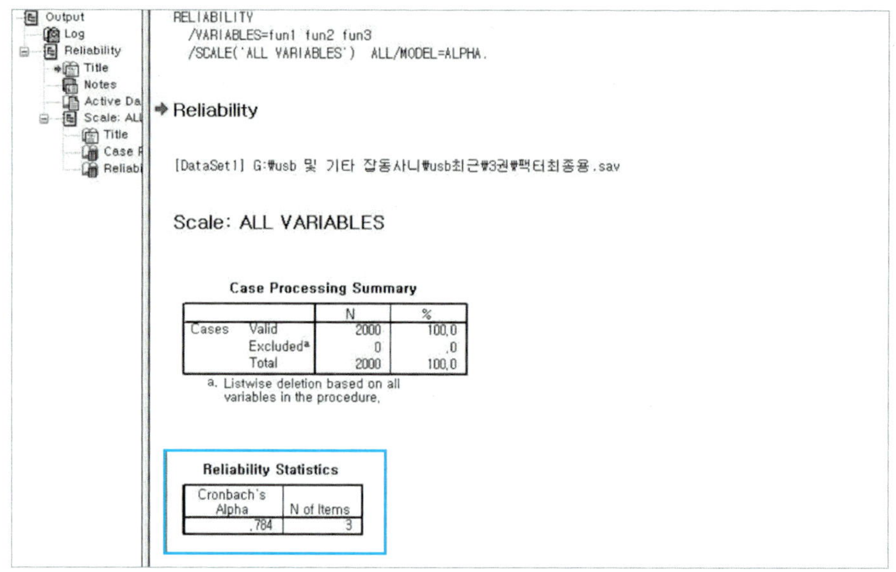

신뢰성분석은 차원별로 별도로 실시해야 한다는 번거로움이 있다. 그래서 마케팅조사 실무에서는 SPSS Syntax를 활용해서 한 번에 분석하기도 한다. 신뢰성분석 창에서 'Items:'에 변수를 투입한 후 'OK'를 누르지 말고 'OK' 하단에 있는 'Paste'를 클릭하면 해당 분석에 대한 분석명령어를 나타내 주는 Syntax 창이 나타난다.

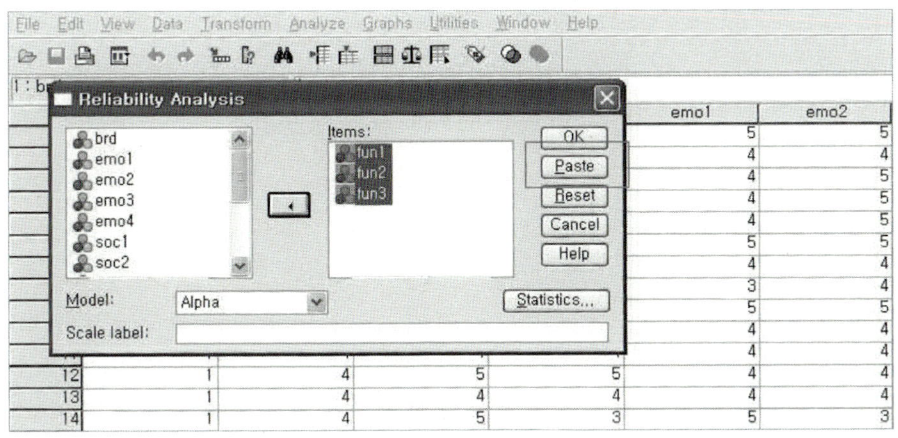

Syntax 창에서 해당 Syntax를 복사해 아래에 신뢰성분석을 실시할 차원의
수만큼 붙여 넣기를 한다.

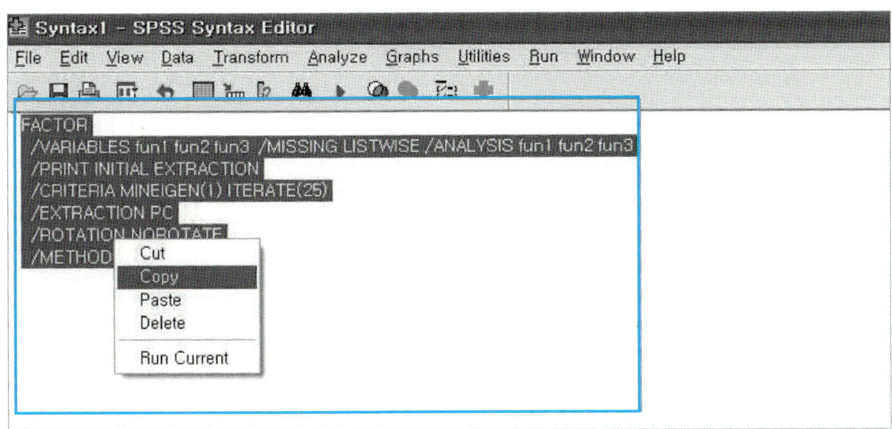


그런 다음 순차적으로 각 차원에 속해 있는 변수(문항)들의 변수명으로 수정
한다.

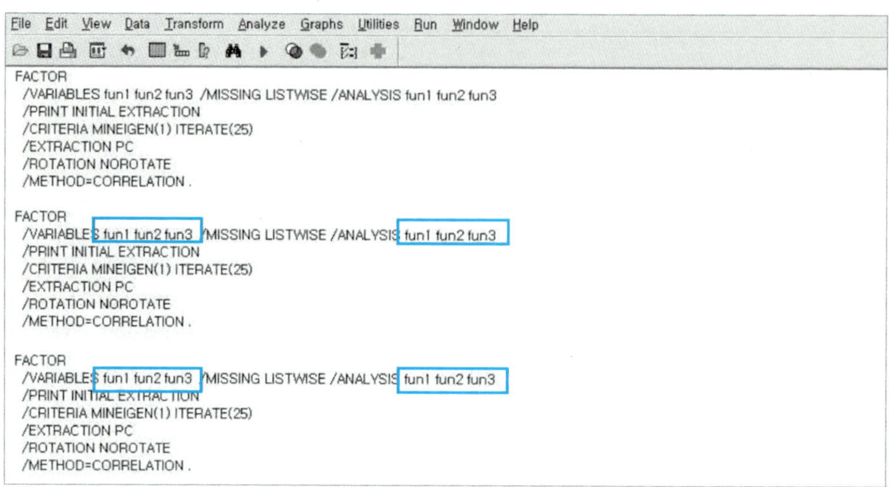

수정이 모두 끝나면 모든 Syntax를 블록으로 잡고(①) 분석메뉴의 'Analyze' 아래에 있는 표시를 클릭(②)하면 분석이 실시된다.

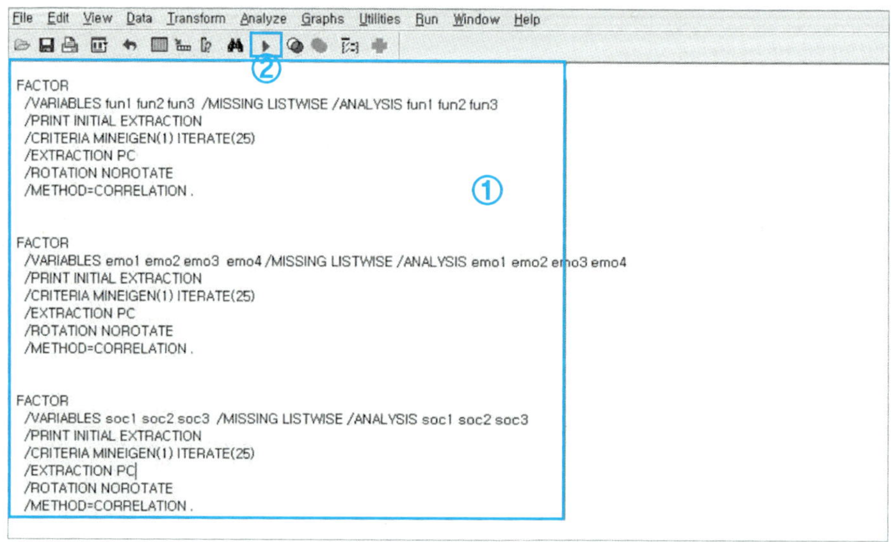

Output 창에서 Syntax로 분석한 모든 차원에 대한 신뢰성분석의 결과를 확인할 수 있다. 분석해야 할 차원이 많은 경우에는 이 방법을 이용하면 분석에 소요되는 시간을 단축할 수 있다. 모든 신뢰성분석 결과는 추후 확인을 위해 따로 저장해 두는 것이 좋겠다.

**Communalities**

|      | Initial | Extraction |
|------|---------|------------|
| soc1 | 1,000   | ,654       |
| soc2 | 1,000   | ,638       |
| soc3 | 1,000   | ,688       |

Extraction Method: Principal Component Analysis.

**Total Variance Explained**

| Component | Initial Eigenvalues | | | Extraction Sums of Squared Loadings | | |
|-----------|-------|-------------|--------------|-------|-------------|--------------|
|           | Total | % of Variance | Cumulative % | Total | % of Variance | Cumulative % |
| 1 | 1,980 | 66,004 | 66,004 | 1,980 | 66,004 | 66,004 |
| 2 | ,543 | 18,102 | 84,106 | | | |
| 3 | ,477 | 15,894 | 100,000 | | | |

Extraction Method: Principal Component Analysis.

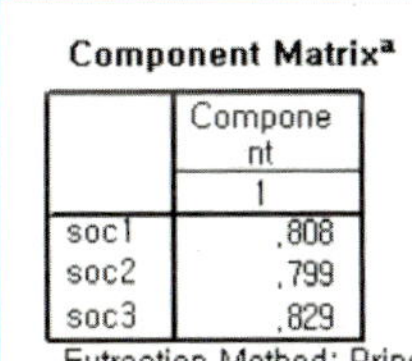

**Component Matrix[a]**

|      | Component |
|------|-----------|
|      | 1         |
| soc1 | ,808      |
| soc2 | ,799      |
| soc3 | ,829      |

Extraction Method: Principal Component Analysis.

측정도구의 신뢰성과 타당성 검증 시 활용되는 요인분석의 결과 값과 해석방법, 그리고 항상 쌍으로 붙어 다니면서 같이 활용되는 신뢰성분석을 통한 신뢰성 검증에 대해 알아보았다. 마지막으로 신뢰성과 타당성 검증이 완료되고 나면 분석결과를 어떤 식으로든 표현해서 보여주어야 하는데 가장 일반적으로 활용되는 신뢰성과 타당성 검증 결과의 Output Image는 아래와 같다.

| 구분 | 신뢰성 검증 | 타당성 검증 | | |
| --- | --- | --- | --- | --- |
| | Cronbach's Alpha | Factor1 | Factor2 | Factor3 |
| fun1<br>fun2<br>fun3 | 0.808 | 0.760<br>0.785<br>0.753 | | |
| emo1<br>emo2<br>emo3<br>emo4 | 0.799 | | 0.752<br>0.776<br>0.728<br>0.781 | |
| soc1<br>soc2<br>soc3 | 0.829 | | | 0.721<br>0.816<br>0.726 |

## 나. 시장세분화 분석

시장세분화란 말 그대로 전체 시장을 의미 있는 작은 시장으로 나누는 것을 의미한다. 시장을 세분화하는 기준은 매우 다양하며, 마케팅조사 실무에서는 소비자 조사결과를 바탕으로 시장세분화를 하게 되므로 시장을 구분하는 대상은 응답자(소비자)들이고 시장을 세분화하는 기준 또한 소비자의 인식, 태도, 행동(응답결과로 나타난 행동)이다.

마케팅조사 실무에서 활용하는 시장세분화 방법에 대해 먼저 살펴보자. 시장세분화를 분석하는 방법에는 여러 가지가 있는데 방법론상으로, 사전에 세분화 기준을 정했느냐 아니면 세분시장의 성격을 사후에 밝혀내느냐 하는 것과 시장을 세분화하는 기준(변수) 간 인과관계가 있느냐 없느냐에 따라 다음과 같이 네 가지로 분류할 수 있다.

| 구분 | 사전에 시장세분화<br>기준을 정한 경우 | 사후에 시장세분화<br>기준을 정하는 경우 |
|---|---|---|
| 시장세분화 기준 간<br>인과관계가 있는 경우 | 카이자승분석 | 군집분석<br>Latent Class 분석 |
| 시장세분화 기준 간<br>인과관계가 없는 경우 | 판별분석<br>회귀분석<br>Logit 분석 | Fuzzy Clusterwise<br>회귀분석<br>Latent Class 분석 |

### a. 사전 세분화 기준 간 인과관계가 없는 경우

시장세분화를 하기 전에 미리 세분화 기준을 선정한 다음, 그 기준에 따라 시장세분화를 하는 경우로, 대표적인 방법으로는 카이자승분석이 있다. 이 방법의 결정적인 단점은 주관에 의해 시장이 사전에 분류된다는 점이다. 만약, 사전에 주관적으로 정한 세분화 기준이 고객의 행동에 큰 영향을 미치지 못하는 경우에는 별로 의미가 없게 된다.

### b. 사전 세분화 기준 간 인과관계가 있는 경우

사전에 시장세분화 기준을 정하고, 세분화 기준(변수) 간 인과관계가 있는 경우로서 대표적인 분석방법으로 판별분석, 회귀분석, Logit 분석 등이 있다. 먼저 판별분석에서는 사전에 세분화 집단으로 분류한 후, 분류된 집단들을 가장 잘 설명하는 기준(변수)을 찾아가는 과정으로 분석이 이루어진다. 따라서 사전에 시장을 세분화하고, 각 세분시장을 잘 설명하는 기준(변수)들을 확인한 후, 이 확인된 기준(변수)들이 얼마나 시장을 잘 세분하는 기준이 되는지를 살펴보게 된다. Logit 분석의 경우에도 판별분석과 거의 동일한 로직으로 시장세분화 분석이 이루어진다.

**c. 사후 세분화 기준 간 인과관계가 없는 경우**

군집분석과 Latent Class 분석이 대표적인 예이다. 이 방법은 사전에 실무자의 주관적인 의견이 반영되지 않는다는 점에서 다른 방법들에 비해 우월하므로 사전기준에 의한 시장세분화 방법보다 마케팅 전략 수립에 보다 더 유용한 방법으로 알려져 있다.

여기서 군집분석의 경우 우선 어떤 군집분석 알고리즘을 사용하느냐에 따라 시장세분화 결과가 달라진다는 단점이 있다. 즉, 동일한 표본이라 하더라도 계층화된 군집분석(단일기준결합방식, 완전기준결합방식, 평균기준결합방식, Ward의 오차제곱합방식), 비계층적 군집분석(K-means 분석)의 채택 여부에 따라 분석결과가 달라진다. 둘째, 군집분석이 채택하고 있는 분류방법인 Non-overlapping 방식은 인간행동의 다양성을 반영하지 못한다는 단점이 있다. 즉, Non-overlapping 방식은 한 사람의 소비자가 오직 한 집단에만 속하는 것으로 분류하고, 그 소비자는 해당 집단의 성격만을 반영하는 것으로 판단하게 된다. 셋째, 군집분석의 경우 통계적으로 적정한 세분집단 수를 제시하지 못한다는 결정적인 단점을 가지고 있다. 넷째, 군집분석에서는 등간, 비율척도로 된 변수들만 분석이 가능하여 명목이나 순서척도는 분석할 수 없다는 단점이 있다.

**d. 사후 세분화 기준 간 인과관계가 있는 경우**

앞서 언급한 세분화 유형별 분석방법들은 실무자의 주관적인 판단에 의해 한 명의 소비자가 한 집단에만 속할 수 있다는 전제하에 세분화를 한다는 단점이 있다. Latent Class 분석은 이러한 단점을 보완하여 한 명의 소비자가 다양한 집단에 포함될 수 있음을 반영한 시장세분화 분석기법으로 다른 방법들과는 달리 통계적으로 가장 설명력이 높은 세분시장의 수까지 찾아준다는 장점이 있다.

본 서에서는 가장 전통적인 시장세분화 분석방법 중 하나인 요인분석과 군집분석에 대해서만 다루기로 한다. 마케팅조사 실무에서 시장세분화 분석 시 가장 널리 활용하는 소비자의 라이프스타일 관련 문항의 응답결과를 예로 들어 설명하기로 한다.

---

나는 친환경 유기농 재료로 만든 제품을 주로 구입하는 편이다. (a1)

가격이 조금 비싸더라도 제품품질이 좋은 것을 선택한다. (a2)

나는 제품을 선택할 때 나와 내 가족의 건강을 생각한다. (a3)

여가시간은 항상 가족과 함께하는 편이다. (a4)

가족들을 위해 시간을 보내는 것은 나에게 매우 중요하다. (a5)

나는 나와 내 가족을 위해 제품을 자주 구입한다. (a6)

나는 제품을 구입할 때 계획하지 않고 충동적 또는 습관적으로 구입한다. (a7)

종업원이 추천해주는 제품을 고르는 편이다. (a8)

나는 새로운 재료로 만든 제품을 좋아한다. (a9)

나는 평범하고 전통적인 제품보다 새롭고 특화된 제품이 좋다. (a10)

나는 세일할 때 제품을 많이 구입하는 편이다. (a11)

나는 제품 구입 시 주로 할인점을 이용한다. (a12)

---

먼저 요인분석을 실시해서 전체 문항을 복수의 요인으로 구분하는 작업을 해야 한다. 활용목적이 어떤 것이든 간에 요인분석의 분석절차는 모두 동일하므로 시장세분화 분석 시 주의해야 할 분석절차에 대해서만 간략하게 언급하기로 한다. SPSS를 실행해서 Analyze – Data Reduction – Factor Analysis를 선택한 후 분석에 사용될 변수를 투입한다. 다음으로 창 아래에 있는 Descriptive,

Extraction, Rotation, Score를 하나씩 선택해서 요인분석의 실행에서 설명한 대로 지정해 주면 된다.

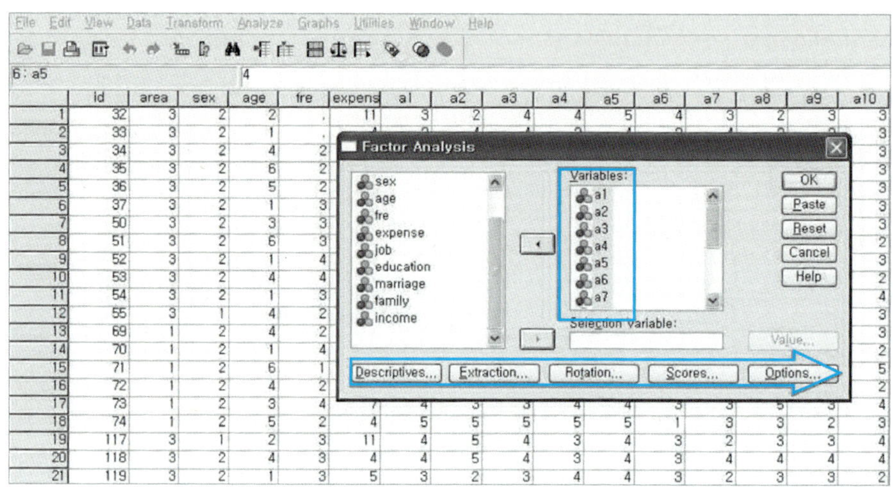

　시장세분화 분석 시에는 Extraction 메뉴에서 요인 수 지정을 어떻게 할지를 결정하여야 한다. 요인분석을 이용한 타당성 검증이나 포지셔닝 분석 시에는 사전에 차원별로 구분해서 질문문항을 구성하게 되므로 분석을 위한 요인이 이미 정해져 있지만, 시장세분화 분석은 미리 질문문항을 구분하여 그룹화하지 않으므로 분석 시 요인 수를 사전에 지정해 주어야 하는가에 대한 의문이 들 수 있다. 그러나 시장세분화 분석 결과를 보다 논리적으로 활용하기 위해서는 세분시장 수가 홀수보다는 짝수가 되는 것이 바람직하며, 비록 질문문항을 사전에 그룹화하지는 않지만 질문문항의 내용을 통해 대략 몇 개 정도의 요인으로 구분되어야 적당한가를 사전에 알 수 있으므로 요인 수를 지정해서 분석하는 것이 훨씬 더 효율적이다. 요인 수를 지정해서 일단 분석해 본 후 요인에 잘 안

묶이는 질문문항들은 제거하거나 요인 수를 다르게 지정하는 등의 과정을 여러 번 거쳐야 보다 의미 있는 결과를 도출할 수 있다. 본 서에서는 질문문항의 제외 및 요인 수를 여러 번 지정해서 분석해 본 결과 최종적으로 4개의 요인으로 지정하였다.

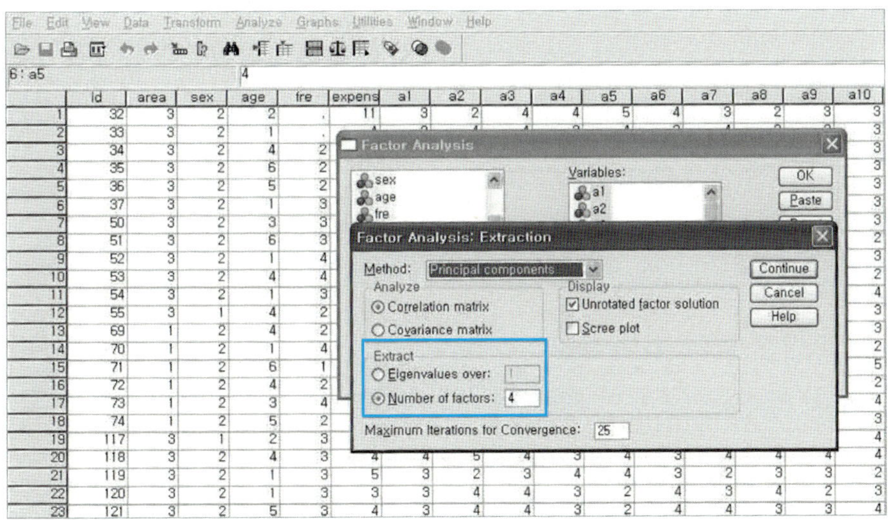

시장세분화 분석을 위한 요인분석을 지정하는 과정에서 창의 오른쪽 맨 하단에 있는 Options를 선택해서 Sorted by size를 선택해 주는 것이 좋다. 이 메뉴를 선택하면 요인분석의 최종 분석결과인 Rotated Component Matrix에서 분석문항의 순서가 아니라 요인적재값의 크기순으로 제시해 주므로 보다 쉽게 분석결과를 확인할 수 있다. 단, 타당성 검증이나 포지셔닝 분석에서는 사전에 이미 항목별 요인이 정해져 있으므로 이 메뉴를 사용하지 않는 것이 결과를 보기에 오히려 더 유리하다는 점을 참고하기 바란다.

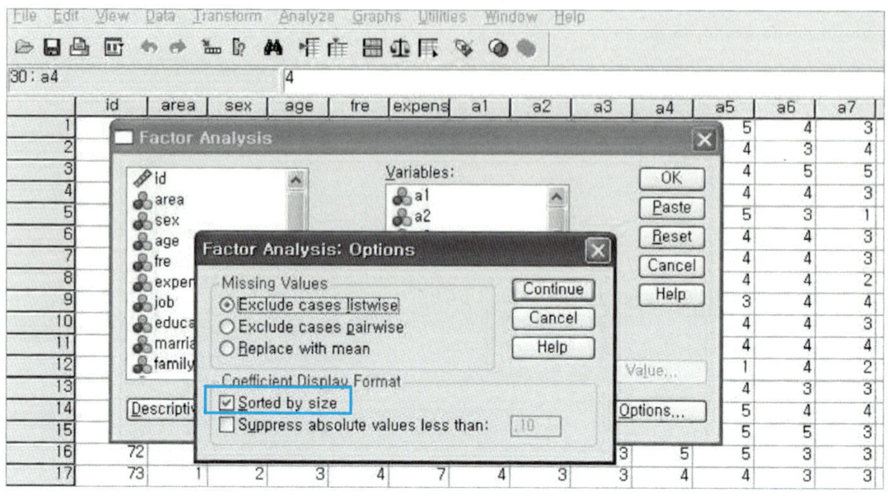

모든 지정을 끝내고 분석을 완료하면 분석 Output 창에 분석결과가 나타난다. 요인은 4개로 묶여 있고, 데이터에는 Factor Score가 생성되어 있다. Sorted by size 메뉴를 선택해서 문항이 번호순이 아닌 요인적재값의 크기순으로 되어 있음을 알 수 있다. 또한, 데이터에는 요인점수가 저장되어 있다.

**Rotated Component Matrix[a]**

|     | Component 1 | 2 | 3 | 4 |
|-----|------|------|------|------|
| a12 | .831 | .080 | −.020 | .037 |
| a11 | .819 | .101 | .052 | .093 |
| a8  | .719 | .090 | .185 | .189 |
| a7  | .597 | −.155 | .399 | −.012 |
| a2  | −.011 | .830 | .147 | .028 |
| a1  | .235 | .757 | .093 | .111 |
| a3  | −.054 | .700 | .188 | .346 |
| a6  | −.103 | .077 | .725 | .080 |
| a9  | .266 | .240 | .689 | .070 |
| a10 | .362 | .203 | .652 | .000 |
| a5  | .076 | .155 | .052 | .827 |
| a4  | .147 | .128 | .055 | .814 |

Extraction Method: Principal Component Analysis.
Rotation Method: Varimax with Kaiser Normalization.

a. Rotation converged in 6 iterations.

|  | educati | marria | family | income | FAC1_1 | FAC2_1 | FAC3_1 | FAC4_1 | var |
|---|---|---|---|---|---|---|---|---|---|
| 1 | 1 | 1 | 2 |  | -.70974 | -1.51803 | .17738 | 1.49844 |  |
| 2 | 2 | 1 | 3 |  | .29801 | -.04662 | -.57580 | -.09891 |  |
| 3 | 1 | 2 | 2 |  | -1.24927 | -.64375 | 1.34840 | .48593 |  |
| 4 | 1 | 2 | 2 |  | .21051 | -.08005 | -.29090 | .44596 |  |
| 5 | 1 | 2 | 3 |  | -.79316 | 1.26027 | -1.30993 | 1.48084 |  |
| 6 | 2 | 1 | 2 |  | -.28724 | .18639 | -.12607 | 1.15791 |  |
| 7 | 2 | 2 | 2 |  | -.40849 | -.96857 | .01544 | .98055 |  |
| 8 | 2 | 2 | 2 |  | -.17663 | .71497 | -1.49670 | -.08029 |  |
| 9 | 2 | 1 | 2 |  | -.46743 | .24651 | .23898 | -.94467 |  |
| 10 | 2 | 2 | 2 |  | -.31349 | -1.30234 | -.19496 | 1.01671 |  |
| 11 | 2 | 1 | 2 |  | .90366 | .55370 | .59174 | -1.41609 |  |
| 12 | 2 | 2 | 2 |  | -1.02189 | .09199 | .09724 | -2.35100 |  |
| 13 | 1 | 2 | 1 |  | .60487 | -.23543 | -1.44020 | -.22475 |  |
| 14 | 2 | 1 | 2 |  | -.74712 | -1.56915 | -.48470 | .45306 |  |
| 15 | 1 | 2 | 2 |  | -.42087 | .66221 | 1.99581 | 1.13355 |  |
| 16 | 1 | 2 | 2 |  | .81903 | -.92413 | -1.59354 | 1.43367 |  |
| 17 | 2 | 1 | 2 |  | 2.35412 | -.44385 | -1.16550 | .21348 |  |
| 18 | 2 | 2 | 2 |  | -.17458 | 2.08723 | -2.74654 | 1.24335 |  |
| 19 | 2 | 1 | 2 |  | .69893 | 1.50162 | -1.10548 | -.55364 |  |
| 20 | 2 | 2 | 2 |  | 1.35695 | 1.13634 | -.28523 | -.63682 |  |

추후 군집분석에서의 분석결과를 좀 더 용이하게 해석하기 위해서는 요인분석 결과로 도출된 요인별 특성을 사전에 정의해 주는 것이 좋다. 방금 살펴본 요인분석 결과를 다음과 같은 형태로 정리해 볼 수 있다.

| 요인구분 | 요인명 | 요인 특성 |
|---|---|---|
| 요인1 | 충동<br>/습관형 | 나는 제품을 구입할 때 계획하지 않고 충동적 또는 습관적으로 구입한다. (a7)<br>종업원이 추천해주는 제품을 고르는 편이다. (a8)<br>나는 세일할 때 제품을 많이 구입하는 편이다. (a11)<br>나는 제품 구입 시 주로 할인점을 이용한다. (a12) |
| 요인2 | 건강<br>/품질 추구형 | 나는 친환경 유기농 재료로 만든 제품을 주로 구입하는 편이다. (a1)<br>가격이 조금 비싸더라도 제품품질이 좋은 것을 선택한다. (a2)<br>나는 제품을 선택할 때 나와 내 가족의 건강을 생각한다. (a3) |
| 요인3 | 혁신<br>수용형 | 나는 나와 내 가족을 위해 제품을 자주 구입한다. (a6)<br>나는 새로운 재료로 만든 제품을 좋아한다. (a9)<br>나는 평범하고 전통적인 제품보다 새롭고 특화된 제품이 좋다. (a10) |
| 요인4 | 가족<br>지향형 | 여가시간은 항상 가족과 함께하는 편이다. (a4)<br>가족들을 위해 시간을 보내는 것은 나에게 매우 중요하다. (a5) |

요인분석 결과를 바탕으로 군집분석을 실시해 보자. SPSS – Analyze – Classify – K‑Means Cluster를 순서대로 클릭한다. 참고로 마케팅조사 실무에서는 시장세분화를 제외하고는 군집분석을 거의 잘 활용하지 않으며, 군집분석의 여러 방법 중 실무적으로 가장 활용하기 용이한 K‑Means를 주로 사용한다.

K‑Means Cluster Analysis 창에서 맨 먼저 왼쪽에 있는 요인점수를 오른쪽의 Variables에 투입한다. 요인분석의 분석결과인 요인점수가 K‑Means 군집분석의 기준(변수)이 된다. 다시 말해서 요인점수가 시장세분화의 기준이 되는 것이다.

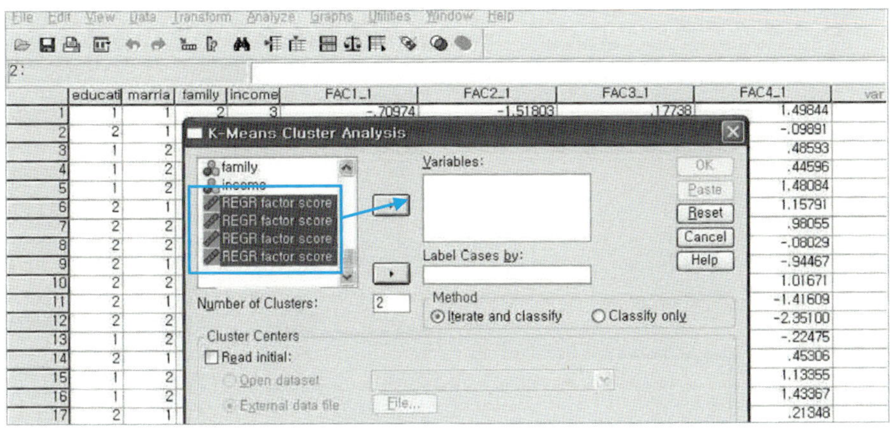

다음으로 창의 왼쪽 중간쯤에 있는 Number of Clusters를 지정해 주어야 한다. 시장세분화에서 언급한 바와 같이 K-Means 군집분석은 사전에 세분시장 수를 지정해 주어야 한다는 단점이 있다. 요인분석의 요인 수 지정에서와 마찬가지로 K-Means 군집분석에서 세분시장 수도 가급적 짝수가 좋으며, 세분시장 수를 번갈아 가면서 여러 번 넣어서 가장 분석결과가 좋은 안을 선택하면 된다. 여기서는 세분시장 수를 '4'로 지정해 주었다.

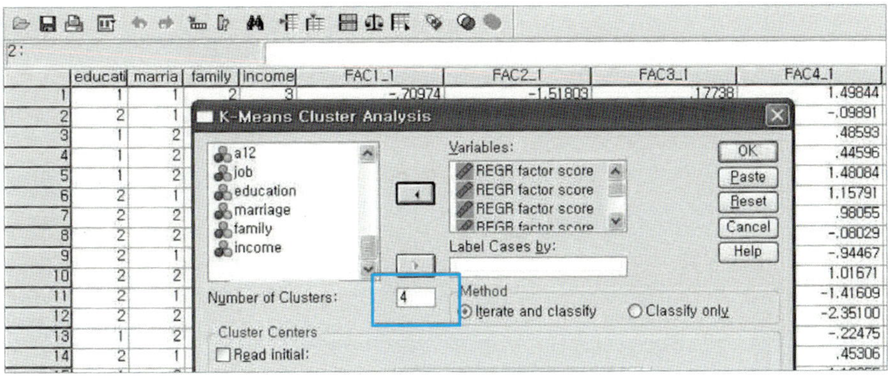

다음으로 창의 맨 아래쪽에 있는 Save를 선택해서 Cluster Membership을 선택한다. 이 메뉴는 K-Means 분석의 결과로 각 응답자가 어떤 세분집단에 속하는지를 데이터상에 숫자로 표기하도록 하는 것이다.

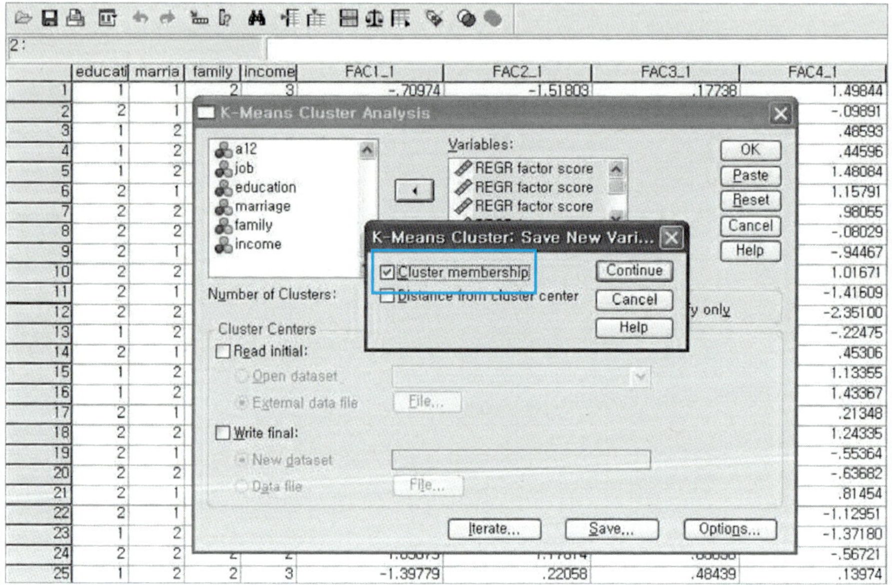

이제 모든 지정이 끝났으니 Continue와 OK를 번갈아 가면서 눌러 분석을 실행한다. 분석결과 Output 창에서 맨 먼저 Initial Cluster Centers 표가 나타난다. 이 표에서 제시되는 숫자들은 군집별로 시장세분화 기준인 요인별 요인점수와의 관계를 나타낸다. 표에서 제시된 숫자들이 집단별로 얼마나 차이가 나는지를 기준으로 해석하면 된다. 참고로 마케팅조사 실무에서는 이 값이 ±0.40 이상이면 해당 집단이 해당 속성을 비교적 명확하게 가지고 있는 것으로 해석하고, ±0.20~±0.39는 해당 속성을 가지는 경향이 있다고 해석한다.

➜ Quick Cluster

[DataSet1] G:₩usb 및 기타 잡동사니₩usb최근₩3권₩세분화용.sav

**Initial Cluster Centers**

|  | Cluster | | | |
|---|---|---|---|---|
|  | 1 | 2 | 3 | 4 |
| REGR factor score 1 for analysis 1 | -.17458 | -.29474 | 1.57601 | .87224 |
| REGR factor score 2 for analysis 1 | 2.08723 | -.27955 | -4.15728 | 1.18169 |
| REGR factor score 3 for analysis 1 | -2.74654 | -.72058 | -.56607 | 2.16850 |
| REGR factor score 4 for analysis 1 | 1.24335 | -3.00839 | -.04260 | 1.06678 |

**Iteration History[a]**

| Iteration | Change in Cluster Centers | | | |
|---|---|---|---|---|
|  | 1 | 2 | 3 | 4 |
| 1 | 2.270 | 2.049 | 2.647 | 2.060 |
| 2 | .143 | .203 | .458 | .136 |

다음 결과에서 군집 1은 건강/품질을 추구하고 가족 지향적인 성향을 보이며, 군집 2는 가족을 전혀 지향하지 않으며, 군집 3은 충동/습관형이면서 건강/품질을 전혀 추구하지 않고, 군집 4는 혁신수용형에 가까운 성향을 보이는 것으로 해석할 수 있다. 단, 이 결과는 단지 전반적으로 군집분석이 잘 되었는지를 판단하는 기준으로 활용해야 하며, 보다 구체적인 군집 특성을 살펴보기 위해서는 교차분석을 별도로 해야 한다.

**Initial Cluster Centers**

|  | Cluster | | | |
|---|---|---|---|---|
|  | 1 | 2 | 3 | 4 |
| REGR factor score 1 for analysis 1 | -.17458 | -.29474 | 1.57601 | .87224 |
| REGR factor score 2 for analysis 1 | 2.08723 | -.27955 | -4.15728 | 1.18169 |
| REGR factor score 3 for analysis 1 | -2.74654 | -.72058 | -.56607 | 2.16850 |
| REGR factor score 4 for analysis 1 | 1.24335 | -3.00839 | -.04260 | 1.06678 |

Initial Cluster Centers를 통해 군집이 전반적으로 잘 이루어졌는지를 확인한 다음, 집단별 크기가 어느 정도 되는지 확인해야 한다. 아무리 집단이 잘 구분되었다 하더라도 구분된 집단의 크기가 너무 작으면 집단별 분석 및 결과 해석이 어려워지게 되므로 집단별 크기를 사전에 반드시 확인해야 한다.

집단별 크기는 군집분석의 결과 Output 오른쪽에 Number of Cases in each Cluster에서 확인할 수 있다. 4개 집단별 크기가 대체로 일정하다는 것을 아래 결과를 통해 알 수 있다.

### Number of Cases in each Cluster

| Cluster | 1 | 160.000 |
|---------|---|---------|
|         | 2 | 172.000 |
|         | 3 | 130.000 |
|         | 4 | 141.000 |
| Valid   |   | 603.000 |
| Missing |   | 2.000   |

군집분석 결과를 모두 확인한 후 마지막으로 군집별 응답자 프로파일을 확인해야 한다. 우선 군집분석 완료 후 데이터에는 응답자별 소속 군집을 나타내는 QCL_1이라는 새로운 변수가 만들어져 있음을 알 수 있다. 이 변수를 이용해 교차집계표를 작성해서 세분집단별 프로파일을 확인하여야 한다.

|  | educati | marria | family | income | FAC1_1 | FAC2_1 | FAC3_1 | FAC4_1 | QCL_1 |
|---|---|---|---|---|---|---|---|---|---|
| 1 | 1 | 1 | 2 | 3 | -.70974 | -1.51803 | .17738 | 1.49844 | 3 |
| 2 | 2 | 1 | 3 | 3 | .29801 | -.04662 | -.57580 | -.09891 | 1 |
| 3 | 1 | 2 | 2 | 2 | -1.24927 | -.64375 | 1.34840 | .48593 | 3 |
| 4 | 1 | 2 | 2 | 3 | .21051 | -.08005 | -.29090 | .44596 | 1 |
| 5 | 1 | 2 | 3 | 3 | -.79316 | 1.26027 | -1.30993 | 1.48084 | 1 |
| 6 | 2 | 1 | 2 | 1 | -.28724 | .18639 | -.12607 | 1.15791 | 1 |
| 7 | 2 | 2 | 2 | 3 | -.40849 | -.96857 | .01544 | .98055 | 3 |
| 8 | 2 | 2 | 2 | 3 | -.17663 | .71497 | -1.49670 | -.08029 | 1 |
| 9 | 2 | 1 | 2 | 3 | -.46743 | .24651 | .23898 | -.94467 | 2 |
| 10 | 2 | 2 | 2 | 3 | -.31349 | -1.30234 | -.19496 | 1.01671 | 3 |
| 11 | 2 | 1 | 2 | 1 | .90366 | .55370 | .59174 | -1.41609 | 2 |
| 12 | 2 | 2 | 2 | 3 | -1.02189 | .09199 | .09724 | -2.35100 | 2 |
| 13 | 1 | 2 | 1 | 1 | .60487 | -.23543 | -1.44020 | -.22475 | 1 |
| 14 | 2 | 1 | 2 | 1 | -.74712 | -1.56915 | -.48470 | .45306 | 3 |
| 15 | 1 | 2 | 2 | 9 | -.42087 | .66221 | 1.99581 | 1.13355 | 4 |
| 16 | 1 | 2 | 2 | 1 | .81903 | -.92413 | -1.59354 | 1.43367 | 1 |
| 17 | 2 | 1 | 2 | 1 | 2.35412 | -.44385 | -1.16550 | .21348 | 4 |
| 18 | 2 | 2 | 2 | 3 | -.17458 | 2.08723 | -2.74654 | 1.24335 | 1 |
| 19 | 2 | 1 | 2 | 2 | .69893 | 1.50162 | -1.10548 | -.55364 |  |

군집별 특성을 확인하기 위해 교차분석을 실시해 보자. SPSS – Analyze – Descriptive Statistics – Crosstabs를 순서대로 선택한다.

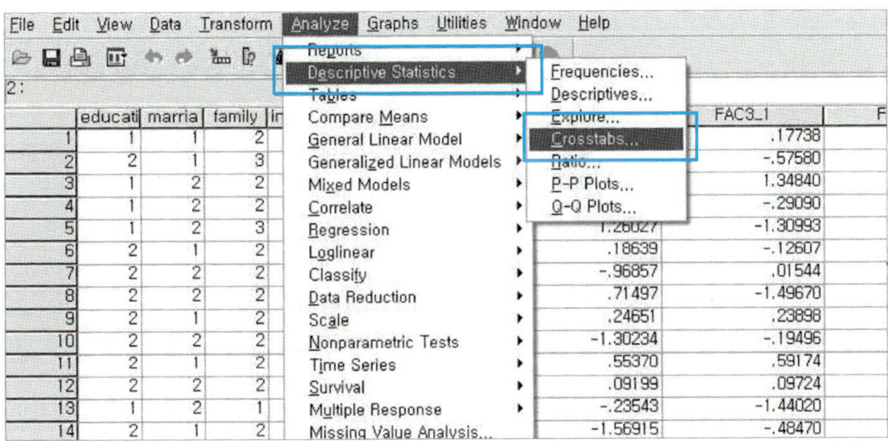



지정 창에서 Row에 Cluster Membership을 투입하고, Column에는 요인분석에 사용한 라이프스타일 문항과 더불어 응답자 특성과 관련된 모든 변수를 투입한다.

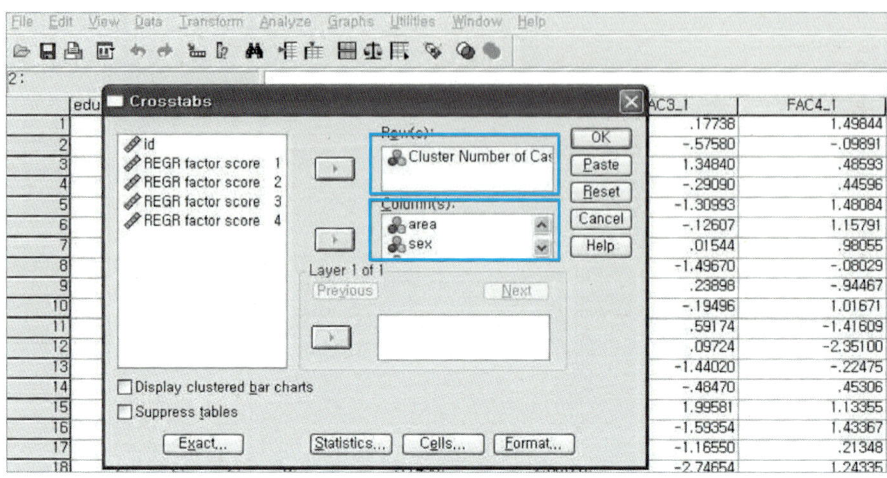

그런 다음 창의 아래에 있는 'Cells'를 선택해서 왼쪽 중간에 있는 Percentages에서 Row를 지정한 다음, 분석을 실행한다.

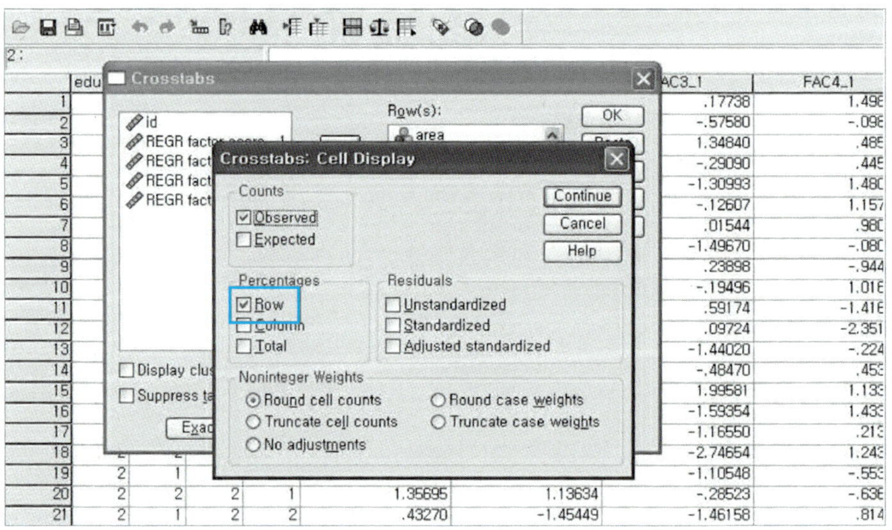

분석결과 Output 창에서 세분집단별 성, 연령 등의 응답자 특성과 세분화 기준인 라이프스타일 특성이 모두 제시된다. 세분집단과 특성별 표를 하나하나 보면서 세분화가 어느 정도나 정교하게 되었는지를 확인한 다음 최종 결과를 그대로 사용할지 아니면 다시 처음부터 분석할지를 결정해야 한다.

**Cluster Number of Case ∗ age Crosstabulation**

| | | | age | | | | | | Total |
|---|---|---|---|---|---|---|---|---|---|
| | | | 19~24 세 | 25~29 세 | 30~34 세 | 35~39 세 | 40~44 세 | 45~49 세 | |
| Cluster Number of Case | 1 | Count | 22 | 16 | 21 | 46 | 33 | 22 | 160 |
| | | % within Cluster Number of Case | 13.8% | 10.0% | 13.1% | 28.8% | 20.6% | 13.8% | 100.0% |
| | 2 | Count | 49 | 52 | 24 | 21 | 13 | 13 | 172 |
| | | % within Cluster Number of Case | 28.5% | 30.2% | 14.0% | 12.2% | 7.6% | 7.6% | 100.0% |
| | 3 | Count | 32 | 20 | 18 | 30 | 16 | 14 | 130 |
| | | % within Cluster Number of Case | 24.6% | 15.4% | 13.8% | 23.1% | 12.3% | 10.8% | 100.0% |
| | 4 | Count | 28 | 21 | 23 | 30 | 17 | 22 | 141 |
| | | % within Cluster Number of Case | 19.9% | 14.9% | 16.3% | 21.3% | 12.1% | 15.6% | 100.0% |
| Total | | Count | 131 | 109 | 86 | 127 | 79 | 71 | 603 |
| | | % within Cluster Number of Case | 21.7% | 18.1% | 14.3% | 21.1% | 13.1% | 11.8% | 100.0% |

참고로 마케팅조사 실무에서는 시장세분화 분석 시 이 같은 과정을 최소 10번 이상 반복해서 가장 좋은 결과를 활용하는 것이 일반적이다. 실제로 시장세분화 분석은 다른 분석방법에 비해 더 많은 시간과 노력이 요구되며, 단편적으로 상기의 분석절차만 그대로 따른다고 해서 절대 좋은 분석결과가 나오지 않는다. 시간을 줄이는 가장 좋은 방법은 사전에 빈도분석과 교차분석을 통해 전체 결과를 어느 정도 파악한 다음, 여러 관점에서 사전에 세분집단에 대한 시나리오를 만들어 놓은 뒤에 시장세분화 분석을 시행하는 것이다. 시장세분화 분석 결과는 다양한 Output Image로 나타낼 수 있는데 가장 일반적인 Output Image는 다음과 같다.

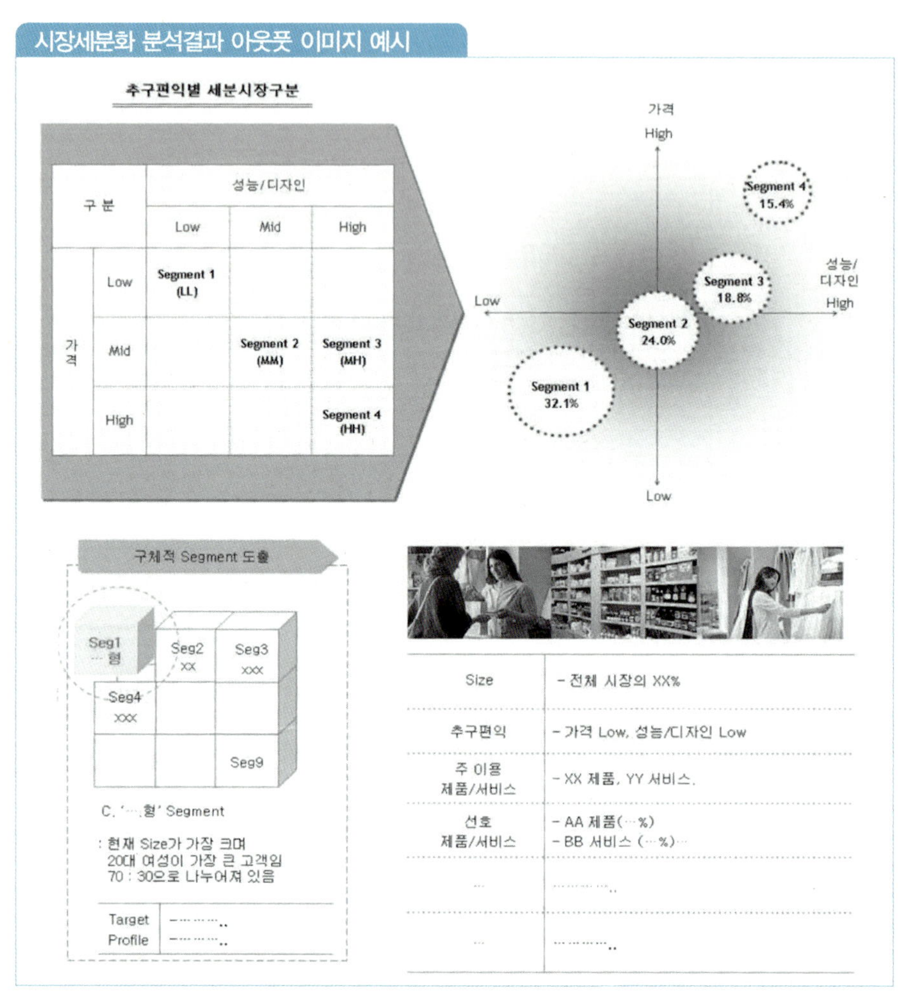


지금까지 요인분석과 군집분석을 이용한 시장세분화 분석 절차와 방법에 대해 알아보았다. 이 방식은 SPSS로만 분석이 가능하다는 점과 비교적 분석로직이 이해하기 쉽다는 장점은 있으나 세분화 기준 문항이 반드시 5점 혹은 7점과 같은 리커트 형태의 척도로 되어야 한다는 점과 분석의 정교함이 떨어진다는

단점이 있다. 최근에는 Latent Class Analysis를 분석할 수 있는 통계패키지가 보급되어 많은 조사회사에서는 이 프로그램을 활용해 시장세분화 분석을 수행한다. Latent Class Analysis는 시장세분화 기준문항의 척도에 제약이 전혀 없으며, 통계적으로 몇 개의 세분시장이 가장 의미가 있는지를 제시해 준다. 또한, 세분화 결과에는 한 명의 응답자가 각 집단에 속하게 되는 확률을 제공해 주어 반드시 한 집단에만 속하게 되는 기존 군집분석의 현실적 한계를 보완하였다. 참고로 Latent GOLD 통계패키지는 별도로 구입을 해야 하며, Statistical Innovations 홈페이지에서 무료 데모버전을 다운받을 수 있다.

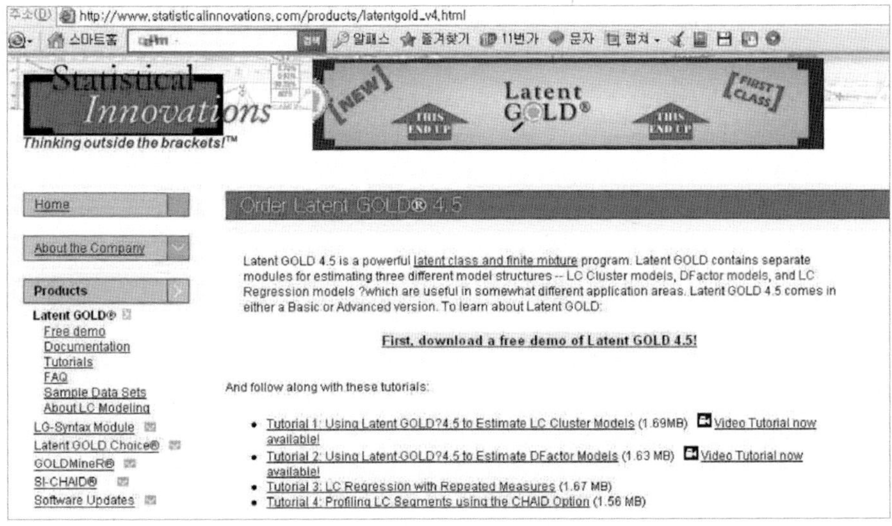


## 다. 포지셔닝 분석

포지셔닝 분석은 입력자료나 분석방법에 따라 여러 속성에 근거한 결합적 방법과 전체적인 유사성 혹은 선호도에 근거한 비결합적 방법으로 나눌 수 있다.

전통적인 포지셔닝 분석방법론인 다차원척도법은 소비자의 제품 간 유사성 혹은 제품에 대한 선호도 판단에 근거하여 포지셔닝 분석을 하는 비결합적 방법에 속한다. 다차원척도법은 입력데이터 형태에 따라 유사성 MDS와 선호 MDS로 나눌 수 있으며, 이 중 유사성 MDS는 자료의 형태에 따라 계량형(등간척도이상)과 비대칭형(서열척도)으로 구분된다.

다차원척도법은 입력자료를 얻기가 쉽지 않고, 2차원상에 표시하기 위해서는 최소 7~8개의 브랜드가 요구된다는 단점이 있으며, 현재 실무에서 활용할 수 있는 다차원 척도법 모델이 극히 제한되어 있어 활용하기도 쉽지 않다. 또한, 종류에 따라 차이는 있으나, 요인분석 혹은 주성분분석과 거의 차이가 없어 굳이

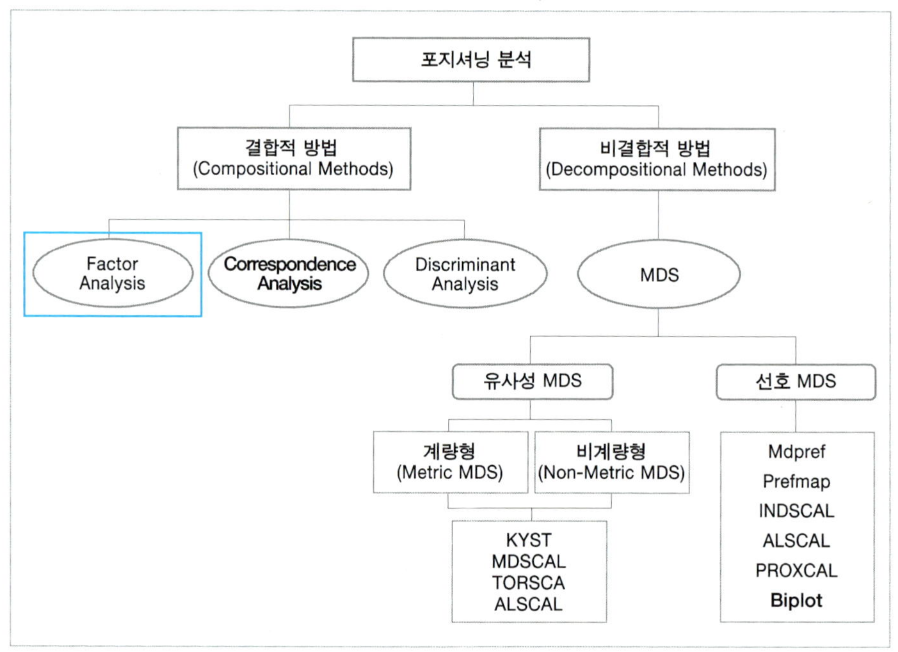

다차원척도법을 할 필요가 없다.

　유사성 MDS와 요인분석 혹은 유사성 MDS와 선호 MDS를 조합하여 분석한 사례들이 국내 학계나 SPSS 활용사례에서 제시되고 있으나, 이 경우에도 앞서 언급한 것처럼 입력자료 수집이 어렵고, 조사결과의 해석도 용이하지 않은 단점이 있다. 마케팅조사 실무에서는 포지셔닝 분석 시 명목척도로 된 비율자료인 경우 대응분석, 리커트 척도로 된 평균자료인 경우 Biplot을 가장 널리 활용하고 있다.

　이제부터는 요인분석을 활용한 포지셔닝 분석을 실시해 보기로 한다. 이미 설명한 바와 같이 활용목적이 어떤 것이건 간에 요인분석의 절차는 동일하므로 여기서는 포지셔닝 분석을 위한 결과활용에 초점을 두어 설명하겠다. 요인분석의 실행에서 살펴본 것처럼 포지셔닝 분석을 위해서도 우선 차원별 항목이 해당 차원에 잘 수렴되는지를 먼저 확인해야 한다. 앞서 예로 들었던 3개의 브랜

**Rotated Component Matrix[a]**

|  | Component | | |
|---|---|---|---|
|  | 1 | 2 | 3 |
| fun1 | .199 | .760 | .293 |
| fun2 | .290 | .785 | .210 |
| fun3 | .242 | .753 | .169 |
| emo1 | .752 | .250 | .126 |
| emo2 | .776 | .211 | .254 |
| emo3 | .728 | .195 | .278 |
| emo4 | .781 | .198 | .099 |
| soc1 | .223 | .238 | .721 |
| soc2 | .140 | .123 | .816 |
| soc3 | .216 | .296 | .726 |

Extraction Method: Principal Component Analysis.
Rotation Method: Varimax with Kaiser Normalization.

a. Rotation converged in 5 iterations.

드 이미지는 각 이미지 차원을 구성하는 항목들이 해당 차원에 잘 묶이는지를 이미 확인하였다.

항목별 요인적재값을 확인한 뒤 포지셔닝 분석을 위해 다음으로 해야 할 일은 저장된 브랜드별 요인점수의 평균값을 구하는 것이다. 요인점수를 산출하기 위해서는 앞서 요인분석의 실행에서 살펴본 것처럼 분석 창을 활용해 다른 지정을 다 마친 후 마지막으로 오른쪽 하단에 있는 'Score'를 클릭해서 메뉴 창을 열어 맨 위에 있는 Save as variables를 선택하여 요인점수를 데이터로 저장해야 한다.

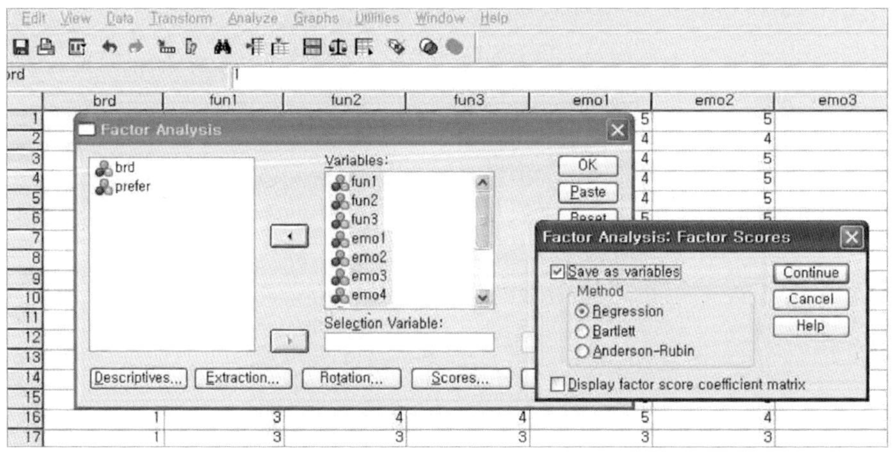

그러면 다음과 같이 데이터에 응답자별 요인점수가 있는 3개의 변수가 새로 만들어진다.

| soc3 | prefer | FAC1_1 | FAC2_1 | FAC3_1 | var |
|---|---|---|---|---|---|
| 4 | 3 | 1.53995 | -.48818 | 1.84372 | |
| 3 | 3 | .18879 | .63406 | -.56823 | |
| 5 | 2 | 1.30136 | -1.51891 | .72641 | |
| 5 | 5 | .65169 | -.14196 | 1.95006 | |
| 4 | 4 | 1.25305 | -.14392 | .88717 | |
| 4 | 3 | 1.74269 | .75868 | -.50147 | |
| 4 | 4 | .44224 | 1.08439 | 1.19206 | |
| 3 | 3 | -.79428 | 1.44544 | -.61248 | |
| 4 | 4 | .82123 | .81351 | 1.58856 | |
| 3 | 3 | 1.20973 | -.22938 | -.53366 | |
| 4 | 4 | -.09878 | .28872 | 1.03879 | |
| 5 | 4 | .79353 | 1.75061 | -.69629 | |
| 4 | 3 | -.09878 | .28872 | 1.03879 | |
| 4 | 4 | -.27236 | .15318 | 1.69253 | |
| 2 | 3 | 1.98625 | 1.64037 | -2.69682 | |
| 3 | 3 | 1.52236 | .33797 | -2.33115 | |
| 3 | 3 | -1.21477 | -.63021 | .11235 | |
| 3 | 4 | .45840 | .90909 | -.30208 | |
| 5 | 4 | -.39791 | .72894 | 1.88109 | |
| 3 | 3 | .55923 | .25477 | .28331 | |

이제는 브랜드별로 요인점수의 평균값을 계산해야 한다. 앞서 요인분석의 실행에서 예로 든 브랜드 이미지는 4개 브랜드의 이미지에 대한 응답결과였다. 따라서 4개 브랜드 각각의 기능적 이미지, 정서적 이미지, 사회적 이미지에 대한 요인점수의 평균값을 산출하여야 한다.

우선 SPSS – Analyze – Compare Means – Means를 선택하여 평균 분석 창을 연다.

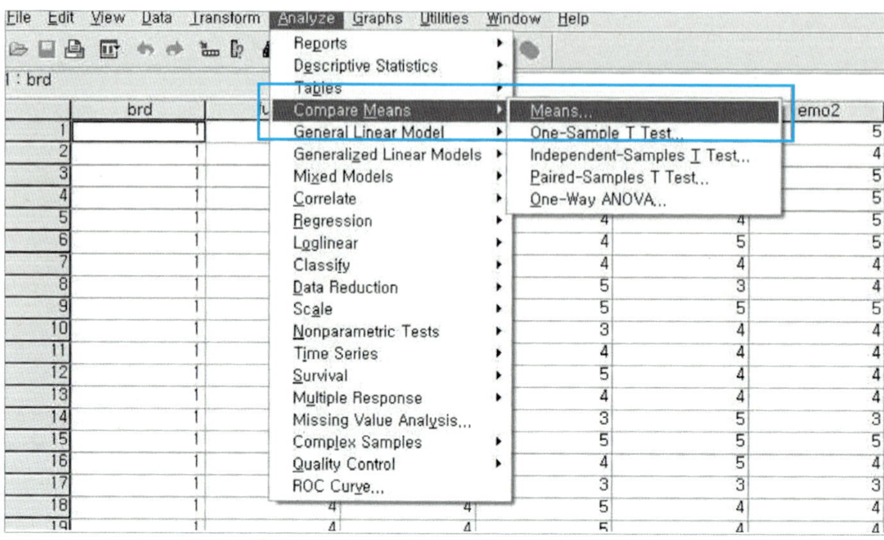

분석 창에서 브랜드를 Independent List, Factor Score를 Dependent List에 투입한 후 OK를 클릭한다.

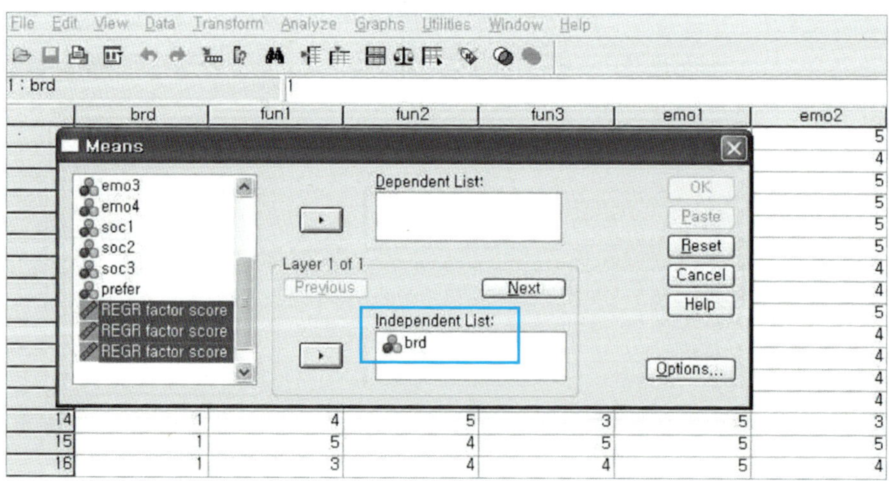

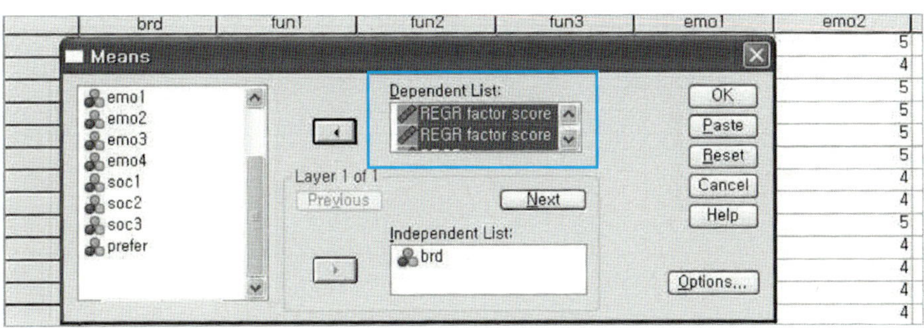

분석결과 Output 창에서 Report에는 브랜드별 요인점수 평균값(Mean)과 분석표본 수(N), 그리고 표준편차(Std. Deviation) 값들이 나타난다. 여기서 이 표에 마우스를 대고 오른쪽을 클릭해서 복사한 후 엑셀을 열어 붙여 넣기를 한다.

**Case Processing Summary**

|  | Cases | | | | | |
| --- | --- | --- | --- | --- | --- | --- |
|  | Included | | Excluded | | Total | |
|  | N | Percent | N | Percent | N | Percent |
| REGR factor score 1 for analysis 1 * brd | 2000 | 100.0% | 0 | .0% | 2000 | 100.0% |
| REGR factor score 2 for analysis 1 * brd | 2000 | 100.0% | 0 | .0% | 2000 | 100.0% |
| REGR factor score 3 for analysis 1 * brd | 2000 | 100.0% | 0 | .0% | 2000 | 100.0% |

**Report**

| brd | | REGR factor score 1 for analysis 1 | REGR factor score 2 for analysis 1 | REGR factor score 3 for analysis 1 |
| --- | --- | --- | --- | --- |
| 1 | Mean | .4821224 | .3918885 | .0770988 |
|  | N | 500 | 500 | 500 |
|  | Std. Deviation | .87610539 | .94138048 | 1.11287326 |
| 2 | Mean | -.1198082 | -.1031292 | -.1262381 |
|  | N | 500 | 500 | 500 |
|  | Std. Deviation | .88503927 | .93718526 | .93431004 |
| 3 | Mean | -.4261828 | -.1107281 | -.0801084 |
|  | N | 500 | 500 | 500 |
|  | Std. Deviation | .98654007 | .98806088 | .91702452 |
| 4 | Mean | .0638687 | -.1780312 | .1292478 |
|  | N | 500 | 500 | 500 |
|  | Std. Deviation | 1.02397356 | 1.02793438 | 1.00427242 |
| Total | Mean | .0000000 | .0000000 | .0000000 |
|  | N | 2000 | 2000 | 2000 |
|  | Std. Deviation | 1.00000000 | 1.00000000 | 1.00000000 |

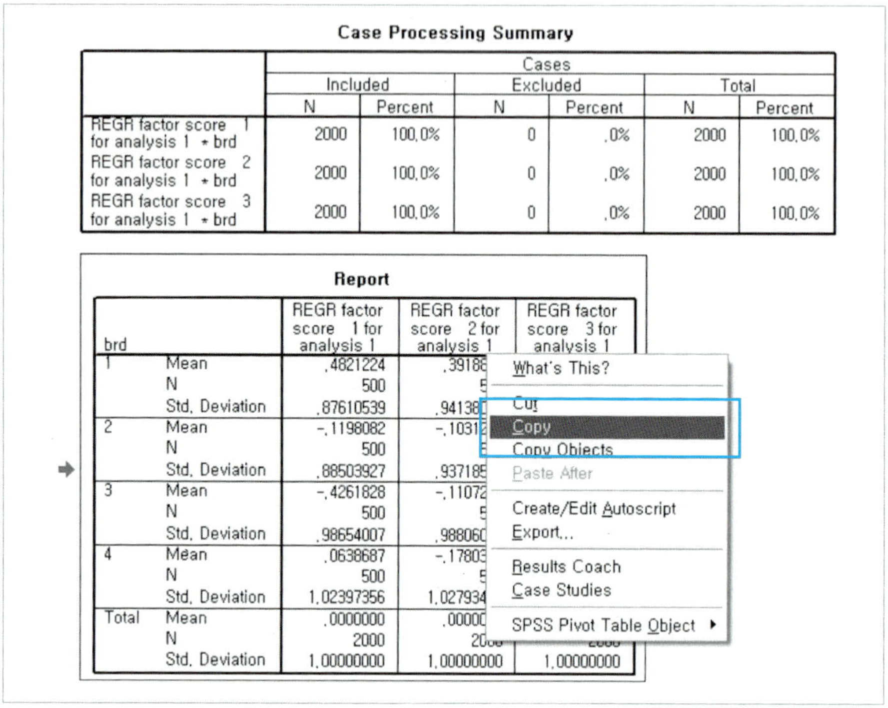

**Case Processing Summary**

| | Cases | | | | | |
|---|---|---|---|---|---|---|
| | Included | | Excluded | | Total | |
| | N | Percent | N | Percent | N | Percent |
| REGR factor score 1 for analysis 1 * brd | 2000 | 100,0% | 0 | ,0% | 2000 | 100,0% |
| REGR factor score 2 for analysis 1 * brd | 2000 | 100,0% | 0 | ,0% | 2000 | 100,0% |
| REGR factor score 3 for analysis 1 * brd | 2000 | 100,0% | 0 | ,0% | 2000 | 100,0% |

**Report**

| brd | | REGR factor score 1 for analysis 1 | REGR factor score 2 for analysis 1 | REGR factor score 3 for analysis 1 |
|---|---|---|---|---|
| 1 | Mean | ,4821224 | ,39188 | |
| | N | 500 | 5 | |
| | Std. Deviation | ,87610539 | ,94138 | |
| 2 | Mean | -,1198082 | -,1031 | |
| | N | 500 | 5 | |
| | Std. Deviation | ,88503927 | ,937185 | |
| 3 | Mean | -,4261828 | -,11072 | |
| | N | 500 | 5 | |
| | Std. Deviation | ,98654007 | ,988060 | |
| 4 | Mean | ,0638687 | -,17803 | |
| | N | 500 | 5 | |
| | Std. Deviation | 1,02397356 | 1,027934 | |
| Total | Mean | ,0000000 | ,00000 | |
| | N | 2000 | 2000 | |
| | Std. Deviation | 1,00000000 | 1,00000000 | 1,00000000 |

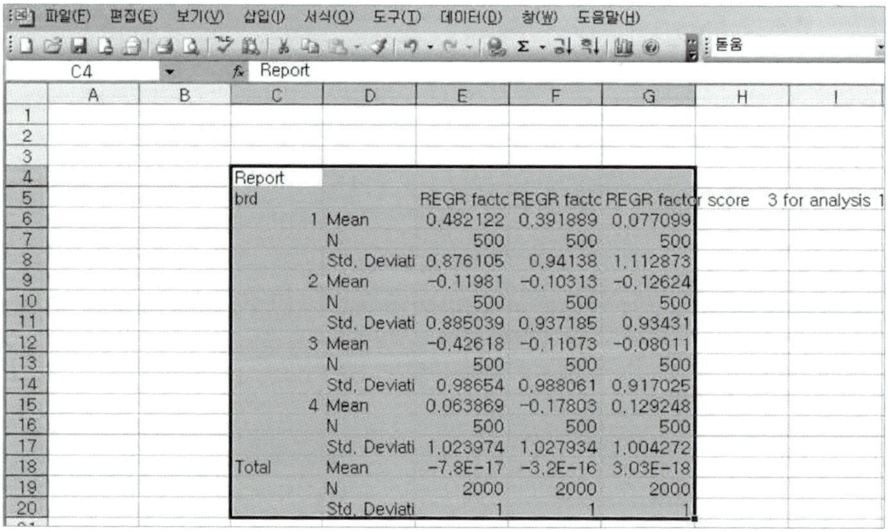

엑셀에 붙여 넣은 분석결과에서 브랜드별 Factor Score 점수 값을 제외한 나머지 내용들은 모두 삭제한다. 그런 다음 3개의 브랜드 이미지 차원 중 두 개의 결과 값을 아래와 같이 블록으로 지정한 후 상단 '도움말' 메뉴 아래에 있는 그래프를 선택한다.

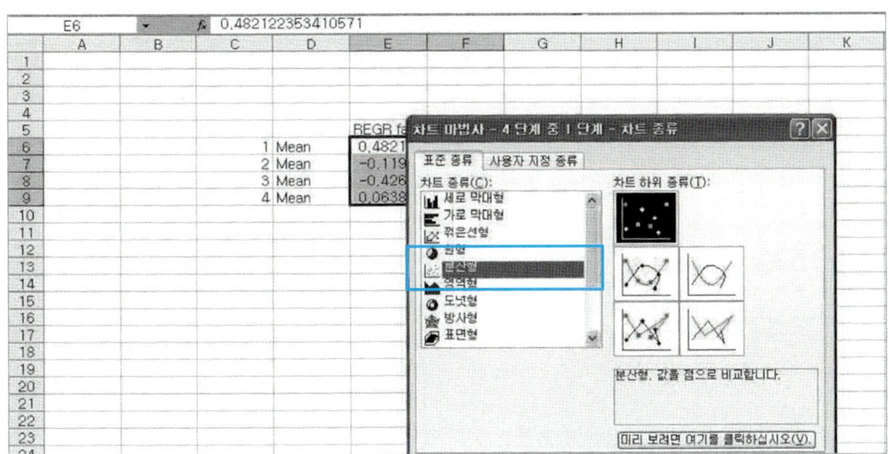

그래프 설정 창에서 분산형 그래프를 선택한 후 '다음'을 계속 선택해서 지정을 완료한다.

그러면 중심이 '0'인 분산형 그래프가 그려지는데 여기서 4개의 브랜드가 서로 다른 위치에 Plotting되어 있음을 알 수 있다. 그래프를 통해 결과를 살펴보면 4분면 오른쪽 상단에 1개의 브랜드가 있고, 왼쪽 하단에 2개, 그리고 오른쪽 하단에 나머지 1개의 브랜드가 위치해 있음을 알 수 있다. 4분면 중에서 오른쪽 상단이 가장 좋은 위치이며, 왼쪽 하단이 가장 좋지 않은 위치이다. 그래프의 가로축은 Factor 1(여기서는 기능적 이미지), 세로축은 Factor 2(여기서는 감성적 이미지)이며 두 이미지 차원의 요인점수가 양의 값을 가지면서 값이 크면 클수록 타 브랜드에 비해 더 좋게 평가가 된 것이므로 4분면의 오른쪽 상단에 위치한 브랜드가 두 축의 이미지(여기서는 기능적 및 감성적 이미지) 측면에서는 타 브랜드에 비해 우수하다고 해석할 수 있다.

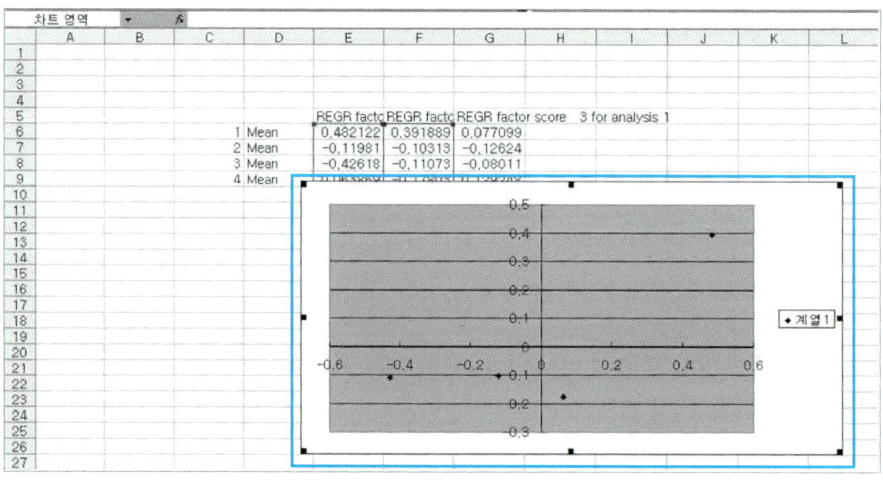

각 브랜드의 두 가지 이미지 차원별 점수를 통해 4분면에서의 해석방법과 분석결과가 일치하는지를 살펴보자. 앞서 4분면에서 오른쪽 상단에 위치한 브랜

드 1이 평균 요인점수와 평균 점수 모두 가장 높으며, 브랜드 4가 그다음으로 높게 형성되어 있음을 알 수 있다.

| 구분 | 평균 요인점수 | | 평균 점수 | |
|---|---|---|---|---|
|  | fun | emo | fun | emo |
| 브랜드 1 | 0.48 | 0.39 | 4.00 | 4.23 |
| 브랜드 2 | −0.12 | −0.10 | 3.52 | 3.74 |
| 브랜드 3 | −0.43 | −0.11 | 3.46 | 3.55 |
| 브랜드 4 | 0.06 | −0.18 | 3.56 | 3.88 |

다음으로 요인점수와 브랜드별 전반적 호감도(선호도) 문항을 이용해 회귀분석을 실시해서 포지셔닝 맵상에서 이상점을 도출하는 과정을 살펴보자. SPSS – Analyze – Regression – Linear를 선택해서 분석 창을 연다.

분석 창에서 두 개의 브랜드 이미지별 요인점수를 Independent에 투입하고
브랜드 호감도(선호도) 문항을 Dependent에 투입한 뒤 분석을 완료한다.

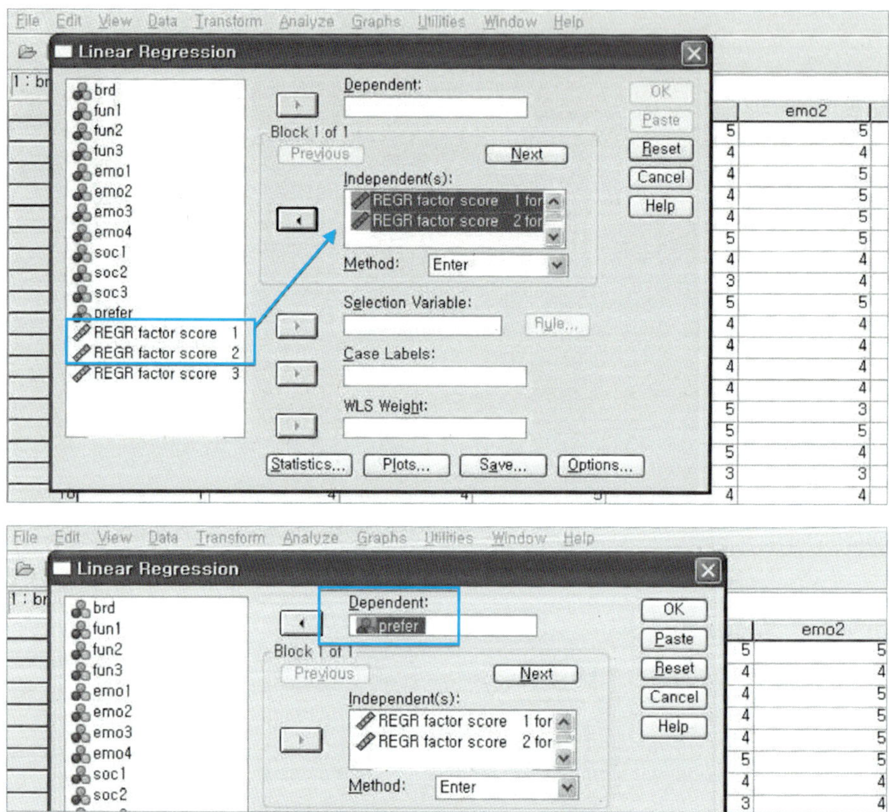

회귀분석의 결과인 Output 창에서 우선 맨 위쪽의 Model Summary에 있는
Adjusted R Square를 살펴보면 0.107로 낮은 수준이다. 일반적으로 Adjusted
R Square가 0.4 이상이 되어야 회귀분석 자체가 의미가 있다고 해석하는 점을
감안하면 방금 분석한 결과는 회귀분석 자체가 의미를 가지지는 못한다. 하지

만 포지셔닝 분석에서 회귀분석은 4분면에서 오른쪽 상단에 위치한 브랜드가 어느 정도 이상점에 가깝게 있는지를 확인하기 위한 것이므로 Adjusted R Square가 낮더라도 크게 문제가 되지는 않는다. 포지셔닝 맵은 2차원으로 그리게 되므로 브랜드 이미지를 두 개씩 쌍으로 묶어서 각각 분석(예시에서는 3개의 브랜드 이미지가 있으므로 기능적–정서적, 기능적–사회적, 정서적–사회적 등 3개의 쌍을 이용해 쌍별로 포지셔닝 맵을 도출)하게 되므로 여러 브랜드 이미지 쌍들 중 회귀분석 결과 Adjusted R Square가 높은 쌍을 중점적으로 해석하면 되는 것이다.

Adjusted R Square를 확인한 후 두 개의 이미지가 브랜드 호감도에 미치는 상대적인 영향력인 베타 값을 확인한다. 아래 결과에서는 Factor 1이 0.178, Factor 2가 0.276임을 알 수 있다.

**Model Summary**

| Model | R | R Square | Adjusted R Square | Std. Error of the Estimate |
|---|---|---|---|---|
| 1 | .329[a] | .108 | .107 | .808 |

a. Predictors: (Constant), REGR factor score 2 for analysis 1, REGR factor score 1 for analysis 1

**ANOVA[b]**

| Model | | Sum of Squares | df | Mean Square | F | Sig. |
|---|---|---|---|---|---|---|
| 1 | Regression | 157.988 | 2 | 78.994 | 120.907 | .000[a] |
| | Residual | 1304.724 | 1997 | .653 | | |
| | Total | 1462.712 | 1999 | | | |

a. Predictors: (Constant), REGR factor score 2 for analysis 1, REGR factor score 1 for analysis 1

b. Dependent Variable: prefer

**Coefficients[a]**

| Model | | Unstandardized Coefficients | | Standardized Coefficients | t | Sig. |
|---|---|---|---|---|---|---|
| | | B | Std. Error | Beta | | |
| 1 | (Constant) | 3.238 | .018 | | 179.152 | .000 |
| | REGR factor score 1 for analysis 1 | .153 | .018 | .178 | 8.441 | .000 |
| | REGR factor score 2 for analysis 1 | .236 | .018 | .276 | 13.060 | .000 |

a. Dependent Variable: prefer

이제 이 베타 값을 이용해 앞서 살펴본 브랜드별 요인점수를 이용해 만든 포지셔닝 맵에 합쳐 보자. 브랜드별 요인점수가 있는 표의 맨 하단에 이미지 차원별 회귀분석의 베타 값 결과를 다음과 같이 넣어 준다.

| C | D | E | F | G | H | I | J |
|---|---|---|---|---|---|---|---|
| | | REGR factor | REGR factor | REGR factor score | 3 for analysis 1 | | |
| | 1 Mean | 0.48 | 0.39 | 0.077099 | | | |
| | 2 Mean | −0.12 | −0.10 | −0.12624 | | | |
| | 3 Mean | −0.43 | −0.11 | −0.08011 | | | |
| | 4 Mean | 0.06 | −0.18 | 0.129248 | | | |
| **prefer** | | **0.18** | **0.28** | | | | |

다음으로 앞서 그린 포지셔닝 맵을 선택하고 마우스 오른쪽을 클릭해서 메뉴가 나오면 원본 데이터를 선택한다.

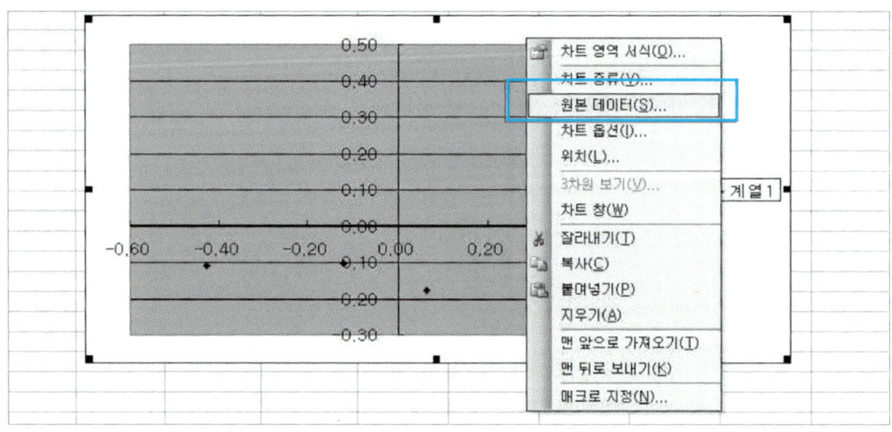


원본 데이터 지정 창에서 데이터 범위 맨 오른쪽에 있는 표시를 클릭(①)한 뒤 데이터를 회귀분석의 베타 값을 포함시켜 지정(②)한 후 확인을 누른다.

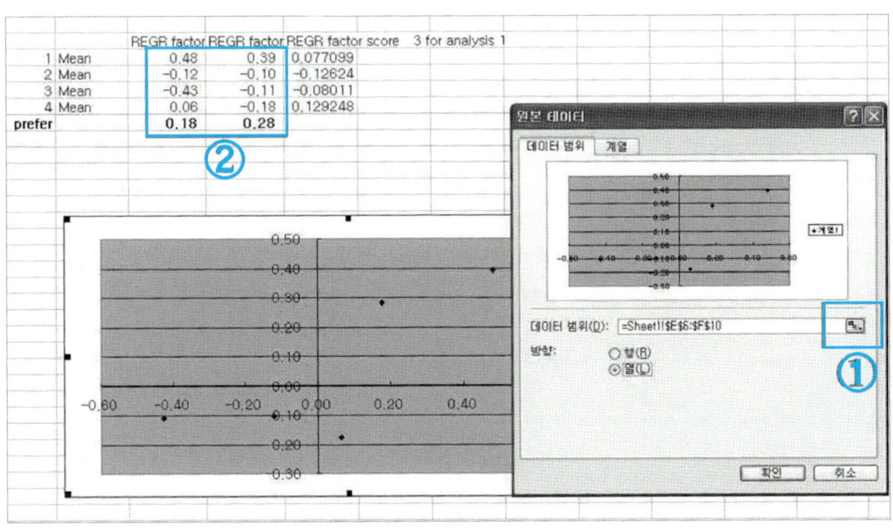

그러면 앞서 그린 포지셔닝 맵에 베타 값이 Plotting되게 된다. 이 점은 포지셔닝 맵을 구성하는 두 개의 브랜드 이미지가 소비자의 브랜드에 대한 전반적인 태도인 브랜드 호감도에 미치는 영향력을 반영한 것으로 '이상점' 혹은 '이상방향'으로 해석한다. 그래서 포지셔닝 맵을 최종 편집할 때 점이 아닌 방향으로 표시한다.

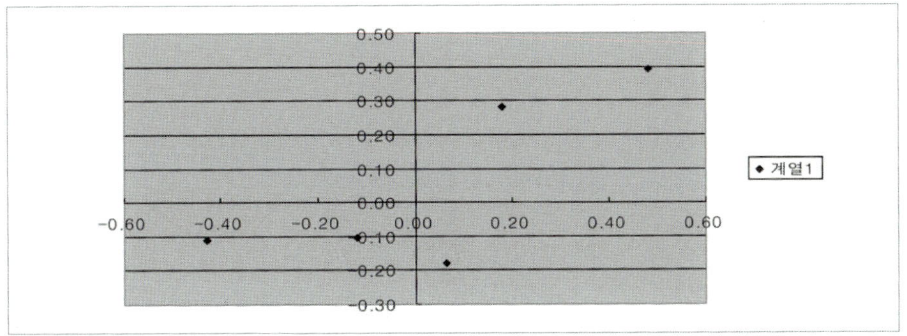

엑셀을 통해 만든 포지셔닝 맵은 파워포인트를 이용해 아래와 같이 편집한다. 아래 그림에서 알 수 있듯이 브랜드별 요인점수 값은 점으로 표시한 반면, 회귀분석의 베타 값은 이상방향으로 표시했다. 분석결과를 해석해 보면 기능적 이미지와 정서적 이미지 측면에서는 4개의 브랜드 중 브랜드 1이 소비자의 이상방향에 가장 가깝게 포지셔닝되어 있어 다른 브랜드에 비해 차별화되어 있다고 할 수 있다.

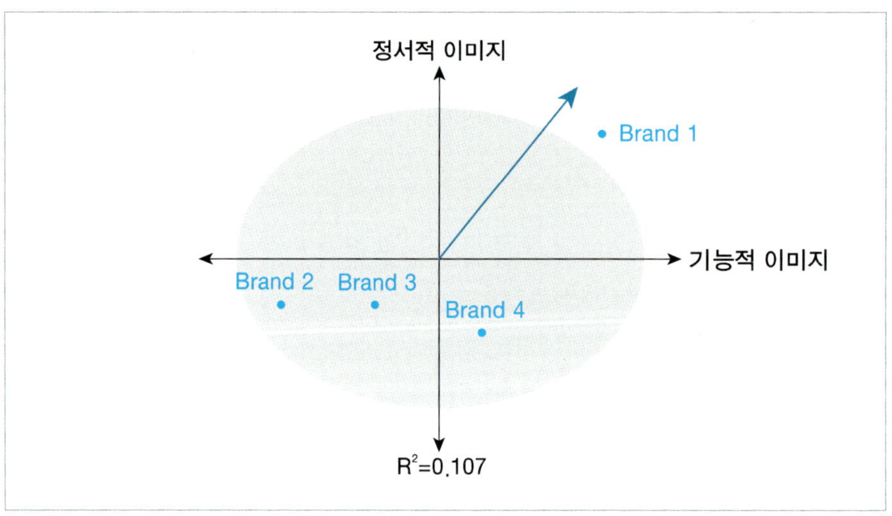


브랜드 포지셔닝 맵은 2개의 축으로 구성되므로 브랜드 이미지별로 쌍으로 묶어서 상기의 분석을 반복해야 하며, 이미지 차원별 브랜드 포지셔닝 맵을 아래와 같은 형태로 제시하면 된다. 앞서 언급한 바와 같이 여러 포지셔닝 맵 중에서는 R square가 상대적으로 큰 맵을 중점적으로 해석하면 된다.

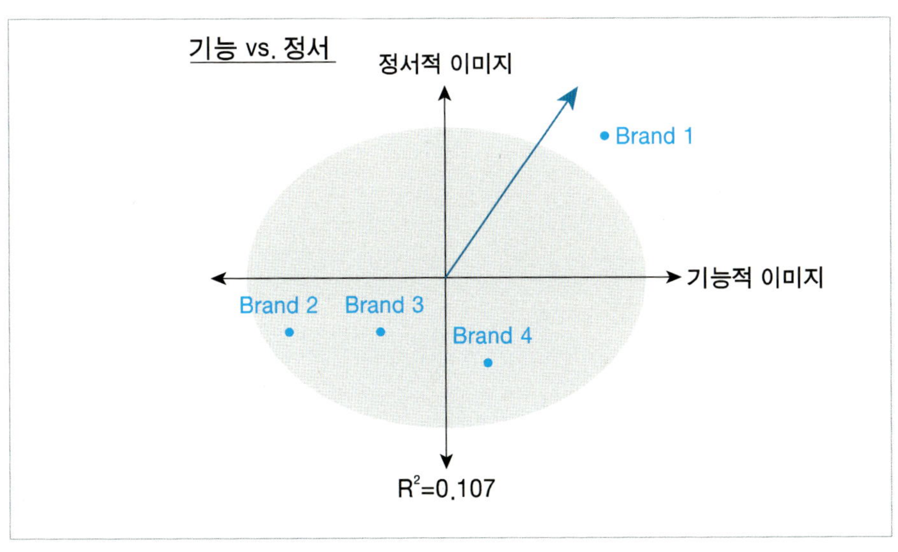

기능 vs. 정서
정서적 이미지
기능적 이미지
Brand 1
Brand 2
Brand 3
Brand 4
$R^2$=0.107


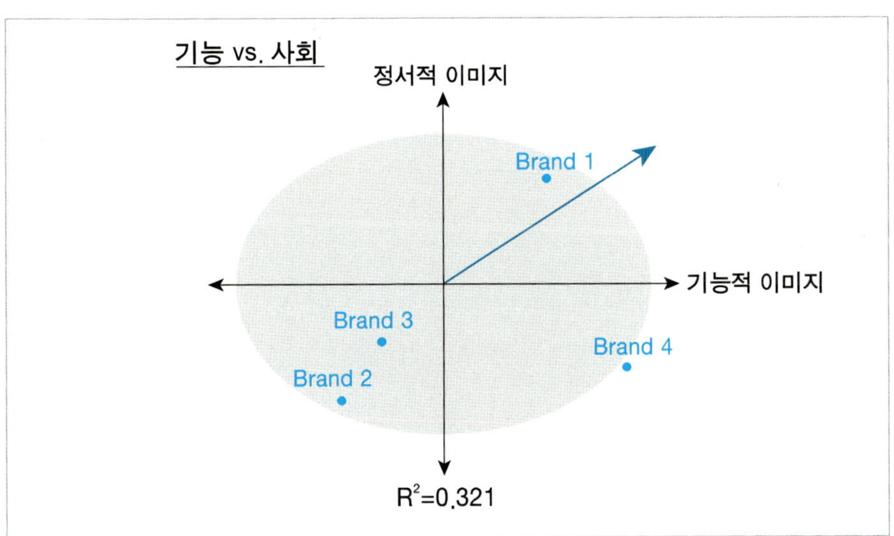

기능 vs. 사회
정서적 이미지
기능적 이미지
Brand 1
Brand 3
Brand 2
Brand 4
$R^2$=0.321

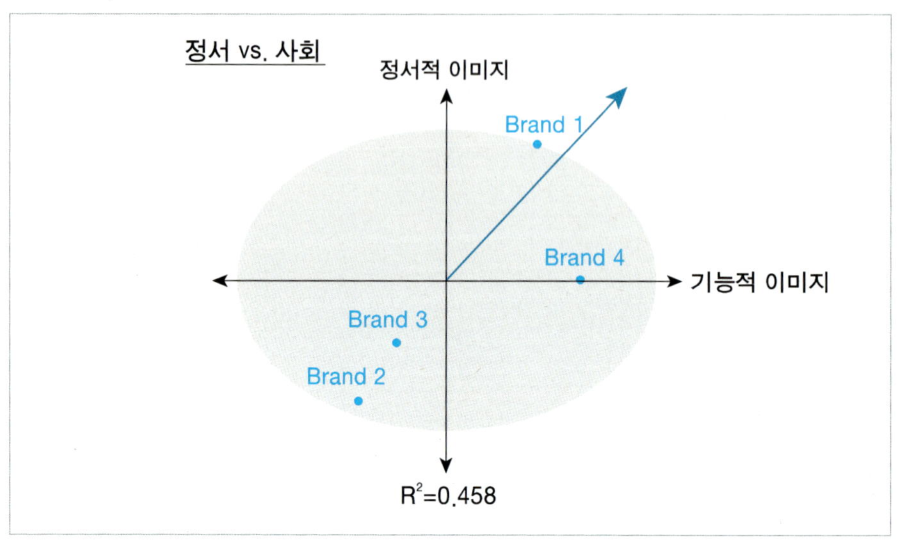


# 7. Biplot

　요인분석을 이용한 포지셔닝 분석은 이미지를 구성하는 세부항목들을 차원으로 묶어서 차원 단위에서 브랜드별 포지셔닝을 파악할 수 있다는 장점이 있는 반면, 구체적으로 어떤 속성에서 강·약점이 있는지는 알 수 없다는 단점 또한 동시에 존재한다. 즉, 요인분석을 이용한 포지셔닝 분석을 통해 숲은 볼 수 있으나 나무는 볼 수 없다. Biplot은 브랜드 이미지를 차원 단위가 아니라 세부항목들을 기준으로 포지셔닝을 분석함으로써 보다 구체적으로 파악할 수 있다는 장점이 있다.

　Biplot이라는 용어는 우리말로 행렬도라고 하는데, Biplot에서 Bi는 2차원이라는 의미가 아니라 자료의 행과 열을 한 그림에 동시에 나타낸다는 것을 뜻한다. Biplot은 넓은 의미로 행렬자료의 행과 열을 축소된 공간상에 2차원의 그래프로 나타내는 기법을 총칭한다. 포지셔닝 분석의 주요 분석기법이라고 할 수 있는 다차원척도법이나 대응분석을 활용해 만드는 포지셔닝 맵도 일종의 Biplot이라고 할 수 있다. 본 서에서는 숭실대학교 김근배 교수가 그의 저서인 '의사결정을 위한 마케팅조사론' 에서 제시하고 있는 Biplot을 예로 들어 설명하겠다.

## (1) 질문문항의 구성

요인분석과 마찬가지로 Biplot도 입력데이터는 5점 혹은 7점 형태의 리커트형 척도로 측정되어야 한다. 포지셔닝 분석을 위한 질문문항의 구성은 요인분석을 활용한 포지셔닝 분석과 동일하다.

**포지셔닝 분석을 위한 질문항목의 구성**

문) 지금부터는 브랜드 이미지에 대해 여쭙겠습니다. 먼저 품질이미지에 대한 질문입니다. 다음 항목별로 각각의 브랜드에 대해 1. 전혀 그렇지 않다, 2. 별로 그렇지 않은 편이다, 3. 보통이다, 4. 다소 그런 편이다, 5. 매우 그렇다 중 하나씩만 선택해 주십시오.

| 품질이미지 세부항목 | AAA | BBB | CCC |
| --- | --- | --- | --- |
| 1. 제품성능이 우수하다 | | | |
| 2. 제품의 내구성이 우수하다 | | | |
| 3. AS가 우수하다 | | | |
| ⋮ | ⋮ | ⋮ | ⋮ |

다음은 감성이미지에 대한 질문입니다.

| 감성이미지 세부항목 | AAA | BBB | CCC |
|---|---|---|---|
| 1. 친근하다 | | | |
| 2. 신뢰가 간다 | | | |
| 3. 고급스럽다 | | | |
| ⋮ | ⋮ | ⋮ | ⋮ |

다음은 사회적 이미지에 대한 질문입니다.

| 사회적 이미지 세부항목 | AAA | BBB | CCC |
|---|---|---|---|
| 1. 최근 인기가 있는 브랜드이다 | | | |
| 2. 주위 사람들이 좋아하는 브랜드이다 | | | |
| 3. 앞으로도 계속 인기를 끌 것 같다 | | | |
| ⋮ | ⋮ | ⋮ | ⋮ |

문) 지금까지 평가하신 모든 점들을 고려할 때 AAA브랜드에 대해 얼마나 호감이 가십니까? 1. 전혀 호감이 가지 않는다, 2. 별로 호감이 가지 않는다, 3. 보통이다, 4. 호감이 가는 편이다, 5. 매우 호감이 간다 중 귀하의 생각에 가장 가까운 것을 하나만 선택해 주십시오. 그럼, BBB는요? CCC는 어떻습니까?

| 구분 | 호감도 |
|---|---|
| AAA | |
| BBB | |
| CCC | |

## (2) Biplot의 활용

Biplot은 SPSS Window에서 메뉴 형태로는 제공되지 않으며, 명령어로 구성된 Syntax로만 분석할 수 있다. 또한, 각 브랜드의 브랜드 이미지 항목별 평균 점수로 된 분석데이터도 명령어에 포함시켜야 한다. 우선 명령어에 포함될 분석데이터부터 만들어 보자.

먼저 SPSS를 열어 Analyze − Compare Means − Means를 선택한다.

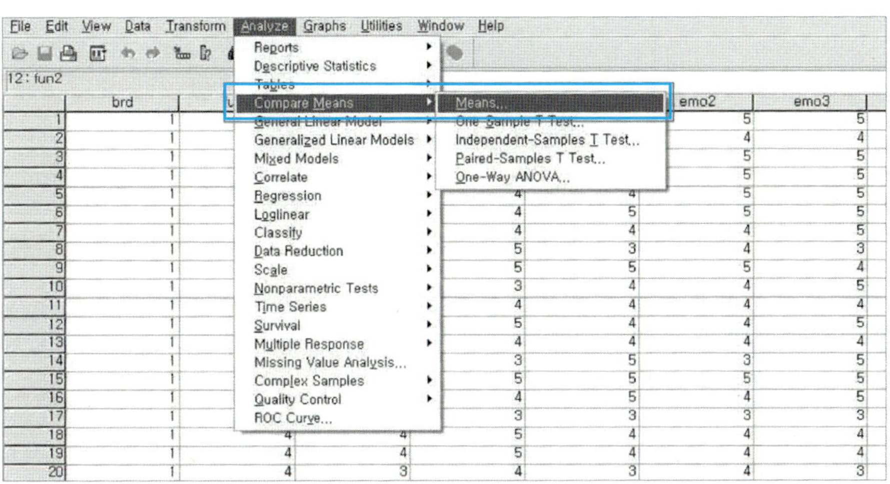

메뉴 창에서 Independent에 브랜드를, Dependent에 브랜드 이미지 평가 항목을 투입한다.

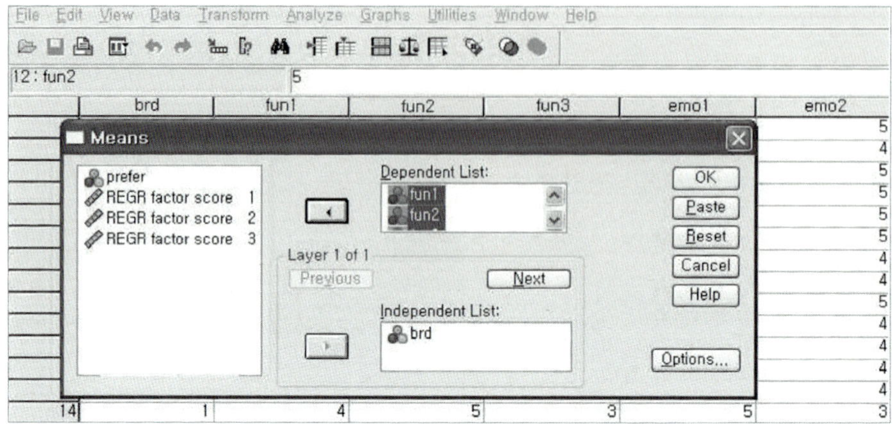

창의 오른쪽 아래에 있는 Opitons를 클릭하면 작은 창이 하나 더 뜨는데 이 창에서 오른쪽에 Mean만 남겨두고 나머지는 왼쪽으로 옮긴다. 그런 다음 Continue와 OK를 번갈아 가면서 선택해서 분석을 실행한다.

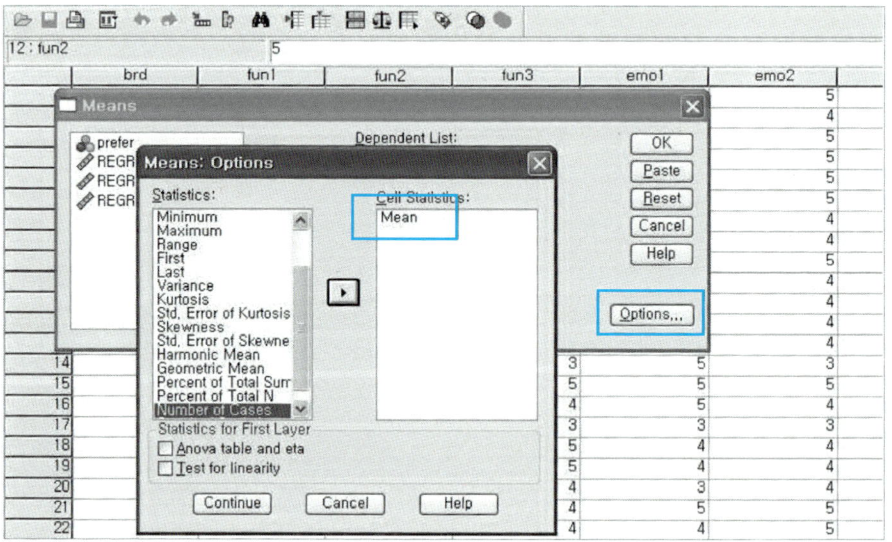

분석결과 Output 창에서 Report를 보면 아래와 같이 행에 브랜드가, 그리고 열에 브랜드 이미지 평가항목이 있는 평균 점수의 교차집계표가 제시된다. 여기서 이 표를 클릭하여 마우스 오른쪽을 클릭한 후 카피해서 엑셀을 열어 붙여넣기를 한다.

[DataSet1] G:₩usb 및 기타 잡동사니₩usb최근₩3권₩팩터최종용.sav

**Case Processing Summary**

|  | Cases | | | | | |
|---|---|---|---|---|---|---|
|  | Included | | Excluded | | Total | |
|  | N | Percent | N | Percent | N | Percent |
| fun1 * brd | 2000 | 100.0% | 0 | .0% | 2000 | 100.0% |
| fun2 * brd | 2000 | 100.0% | 0 | .0% | 2000 | 100.0% |
| fun3 * brd | 2000 | 100.0% | 0 | .0% | 2000 | 100.0% |
| emo1 * brd | 2000 | 100.0% | 0 | .0% | 2000 | 100.0% |
| emo2 * brd | 2000 | 100.0% | 0 | .0% | 2000 | 100.0% |
| emo3 * brd | 2000 | 100.0% | 0 | .0% | 2000 | 100.0% |
| emo4 * brd | 2000 | 100.0% | 0 | .0% | 2000 | 100.0% |
| soc1 * brd | 2000 | 100.0% | 0 | .0% | 2000 | 100.0% |
| soc2 * brd | 2000 | 100.0% | 0 | .0% | 2000 | 100.0% |
| soc3 * brd | 2000 | 100.0% | 0 | .0% | 2000 | 100.0% |



**Report**

Mean

| brd | fun1 | fun2 | fun3 | emo1 | emo2 | emo3 | emo4 | soc1 | soc2 | soc3 |
|---|---|---|---|---|---|---|---|---|---|---|
| 1 | 3.93 | 4.05 | 4.03 | 4.19 | 4.24 | 4.21 | 4.28 | 3.62 | 3.26 | 3.52 |
| 2 | 3.41 | 3.47 | 3.68 | 3.77 | 3.67 | 3.78 | 3.73 | 3.21 | 2.97 | 3.21 |
| 3 | 3.35 | 3.47 | 3.56 | 3.59 | 3.48 | 3.57 | 3.57 | 3.13 | 3.02 | 3.17 |
| 4 | 3.55 | 3.65 | 3.47 | 3.96 | 3.87 | 3.82 | 3.87 | 3.33 | 3.26 | 3.36 |
| Total | 3.56 | 3.66 | 3.69 | 3.88 | 3.82 | 3.84 | 3.86 | 3.32 | 3.13 | 3.32 |



| | A | B | C | D | E | F | G | H | I | J | K |
|---|---|---|---|---|---|---|---|---|---|---|---|
| 1 | | | | | | | | | | | |
| 2 | Report | | | | | | | | | | |
| 3 | Mean | | | | | | | | | | |
| 4 | brd | fun1 | fun2 | fun3 | emo1 | emo2 | emo3 | emo4 | soc1 | soc2 | soc3 |
| 5 | 1 | 3.934 | 4.052 | 4.028 | 4.194 | 4.242 | 4.206 | 4.278 | 3.616 | 3.26 | 3.516 |
| 6 | 2 | 3.406 | 3.474 | 3.678 | 3.774 | 3.668 | 3.78 | 3.732 | 3.214 | 2.97 | 3.21 |
| 7 | 3 | 3.352 | 3.472 | 3.562 | 3.586 | 3.478 | 3.574 | 3.572 | 3.13 | 3.024 | 3.174 |
| 8 | 4 | 3.55 | 3.648 | 3.472 | 3.962 | 3.872 | 3.818 | 3.866 | 3.332 | 3.256 | 3.362 |
| 9 | Total | 3.5605 | 3.6615 | 3.685 | 3.879 | 3.815 | 3.8445 | 3.862 | 3.323 | 3.1275 | 3.3155 |
| 10 | | | | | | | | | | | |
| 11 | | | | | | | | | | | |

마지막으로 엑셀에서 점수 부분만 블록을 지정한 후 복사해서 선택하여 붙여넣기에서 행/열 바꿈을 지정한 뒤 실행한다.

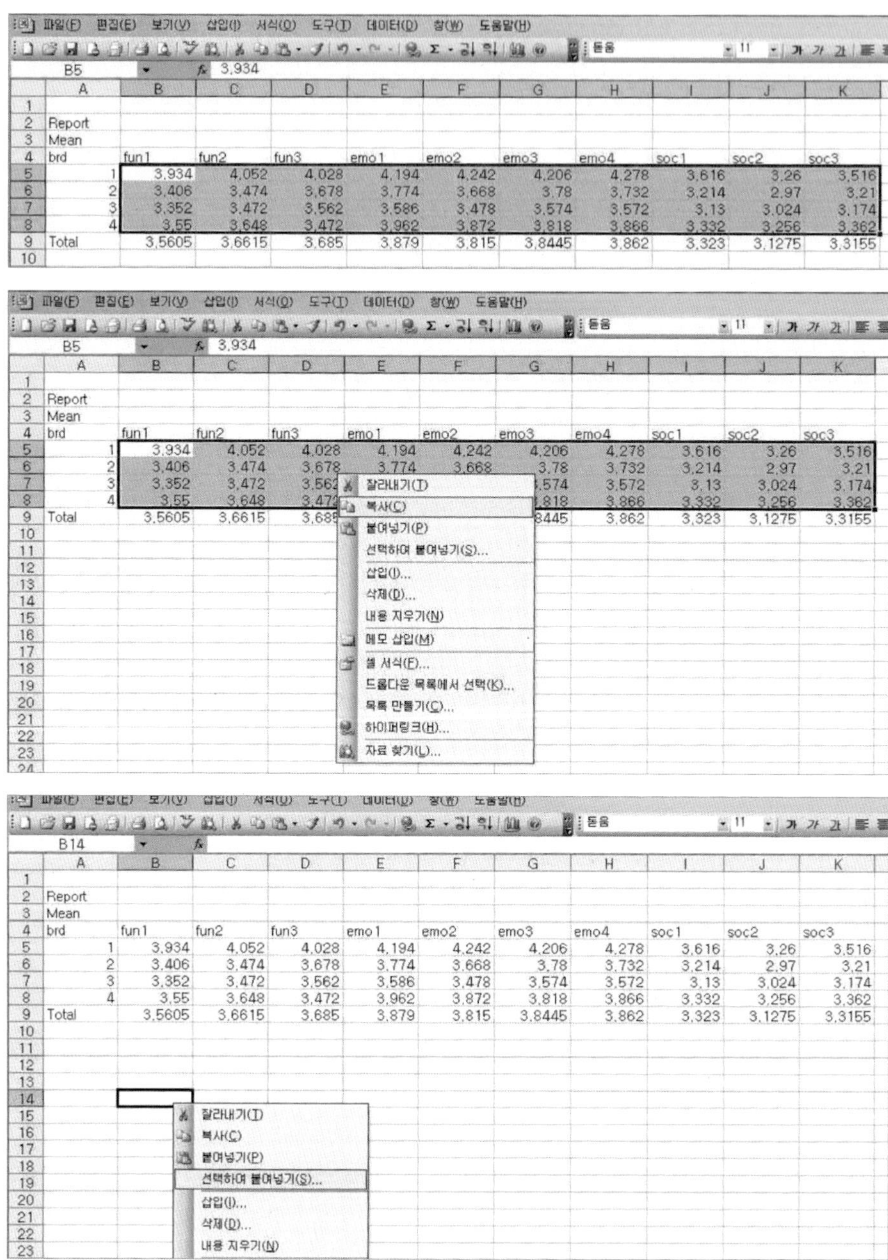

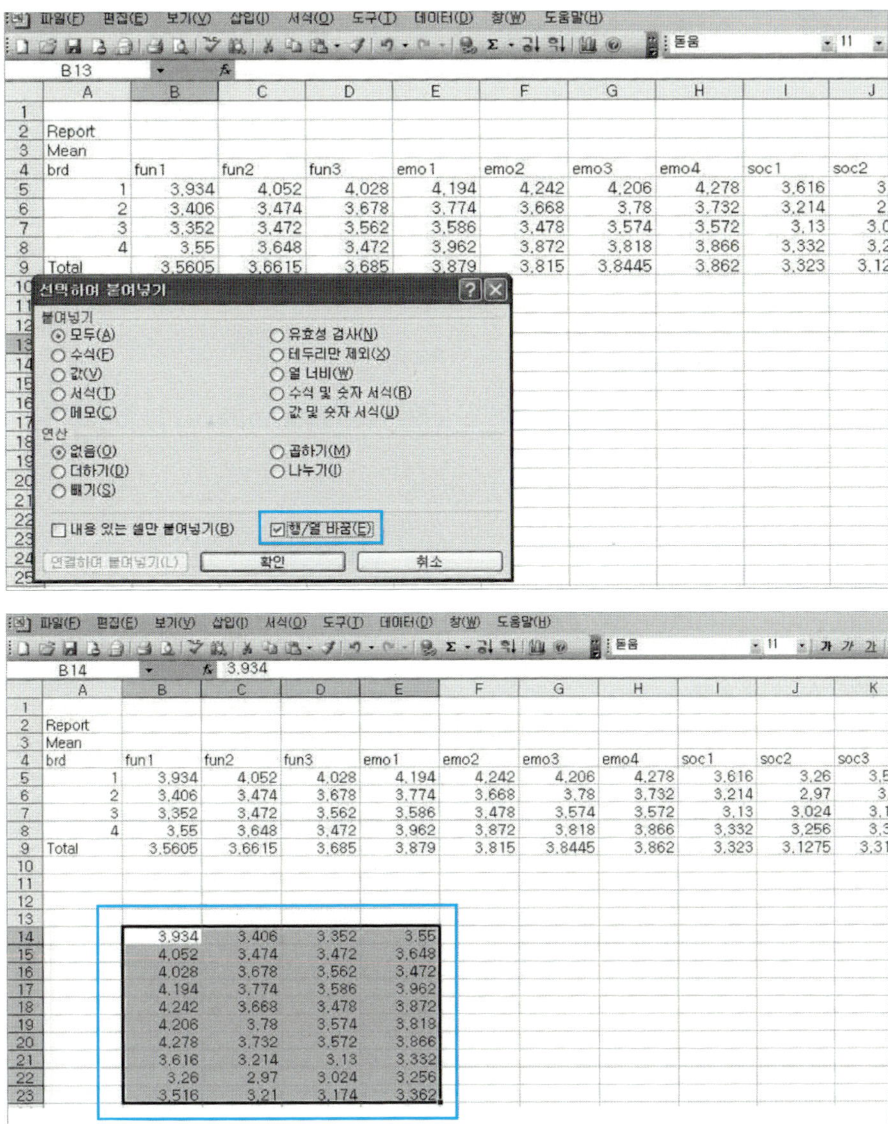



First spreadsheet (top):

| brd | fun1 | fun2 | fun3 | emo1 | emo2 | emo3 | emo4 | soc1 | soc2 |
|---|---|---|---|---|---|---|---|---|---|
| 1 | 3.934 | 4.052 | 4.028 | 4.194 | 4.242 | 4.206 | 4.278 | 3.616 | 3 |
| 2 | 3.406 | 3.474 | 3.678 | 3.774 | 3.668 | 3.78 | 3.732 | 3.214 | 2 |
| 3 | 3.352 | 3.472 | 3.562 | 3.586 | 3.478 | 3.574 | 3.572 | 3.13 | 3.0 |
| 4 | 3.55 | 3.648 | 3.472 | 3.962 | 3.872 | 3.818 | 3.866 | 3.332 | 3.2 |
| Total | 3.5605 | 3.6615 | 3.685 | 3.879 | 3.815 | 3.8445 | 3.862 | 3.323 | 3.12 |

Report
Mean

Second spreadsheet (bottom):

| brd | fun1 | fun2 | fun3 | emo1 | emo2 | emo3 | emo4 | soc1 | soc2 | soc3 |
|---|---|---|---|---|---|---|---|---|---|---|
| 1 | 3.934 | 4.052 | 4.028 | 4.194 | 4.242 | 4.206 | 4.278 | 3.616 | 3.26 | 3.5 |
| 2 | 3.406 | 3.474 | 3.678 | 3.774 | 3.668 | 3.78 | 3.732 | 3.214 | 2.97 | 3. |
| 3 | 3.352 | 3.472 | 3.562 | 3.586 | 3.478 | 3.574 | 3.572 | 3.13 | 3.024 | 3.1 |
| 4 | 3.55 | 3.648 | 3.472 | 3.962 | 3.872 | 3.818 | 3.866 | 3.332 | 3.256 | 3.3 |
| Total | 3.5605 | 3.6615 | 3.685 | 3.879 | 3.815 | 3.8445 | 3.862 | 3.323 | 3.1275 | 3.31 |

Pasted (transposed) range:

| | | | |
|---|---|---|---|
| 3.934 | 3.406 | 3.352 | 3.55 |
| 4.052 | 3.474 | 3.472 | 3.648 |
| 4.028 | 3.678 | 3.562 | 3.472 |
| 4.194 | 3.774 | 3.586 | 3.962 |
| 4.242 | 3.668 | 3.478 | 3.872 |
| 4.206 | 3.78 | 3.574 | 3.818 |
| 4.278 | 3.732 | 3.572 | 3.866 |
| 3.616 | 3.214 | 3.13 | 3.332 |
| 3.26 | 2.97 | 3.024 | 3.256 |
| 3.516 | 3.21 | 3.174 | 3.362 |

그런 다음 마지막으로 단위를 소수점 세 자릿수로 정리해 준다.



| | A | B | C | D | E | F | G | |
|---|---|---|---|---|---|---|---|---|
| | | B14 | | fx | 3.934 | | | |
| 1 | | | | | | | | |
| 2 | Report | | | | | | | |
| 3 | Mean | | | | | | | |
| 4 | brd | fun1 | fun2 | fun3 | emo1 | emo2 | emo3 | emo |
| 5 | 1 | 3.934 | 4.052 | 4.028 | 4.194 | 4.242 | 4.206 | |
| 6 | 2 | 3.406 | 3.474 | 3.678 | 3.774 | 3.668 | 3.78 | |
| 7 | 3 | 3.352 | 3.472 | 3.562 | 3.586 | 3.478 | 3.574 | |
| 8 | 4 | 3.55 | 3.648 | 3.472 | 3.962 | 3.872 | 3.818 | |
| 9 | Total | 3.5605 | 3.6615 | 3.685 | 3.879 | 3.815 | 3.8445 | |
| 10 | | | | | | | | |
| 11 | | | | | | | | |
| 12 | | | | | | | | |
| 13 | | | | | | | | |
| 14 | | 3.934 | 3.406 | 3.352 | 3.550 | | | |
| 15 | | 4.052 | 3.474 | 3.472 | 3.648 | | | |
| 16 | | 4.028 | 3.678 | 3.562 | 3.472 | | | |
| 17 | | 4.194 | 3.774 | 3.586 | 3.962 | | | |
| 18 | | 4.242 | 3.668 | 3.478 | 3.872 | | | |
| 19 | | 4.206 | 3.780 | 3.574 | 3.818 | | | |
| 20 | | 4.278 | 3.732 | 3.572 | 3.866 | | | |
| 21 | | 3.616 | 3.214 | 3.130 | 3.332 | | | |
| 22 | | 3.260 | 2.970 | 3.024 | 3.256 | | | |
| 23 | | 3.516 | 3.210 | 3.174 | 3.362 | | | |
| 24 | | | | | | | | |

이제 Biplot을 분석하기 위한 SPSS Syntax파일을 만들어 보자. 이 Syntax는 숭실대학교 김근배 교수가 그의 저서인 의사결정을 위한 마케팅 조사론의 부록에 실어 둔 것을 저자가 발췌하여 인용하는 것임을 미리 밝혀 둔다.

이 Syntax 창에서 아래에서 보는 바와 같이 4가지만 바꿔 주면 된다. 먼저 맨 위에 있는 b1, b2 등은 브랜드 숫자로서 브랜드 숫자만큼 넣어주면 되고, 두 번째 숫자들의 행렬은 브랜드가 열, 브랜드 이미지 항목별 평가가 행으로 되어 있다. 다음으로 'b1 to b6'에서 'b6'을 브랜드 수만큼 지정해 주고 그 아래 행에는 각 브랜드 이름을 지정해 주면 된다.

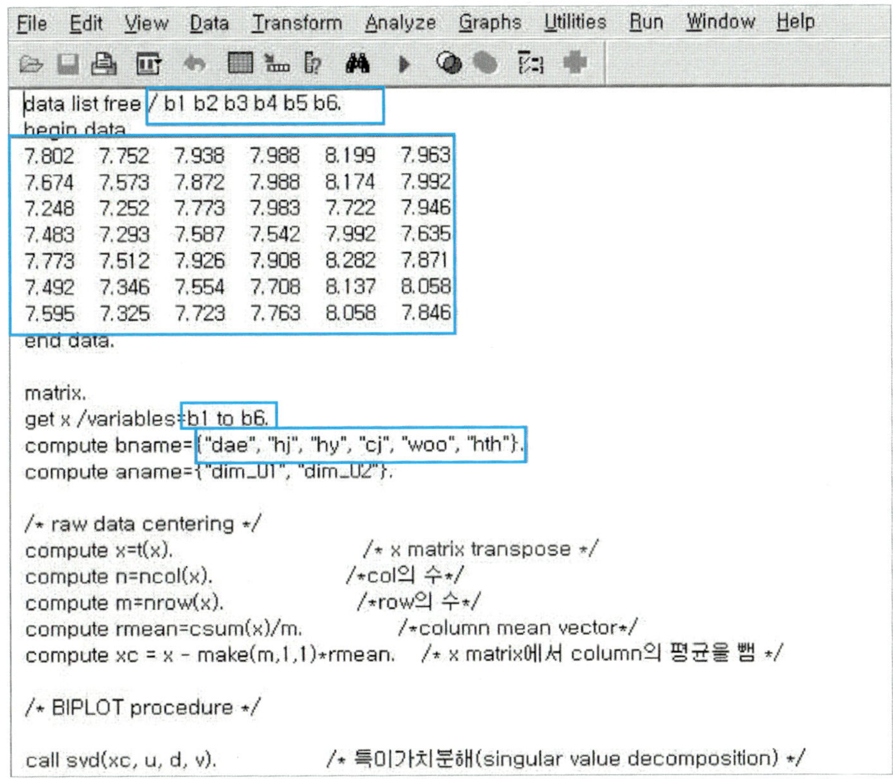



```
data list free / b1 b2 b3 b4 b5 b6.
begin data
7.802    7.752    7.938    7.988    8.199    7.963
7.674    7.573    7.872    7.988    8.174    7.992
7.248    7.252    7.773    7.983    7.722    7.946
7.483    7.293    7.587    7.542    7.992    7.635
7.773    7.512    7.926    7.908    8.282    7.871
7.492    7.346    7.554    7.708    8.137    8.058
7.595    7.325    7.723    7.763    8.058    7.846
end data.

matrix.
get x /variables=b1 to b6.
compute bname={"dae", "hj", "hy", "cj", "woo", "hth"}.
compute aname={"dim_U1", "dim_U2"}.

/* raw data centering */
compute x=t(x).                      /* x matrix transpose */
compute n=ncol(x).                   /*col의 수*/
compute m=nrow(x).                   /*row의 수*/
compute rmean=csum(x)/m.             /*column mean vector*/
compute xc = x - make(m,1,1)*rmean.  /* x matrix에서 column의 평균을 뺌 */

/* BIPLOT procedure */

call svd(xc, u, d, v).               /* 특이가치분해(singular value decomposition) */
```

앞서 엑셀로 정리한 데이터를 Biplot Syntax에 붙여 넣고 브랜드를 지정하면 다음과 같이 된다.

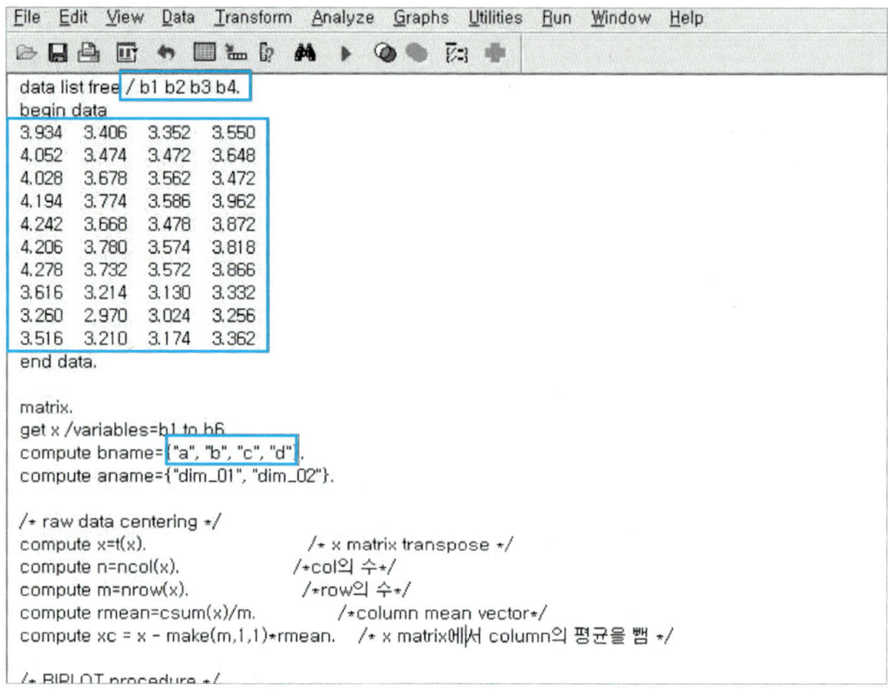

Syntax 지정이 모두 완료되면 Syntax 부분을 블록으로 잡아서 메뉴의 Analyze 하단에 있는 오른쪽 삼각형 모양을 클릭하면 분석이 실행된다. 참고로 여기서 소개된 Biplot Syntax는 SPSS 15.0에서는 실행이 되지 않는다. SPSS 12.0 이하에서는 원활하게 실행이 되므로 Biplot 분석 시에는 낮은 버전의 SPSS로 분석하여야 한다.

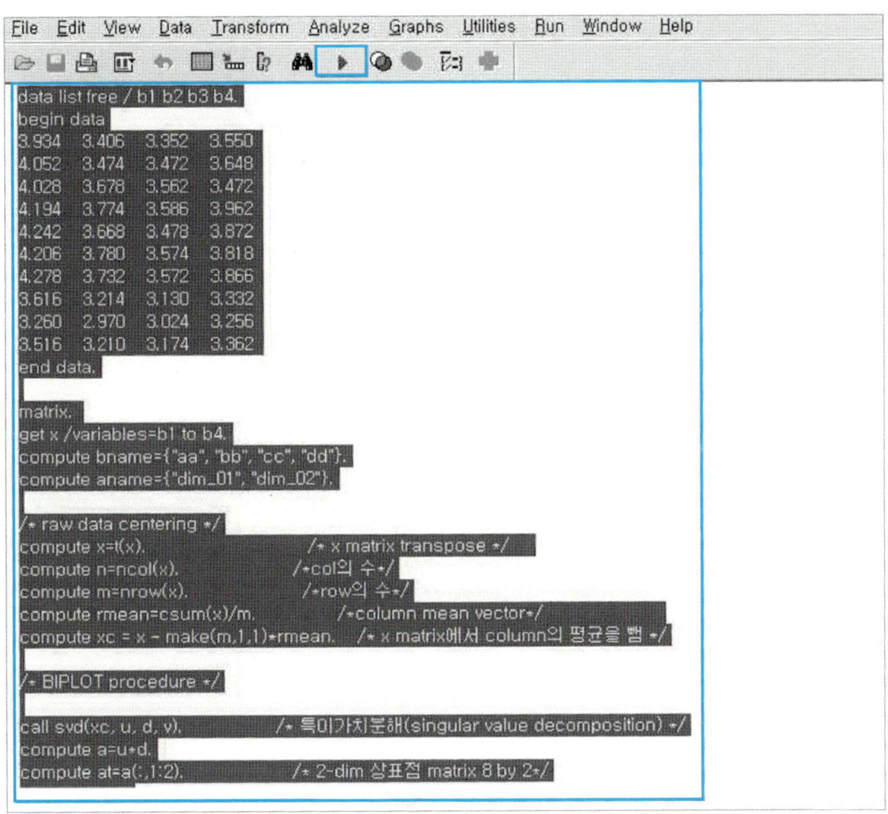



```
data list free / b1 b2 b3 b4.
begin data
3.934   3.406   3.352   3.550
4.052   3.474   3.472   3.648
4.028   3.678   3.562   3.472
4.194   3.774   3.586   3.962
4.242   3.668   3.478   3.872
4.206   3.780   3.574   3.818
4.278   3.732   3.572   3.866
3.616   3.214   3.130   3.332
3.260   2.970   3.024   3.256
3.516   3.210   3.174   3.362
end data.

matrix.
get x /variables=b1 to b4.
compute bname={"aa", "bb", "cc", "dd"}.
compute aname={"dim_01", "dim_02"}.

/* raw data centering */
compute x=t(x).                        /* x matrix transpose */
compute n=ncol(x).                     /*col의 수*/
compute m=nrow(x).                     /*row의 수*/
compute rmean=csum(x)/m.               /*column mean vector*/
compute xc = x - make(m,1,1)*rmean.    /* x matrix에서 column의 평균을 뺌 */

/* BIPLOT procedure */

call svd(xc, u, d, v).                 /* 특이가치분해(singular value decomposition) */
compute a=u*d.
compute at=a(:,1:2).                   /* 2-dim 상표점 matrix 8 by 2*/
```

분석이 완료되면 Output 창에는 각 차원의 고유 값과 설명력, 그리고 각 브랜드와 브랜드 이미지 평가항목들의 좌표 값들이 나타난다. 이 좌표 값들을 복사해서 엑셀파일에 붙여 넣기를 한다.

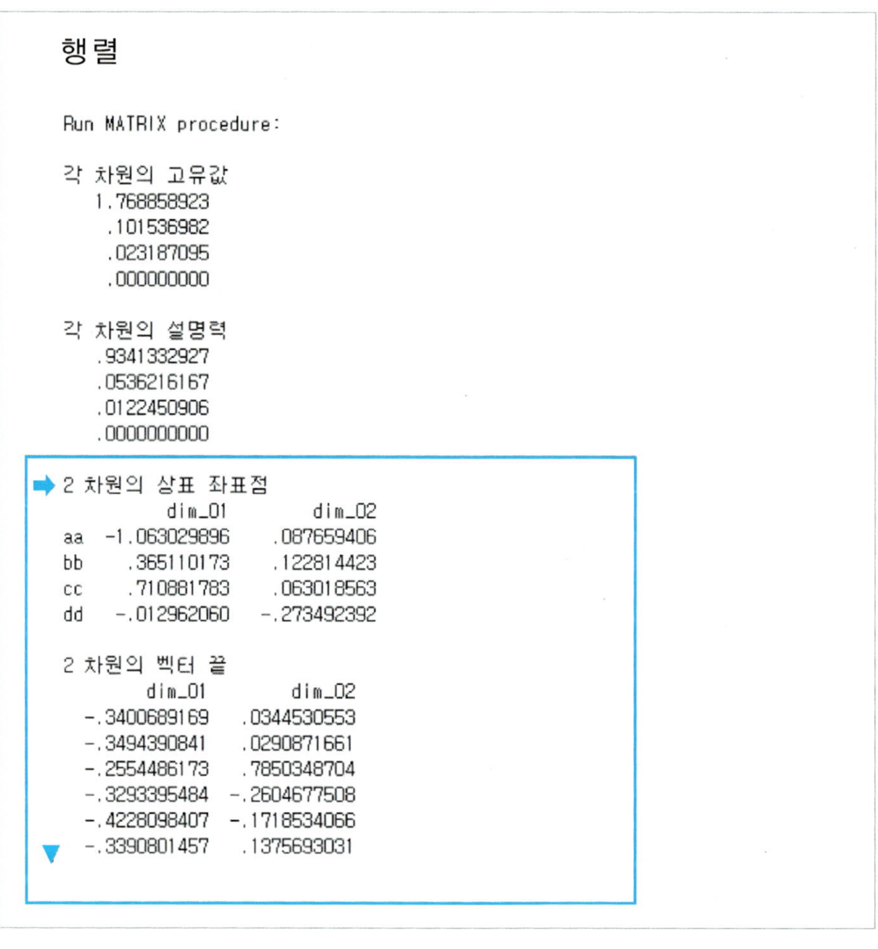

| | A | B | C | D | E | F | G |
|---|---|---|---|---|---|---|---|
| 1 | Run MATRIX procedure: | | | | | | |
| 2 | | | | | | | |
| 3 | 각 차원의 고유값 | | | | | | |
| 4 | 1.768859 | | | | | | |
| 5 | 0.101537 | | | | | | |
| 6 | 0.023187 | | | | | | |
| 7 | 0 | | | | | | |
| 8 | | | | | | | |
| 9 | 각 차원의 설명력 | | | | | | |
| 10 | 0.934133 | | | | | | |
| 11 | 0.053622 | | | | | | |
| 12 | 0.012245 | | | | | | |
| 13 | 0 | | | | | | |
| 14 | | | | | | | |
| 15 | 2 차원의 상표 좌표점 | | | | | | |
| 16 | dim_01 | dim_02 | | | | | |
| 17 | aa  −1.063029896  .087659406 | | | | | | |
| 18 | bb  .365110173  .122814423 | | | | | | |
| 19 | cc  .710881783  .063018563 | | | | | | |
| 20 | dd  −.012962060  −.273492392 | | | | | | |
| 21 | | | | | | | |
| 22 | 2 차원의 벡터 끝 | | | | | | |
| 23 | dim_01 | dim_02 | | | | | |
| 24 | −.3400689169  .0344530553 | | | | | | |
| 25 | −.3494390841  .0290871661 | | | | | | |
| 26 | −.2554486173  .7850348704 | | | | | | |
| 27 | −.3293395484  −.2604677508 | | | | | | |
| 28 | −.4228098407  −.1718534066 | | | | | | |
| 29 | −.3390801457  .1375693031 | | | | | | |
| 30 | −.3934131296  .0111396335 | | | | | | |

각 차원의 고유 값들과 설명력은 필요없으니 삭제하고, 2차원의 상표 좌표점과 벡터 끝의 숫자는 셀별로 분리해야 한다. 먼저 2차원의 상표 좌표점의 맨 왼쪽을 블록으로 잡고 메뉴에서 ‘데이터’ − ‘텍스트 나누기’를 선택한다.

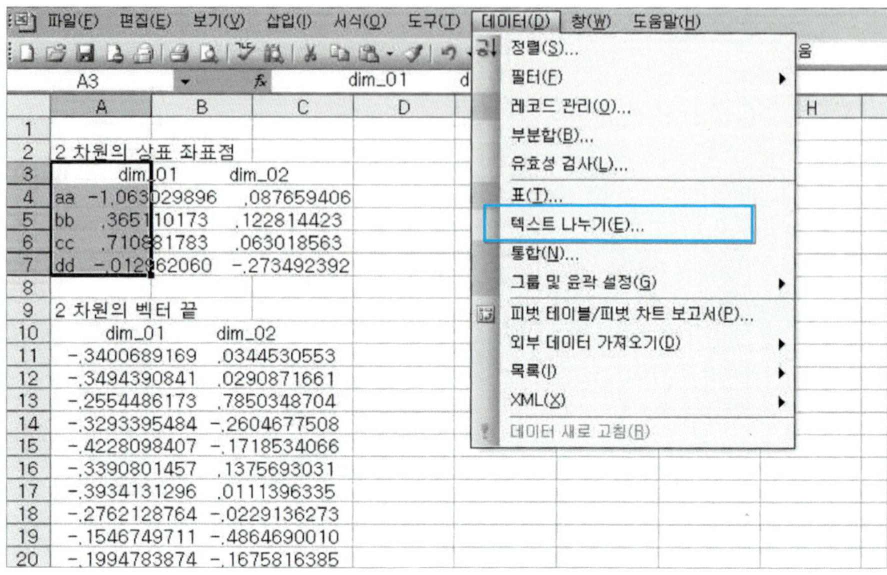

텍스트 나누기에서 너비가 일정함으로 선택한 후 다음을 눌러 최종 지정을 완료한다.

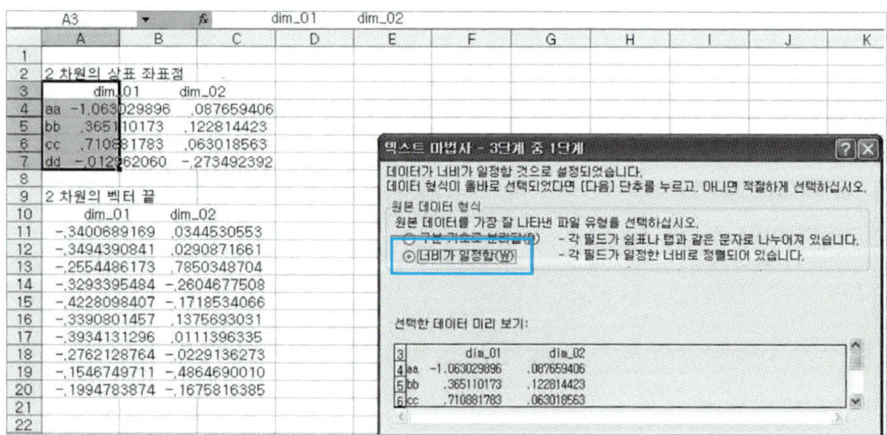

그러면 아래와 같이 브랜드와 각 좌표점이 셀별로 분리된다. 아래쪽에 있는 2 차원의 벡터 끝도 같은 방식으로 텍스트 나누기를 해서 분리한다.

| | A | B | C | D | E | F | G | H |
|---|---|---|---|---|---|---|---|---|
| 1 | | | | | | | | |
| 2 | 2 차원의 상표 좌표점 | | | | | | | |
| 3 | | dim_01 | dim_02 | | | | | |
| 4 | aa | −1.06303 | 0.087659 | | | | | |
| 5 | bb | 0.36511 | 0.122814 | | | | | |
| 6 | cc | 0.710882 | 0.063019 | | | | | |
| 7 | dd | −0.01296 | −0.27349 | | | | | |
| 8 | | | | | | | | |
| 9 | 2 차원의 벡터 끝 | | | | | | | |
| 10 | dim_01 | dim_02 | | | | | | |
| 11 | −.3400689169 | .0344530553 | | | | | | |
| 12 | −.3494390841 | .0290871661 | | | | | | |
| 13 | −.2554486173 | .7850348704 | | | | | | |
| 14 | −.3293395484 | −.2604677508 | | | | | | |
| 15 | −.4228098407 | −.1718534066 | | | | | | |
| 16 | −.3390801457 | .1375693031 | | | | | | |
| 17 | −.3934131296 | .0111396335 | | | | | | |
| 18 | −.2762128764 | −.0229136273 | | | | | | |
| 19 | −.1546749711 | −.4864690010 | | | | | | |
| 20 | −.1994783874 | −.1675816385 | | | | | | |
| 21 | | | | | | | | |

포지셔닝 맵을 그리기 위해서는 브랜드와 속성의 좌표점들을 합쳐야 한다. 그래서 엑셀의 옆쪽 빈 공간에 브랜드와 속성 라벨을 단 후 좌표점과 벡터 끝을 옮긴다. 이때 좌표점은 숫자를 그대로 옮기되 벡터 끝은 원래 값에서 10을 곱해 주도록 한다. 벡터 끝 숫자들의 절대크기가 너무 작아 그대로 2차원 평면상에 그리게 되면 중심에 점들이 모여 해석하기가 곤란하기 때문에 임의로 모두 10을 곱해 주어 중심에서 점들이 멀어지도록 하는 것이다.

| 2 차원의 상표 좌표점 | dim_01 | dim_02 |
| --- | --- | --- |
| aa | -1,06303 | 0,087659 |
| bb | 0,36511 | 0,122814 |
| cc | 0,710882 | 0,063019 |
| dd | -0,01296 | -0,27349 |

| 2 차원의 벡터 끝 | |
| --- | --- |
| dim_01 | dim_02 |
| -0,34007 | 0,034453 |
| -0,34944 | 0,029087 |
| -0,25545 | 0,785035 |
| -0,32934 | -0,26047 |
| -0,42281 | -0,17185 |
| -0,33908 | 0,137569 |
| -0,39341 | 0,01114 |
| -0,27621 | -0,02291 |
| -0,15467 | -0,48647 |
| -0,19948 | -0,16758 |

| | | |
| --- | --- | --- |
| aa | -1,06303 | 0,087659 |
| bb | 0,36511 | 0,122814 |
| cc | 0,710882 | 0,063019 |
| dd | -0,01296 | -0,27349 |
| fun1 | -3,40069 | 0,344531 |
| fun2 | -3,49439 | 0,290872 |
| fun3 | -2,55449 | 7,850349 |
| emo1 | -3,2934 | -2,60468 |
| emo2 | -4,2281 | -1,71853 |
| emo3 | -3,3908 | 1,375693 |
| emo4 | -3,93413 | 0,111396 |
| soc1 | -2,76213 | -0,22914 |
| soc2 | -1,54675 | -4,86469 |
| soc3 | -1,99478 | -1,67582 |

이제 최종적으로 만들어진 데이터를 블록으로 잡고 상단의 도움말 메뉴 아래에 있는 그래프를 클릭한 뒤 분산형 그래프를 선택하여 지정을 완료한다. 그러면 아래와 같이 2차원으로 구성된 포지셔닝 맵이 만들어진다.

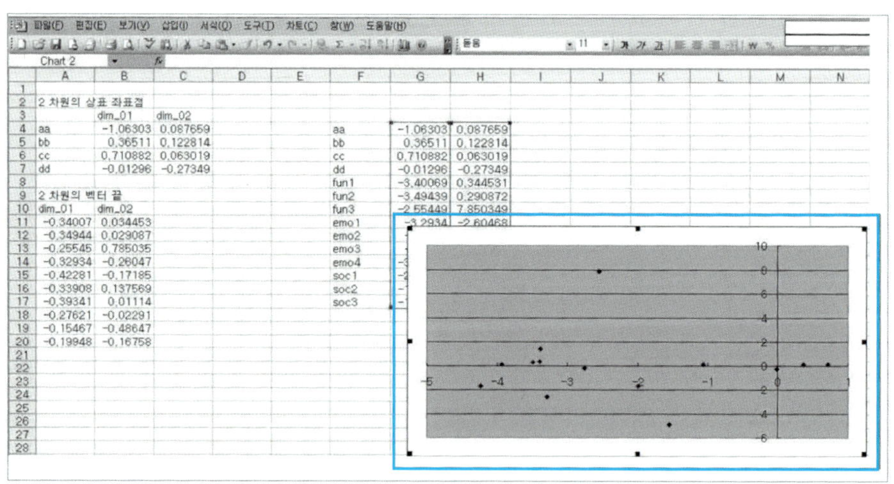

분산형 그래프를 포지셔닝 맵 형태로 편집하기 위해 축별로 상하좌우 단위를 동일하게 적용해서 직사각형이 되도록 하고 x, y축 구분선을 제외한 모든 눈금선은 없앤다.

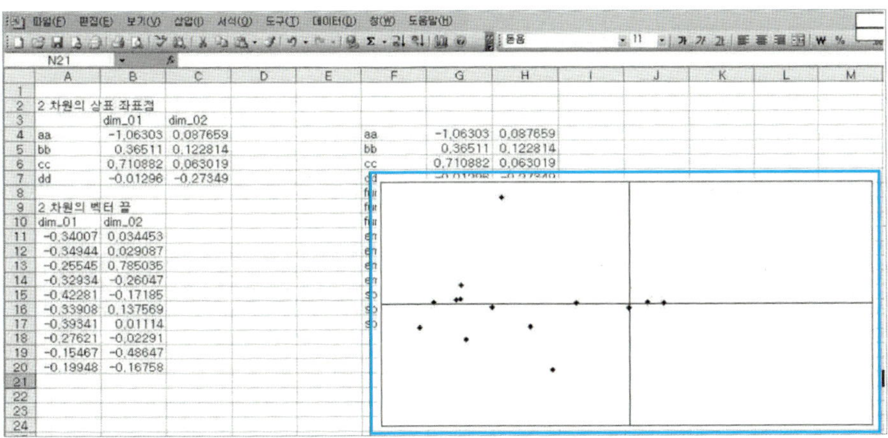

엑셀에서 그래프를 복사해서 파워포인트에 붙여 넣은 후 편집 작업을 한다. 우선 브랜드는 점으로, 속성은 중심에서 해당 점까지를 선으로 연결한다. 여기서 속성은 벡터로서 점이 아닌 방향이 된다. 어떤 포지셔닝 분석방법이건 간에 기본적으로 모든 속성은 점이 아닌 방향으로 이해해야 한다. Biplot에서도 속성은 방향으로 해석하게 되므로 중심으로부터 해당 속성의 점까지 방향으로 연결해 주어야 한다.

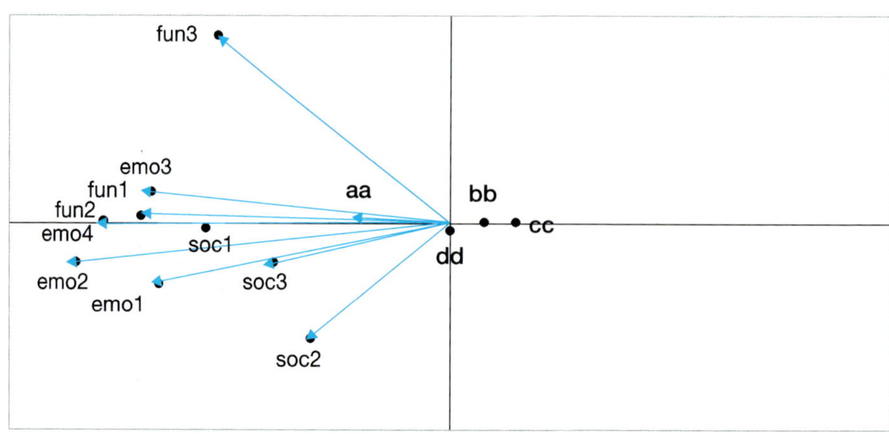



이제 포지셔닝 맵에 나타난 결과를 해석해 보도록 하자. 전공과 학자에 따라 Biplot을 해석하는 방법에는 차이가 있다. 통계학에서는 가장 보수적이고 실무 입장에서 볼 때 매우 추상적으로 해석하는 경향이 있으며, 상대적으로 경영학이나 마케팅 연구에서는 현실적으로 해석한다. 또한 마케팅조사 실무에서는 보다 구체적이고 현실적이지만 다소 왜곡되게 해석하는 경향이 강하다. 본 서에서는 왜곡되지 않는 범위 내에서 최대한 실무적으로 해석할 수 있도록 아래와 같이 해석에 대한 가이드라인을 제시한다.

| 구분 | 해석 |
| --- | --- |
| 브랜드 간 경쟁관계 | y축을 기준으로 같은 축에 위치해 있으면서 거리가 가까울수록 경쟁관계로 해석한다. 상기의 예에서 bb, cc, dd는 서로 경쟁관계에 있다고 할 수 있다. |
| 속성의 길이 | 중심으로부터 속성의 길이가 길면 길수록 브랜드 간 차이가 크다는 것을 의미한다. 앞선 예에서 fun3과 emo1, 2 속성이 브랜드 간 점수 차이가 상대적으로 가장 큰 속성이다. |
| 브랜드와 속성 | 브랜드의 좌표점과 속성의 선이 가까울수록, 그리고 브랜드 좌표점과 속성의 선을 연결한 점과 중심과의 거리가 멀면 멀수록 브랜드와 속성과의 관계는 가깝다고 할 수 있다. 상기에서 aa는 모든 속성에서 다른 브랜드에 비해 포지셔닝 우위를 점하고 있다. |

다른 예를 통해 해석방법을 보다 구체적으로 살펴보도록 하자. 각 브랜드의 속성별 점수를 이용해 Biplot을 분석한 결과를 포지셔닝 맵으로 구성해 보았더니 아래와 같았다.

| 구분 | A브랜드 | B브랜드 | C브랜드 | D브랜드 | E브랜드 | 표준편차 |
|---|---|---|---|---|---|---|
| 고급 | 3.55 | 3.28 | 3.52 | 3.31 | 3.49 | 0.125 |
| 친근 | 3.43 | 3.42 | 3.44 | 3.41 | 3.29 | 0.059 |
| 전문성 | 3.37 | 4.18 | 3.61 | 4.20 | 3.38 | 0.418 |
| 전통 | 3.89 | 3.56 | 3.74 | 3.87 | 3.61 | 0.151 |
| 참신 | 3.96 | 3.49 | 3.77 | 3.67 | 3.48 | 0.200 |

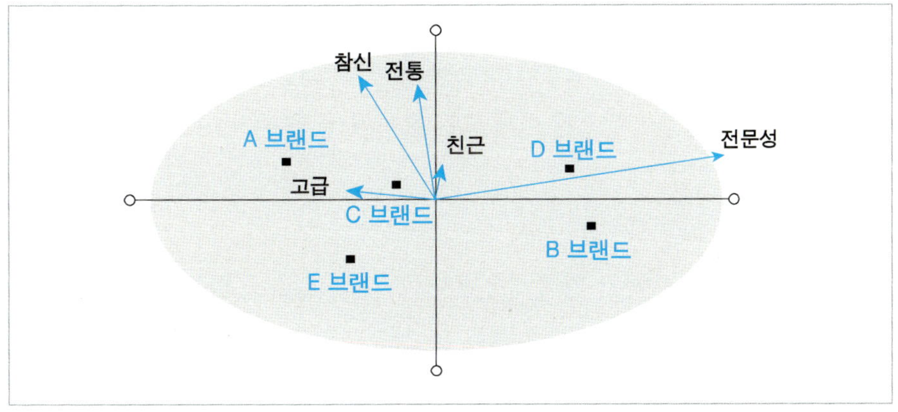


브랜드별로 타 브랜드에 비해 점수가 높은 속성들을 보라색으로 표시했으며, 브랜드 간 점수 차이를 나타내는 표준편차를 표의 맨 오른쪽 열에 표시해 두었다. 포지셔닝 맵을 보기 전에 브랜드별 점수로만 해석을 해 보면 A브랜드가 다

른 브랜드에 비해 고급, 친근, 전통, 참신 등의 속성에서 우위를 점하고 있는 반면, E브랜드는 다른 모든 브랜드에 비해 열세를 나타내고 있다. B브랜드는 전문성, D브랜드는 전문성과 전통 속성에서 타 브랜드 대비 차별적인 우위를 점하고 있다. 대체로 A와 C브랜드, B와 D브랜드가 경쟁관계임을 알 수 있다. 브랜드 이미지 속성 중에서는 전문성과 참신에서 브랜드 간 차별화 정도가 크다는 것을 알 수 있다.

이제 이 점수들을 바탕으로 그려진 포지셔닝 맵을 살펴보자. 우선 전체적으로 A브랜드와 C브랜드, B브랜드와 D브랜드가 경쟁관계에 있음을 바로 확인할 수 있고, 속성들 중에서는 전문성과 참신의 벡터길이가 가장 길어 브랜드 간 차이가 크다는 것을 알 수 있다. A브랜드와 C브랜드는 동일한 속성에 대해 경쟁관계이면서 A브랜드가 대체적으로 우위를 점하고 있으며, D브랜드가 B브랜드에 비해 전문성 측면에서 경쟁관계이다. E브랜드는 이미지 속성들과 반대 방향에 놓여 있어 다른 브랜드에 비해 모든 속성에서 열세라는 것을 한눈에 알 수 있다.

포지셔닝 맵을 도출하기 위해 사용된 데이터를 바탕으로 한 결과 해석이나 포지셔닝 맵을 보고 해석한 결과가 거의 동일하다는 것을 느꼈을 것이다. 통계분석에 사용된 데이터와 그 데이터를 바탕으로 도출된 분석결과는 같아야 하는 것이 당연하며, 여기서 중요한 점은 바로 어떠한 통계분석방법이라 하더라도 분석에 투입된 데이터와 상반된 분석결과를 보이지 않는다는 것이다. 다시 말해서 통계분석을 통해 도출된 결과보다는 원래 데이터를 바탕으로 한 해석이 오히려 정확하다. 포지셔닝 맵의 근본 목적은 숫자로 되어 있는 데이터를 시각화해서 해석하기 편하게 하기 위한 것이지, 포지셔닝 분석 자체가 원래 데이터에서는 알 수 없는 새로운 결과나 해석의 관점을 제공하지는 않는다.

비단 포지셔닝 분석뿐만 아니라 모든 통계분석기법이 마찬가지이다. 많은 통계학자들이 빈도분석을 가장 훌륭한 통계분석기법으로 여기는 것도 이러한 맥락일 것이다. 특히, 포지셔닝 분석은 시각화를 위해 원래 데이터를 축소하게 되므로 데이터의 손실이 발생해 분석결과가 다소 왜곡될 수 있으므로 원래 데이터를 무시한 채, 분석 결과 산출된 포지셔닝 맵 자체로만 해석하는 것은 자칫 잘못된 결론을 도출할 수도 있다는 점을 명심하자.

## (3) Biplot의 응용

요인분석을 활용한 포지셔닝 맵은 브랜드 이미지 평가항목을 큰 단위인 차원으로 묶어서 큰 그림을 보여주는 데 강점이 있는 반면, Biplot은 개별 이미지 항목별 포지셔닝을 보여줌으로써 보다 구체적으로 확인할 수 있다. 그래서 이 두 가지 접근방법을 순차적으로 적용하면 포지셔닝 분석을 보다 효과적으로 할 수 있다.

다음과 같이 먼저 요인분석을 이용해 브랜드 이미지 개별항목을 크게 차원으로 묶어서 회귀분석과 함께 활용함으로써 차원 단위에서의 포지셔닝을 분석한 뒤 보다 구체적으로 파악하기 위해 Biplot을 이용해 포지셔닝 맵을 도출해서 분석할 수 있다. 그래서 만약 이미지 차원이 A, B, C 세 가지라면 A-B, A-C, B-C 등 세 개의 차원조합을 이용해 다음과 같은 로직으로 분석하게 되면 보다 효과적으로 포지셔닝 분석을 할 수 있다.

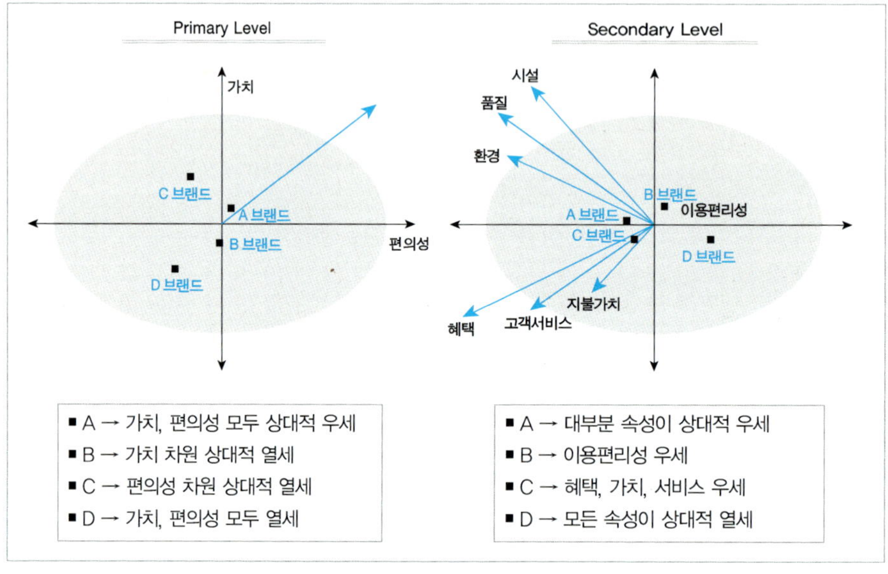


## 8. 대응분석과 최적화 척도법

요인분석과 Biplot은 리커트형 척도로 된 질문문항들을 포지셔닝 맵으로 분석할 수 있다. 지금부터 설명하게 될 대응분석과 최적화 척도법(Optimal Scaling)은 예, 아니요와 같이 명목척도로 응답된 데이터를 바탕으로 포지셔닝 맵을 도출하는 통계분석방법이다. 이들 두 방법 간의 차이점을 간략하게 정리해 보면 다음과 같다.

| 구분 | 요인분석 & Biplot | 대응분석과 최적화 척도법 |
| --- | --- | --- |
| 응답척도 | 5점, 7점과 같은 리커트형 척도 | yes, no와 같은 명목형 척도 |
| 평가기준 | 브랜드별 절대평가 | 브랜드 간 상대평가 |
| 장점 | 정보의 양이 상대적으로 많아 다각적 분석 가능 | 이미지 속성의 숫자만큼만 응답하면 되므로 비교적 간편하고 시간도 적게 걸림 |
| 단점 | 브랜드 숫자만큼 응답문항이 늘어나 응답이 어렵고 시간도 많이 걸림 | 상대적으로 인지도가 높은 브랜드에 대부분의 속성평가가 몰리는 현상 발생 |
| 활용 | 경쟁브랜드 수가 적거나 내구재나 서비스 산업에 속한 시장의 분석에 적합 | FMCG와 같이 경쟁브랜드가 많고 브랜드 간 인지도(보조) 차이가 크지 않은 경우에 적합 |

대응분석은 교차집계표 형태로 된 비율자료를 입력데이터로 해서 포지셔닝 맵을 도출하는 분석기법으로 명목척도 항목을 분석하는 요인분석이라고 할 수 있다. 이 기법은 언어학자들이 고대 언어를 연구하면서 단어와 단어의 연결로 구성된 어구를 문법적으로 정확하게 분석하기 위해 활용한 것이 시초이다. 대응분석은 분석항목의 수에 따라 크게 단순 대응분석(SCA; Simple Correspondence Analysis)과 다중 대응분석(MCA; Multiple Correspondence Analysis)으로 구분된다. 단순 대응분석은 분석하고자 하는 변수(문항)가 두 개인 경우에 사용하는 것이며, 다중 대응분석은 3개 이상의 변수들을 분석할 수 있다.

| 구분 | SCA | MCA |
| --- | --- | --- |
| 분석변수의 수 | 2개 (예 : 브랜드와 이미지속성) | 3개 이상 (예 : 브랜드, 이미지속성, 연령) |
| 주 활용용도 | 브랜드 이미지 포지셔닝 | 교차분석의 시각화 |
| 분석방법 | 대응분석 | 최적화 척도법 |

# (1) 질문문항의 구성

브랜드 이미지 포지셔닝 분석을 위한 대응분석의 질문문항의 구조는 정해져 있으며, 교차분석의 시각화 목적으로 활용할 경우에는 비율자료로 분석하는 모든 교차분석 결과를 대응분석으로 맵핑하여 시각화할 수 있다. 대응분석을 통한 브랜드 이미지 포지셔닝 분석을 위한 질문문항 예시는 다음과 같다.

**대응분석 질문문항 예시**

문) 다음에 제시되는 항목별로 그렇다고 생각되시는 브랜드를 하나씩(모두) 선택해서 해당 브랜드에 O표 해 주십시오.

| 구분 | AA 브랜드 | BB 브랜드 | CC 브랜드 | DD 브랜드 | EE 브랜드 | FF 브랜드 |
|---|---|---|---|---|---|---|
| 친근하다 | | | | | | |
| 신뢰가 간다 | | | | | | |
| 개성 있다 | | | | | | |
| 누구에게나 잘 어울린다 | | | | | | |
| 신선한 느낌이 든다 | | | | | | |
| 맛이 좋다 | | | | | | |
| 건강에 좋다 | | | | | | |
| 용기 디자인이 좋다 | | | | | | |
| 어디서나 쉽게 구입할 수 있다 | | | | | | |

브랜드 이미지 포지셔닝을 위한 질문문항을 구성할 때 주의해야 할 점이 두 가지 있다. 첫째, 속성별 해당되는 브랜드에 대한 선택을 하나만 받을 것인가, 아니면 두 개 이상 받을 것인가에 대해 사전에 결정해야 한다. 비교하고자 하는 브랜드별 차별화 정도가 크거나 대상브랜드가 많은 경우에는 단답으로 응답받는 것이 좋고, 브랜드별 차이가 크지 않다면 복수응답으로 받는 것이 더 좋다. 둘째, 분석에 포함되어야 할 브랜드와 속성의 수이다. 포지셔닝 맵은 2차원으로 구성되어 있으므로 원칙적으로 브랜드와 속성의 수는 최소 3개 이상이 되어야 한다. 포지셔닝 맵이 의미가 있으려면 가급적 브랜드 수는 최소 3개 이상, 속성은 5~6개 이상이 되는 것이 좋고 브랜드 수보다는 속성의 수가 많아야 한다. 속성항목을 구성할 때는 항목의 성격을 잘 고려해서 가급적 유사한 성격을 가진 항목들을 골고루 넣는 것이 좋다. 일반적으로 브랜드 이미지는 크게 품질/기능적 이미지(Functional Image), 정서적 이미지(Emotional Image), 사회적 이미지(Social Image)로 구분하므로 항목을 구성할 때 이를 바탕으로 가급적 각 이미지에 해당되는 속성의 수를 비슷한 개수로 구성하는 것이 좋다.

## (2) 대응분석의 실행

실제 데이터를 활용해 대응분석을 실시해 보자. 먼저 상기 예시의 질문으로 조사를 진행해서 다음과 같은 결과를 얻었다.

## 각 브랜드의 속성별 평가 응답률(%)

| 구분 | AA브랜드 | BB브랜드 | CC브랜드 | DD브랜드 | EE브랜드 | FF브랜드 |
|---|---|---|---|---|---|---|
| 친근감 | 45.6 | 1.2 | 6.0 | 12.3 | 30.0 | 4.9 |
| 신뢰 | 2.9 | 17.4 | 19.9 | 37.0 | 7.7 | 15.2 |
| 개성 | 57.7 | 1.4 | 6.8 | 9.4 | 17.6 | 7.2 |
| 잘 어울림 | 4.3 | 3.0 | 20.0 | 40.5 | 18.1 | 14.2 |
| 신선한 느낌 | 12.8 | 15.4 | 18.5 | 13.6 | 32.0 | 7.7 |
| 맛 | 28.8 | 4.3 | 15.3 | 24.8 | 18.8 | 8.0 |
| 건강 | 23.9 | 3.8 | 22.1 | 18.2 | 23.3 | 8.8 |
| 용기디자인 | 8.3 | 18.4 | 13.6 | 39.6 | 7.3 | 12.8 |
| 쉽게 구함 | 19.1 | 7.5 | 18.3 | 12.1 | 36.9 | 6.1 |

## 각 브랜드의 속성별 평가 사례 수(명)

| 구분 | AA브랜드 | BB브랜드 | CC브랜드 | DD브랜드 | EE브랜드 | FF브랜드 |
|---|---|---|---|---|---|---|
| 친근감 | 457 | 12 | 60 | 123 | 301 | 49 |
| 신뢰 | 29 | 174 | 199 | 371 | 77 | 152 |
| 개성 | 578 | 14 | 68 | 94 | 176 | 72 |
| 잘 어울림 | 43 | 30 | 200 | 406 | 181 | 142 |
| 신선한 느낌 | 128 | 154 | 185 | 136 | 321 | 78 |
| 맛 | 289 | 43 | 153 | 248 | 188 | 81 |
| 건강 | 239 | 38 | 221 | 182 | 233 | 88 |
| 용기디자인 | 83 | 184 | 136 | 397 | 73 | 129 |
| 쉽게 구함 | 191 | 75 | 183 | 121 | 370 | 62 |

　　MCA는 SPSS상에 있는 데이터를 바탕으로 최적화 척도법으로 그대로 분석하면 되지만, SCA를 위해서는 먼저 데이터 형태를 바꾸어 주어야 한다. SCA를 위한 데이터 세팅 방법에 대해 살펴보면, 먼저 분석하고자 하는 데이터를 SPSS에서 연 후 Analyze – Descriptive Statistics – Frequencies를 선택해서 모든 속성을 투입해 분석을 실행한다.

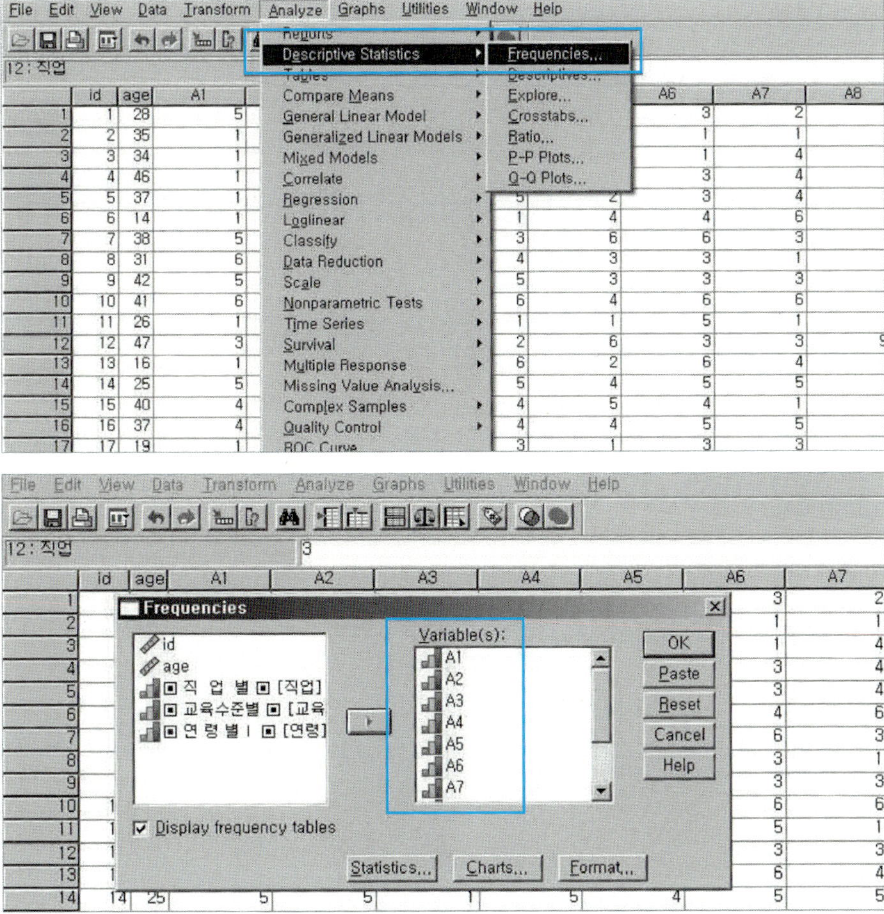

Output에서 왼쪽에 있는 속성별 응답을 블록으로 지정(①)한 후 마우스 오른쪽을 클릭해서 'Export' 메뉴를 선택한다.

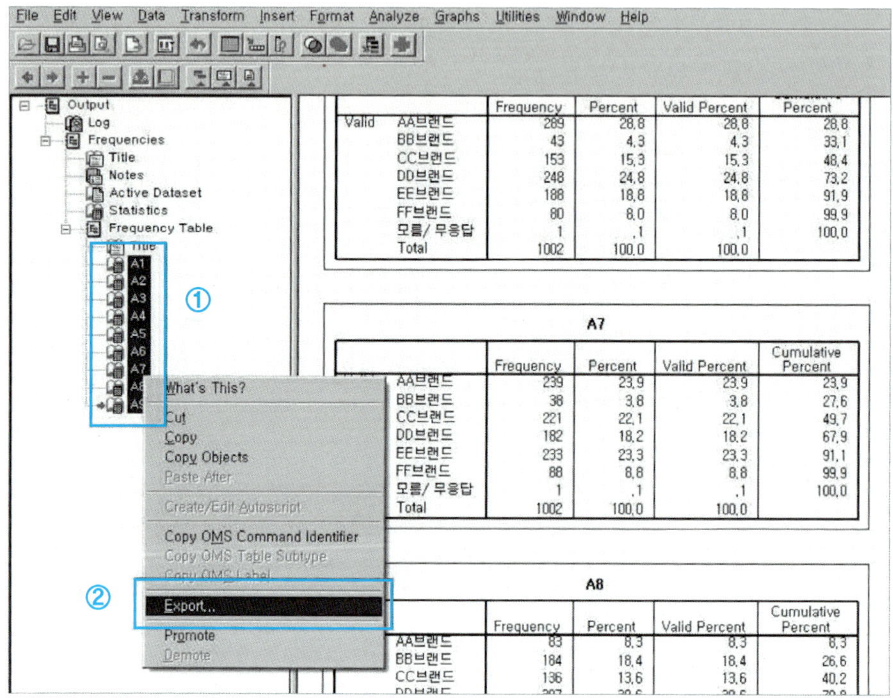

저장을 위한 창이 뜨면 저장경로를 지정하고 저장 파일의 확장자는 엑셀
(*.xls)로 선택한다.

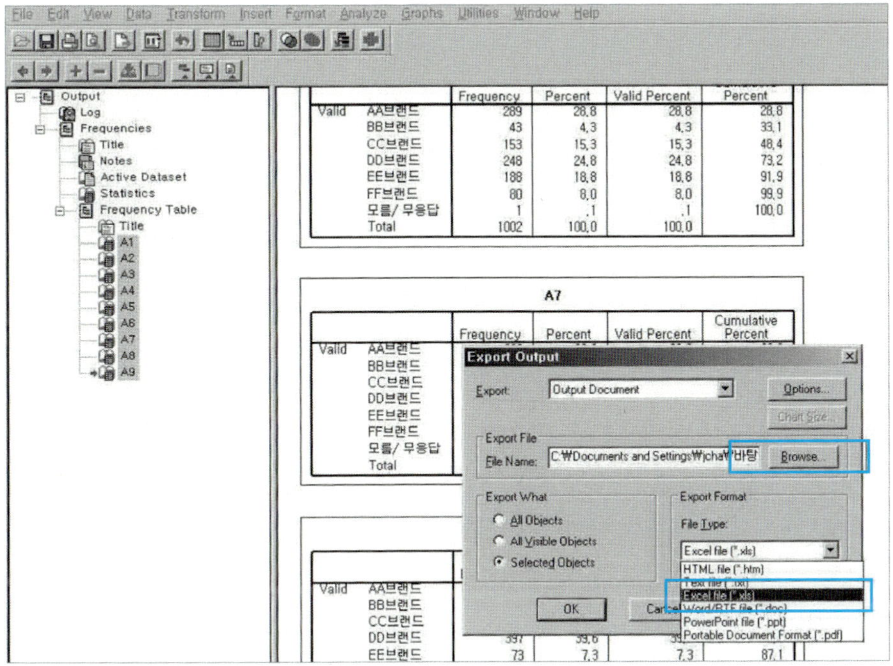

저장한 엑셀파일을 열어서 브랜드, 속성, 사례 수 혹은 비율이 매칭되도록 데
이터를 열로 정렬한다. 아래 예에서는 브랜드, 속성, 사례 수, 비율을 열별로 정
렬하였으며, SPSS에서는 숫자만 인식하므로 브랜드와 속성은 숫자로 입력하
였다.

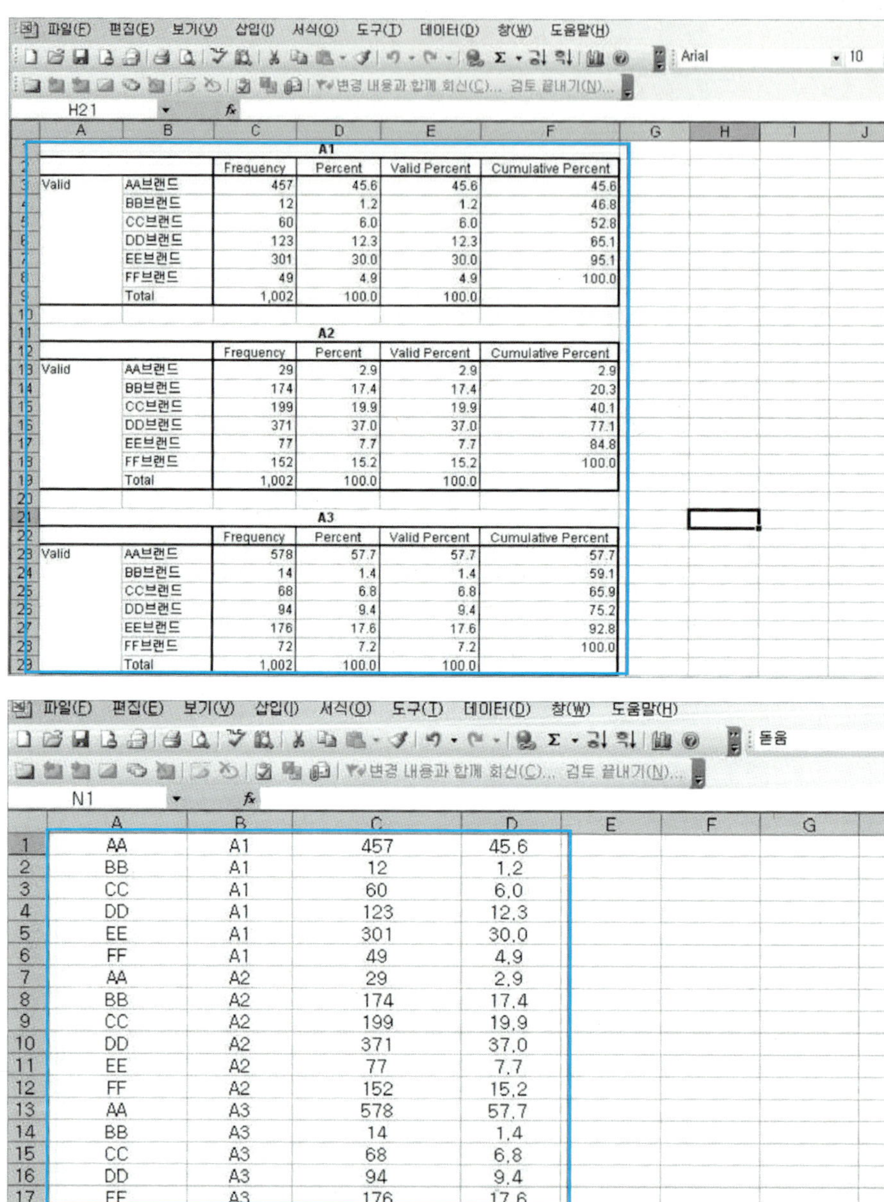

**A1**

| | | Frequency | Percent | Valid Percent | Cumulative Percent |
|---|---|---|---|---|---|
| Valid | AA브랜드 | 457 | 45.6 | 45.6 | 45.6 |
| | BB브랜드 | 12 | 1.2 | 1.2 | 46.8 |
| | CC브랜드 | 60 | 6.0 | 6.0 | 52.8 |
| | DD브랜드 | 123 | 12.3 | 12.3 | 65.1 |
| | EE브랜드 | 301 | 30.0 | 30.0 | 95.1 |
| | FF브랜드 | 49 | 4.9 | 4.9 | 100.0 |
| | Total | 1,002 | 100.0 | 100.0 | |

**A2**

| | | Frequency | Percent | Valid Percent | Cumulative Percent |
|---|---|---|---|---|---|
| Valid | AA브랜드 | 29 | 2.9 | 2.9 | 2.9 |
| | BB브랜드 | 174 | 17.4 | 17.4 | 20.3 |
| | CC브랜드 | 199 | 19.9 | 19.9 | 40.1 |
| | DD브랜드 | 371 | 37.0 | 37.0 | 77.1 |
| | EE브랜드 | 77 | 7.7 | 7.7 | 84.8 |
| | FF브랜드 | 152 | 15.2 | 15.2 | 100.0 |
| | Total | 1,002 | 100.0 | 100.0 | |

**A3**

| | | Frequency | Percent | Valid Percent | Cumulative Percent |
|---|---|---|---|---|---|
| Valid | AA브랜드 | 578 | 57.7 | 57.7 | 57.7 |
| | BB브랜드 | 14 | 1.4 | 1.4 | 59.1 |
| | CC브랜드 | 68 | 6.8 | 6.8 | 65.9 |
| | DD브랜드 | 94 | 9.4 | 9.4 | 75.2 |
| | EE브랜드 | 176 | 17.6 | 17.6 | 92.8 |
| | FF브랜드 | 72 | 7.2 | 7.2 | 100.0 |
| | Total | 1,002 | 100.0 | 100.0 | |

| | A | B | C | D |
|---|---|---|---|---|
| 1 | AA | A1 | 457 | 45.6 |
| 2 | BB | A1 | 12 | 1.2 |
| 3 | CC | A1 | 60 | 6.0 |
| 4 | DD | A1 | 123 | 12.3 |
| 5 | EE | A1 | 301 | 30.0 |
| 6 | FF | A1 | 49 | 4.9 |
| 7 | AA | A2 | 29 | 2.9 |
| 8 | BB | A2 | 174 | 17.4 |
| 9 | CC | A2 | 199 | 19.9 |
| 10 | DD | A2 | 371 | 37.0 |
| 11 | EE | A2 | 77 | 7.7 |
| 12 | FF | A2 | 152 | 15.2 |
| 13 | AA | A3 | 578 | 57.7 |
| 14 | BB | A3 | 14 | 1.4 |
| 15 | CC | A3 | 68 | 6.8 |
| 16 | DD | A3 | 94 | 9.4 |
| 17 | EE | A3 | 176 | 17.6 |

| | A | B | C | D | E | F | G |
|---|---|---|---|---|---|---|---|
| 1 | 1 | 1 | 457 | 45.6 | | | |
| 2 | 2 | 1 | 12 | 1.2 | | | |
| 3 | 3 | 1 | 60 | 6.0 | | | |
| 4 | 4 | 1 | 123 | 12.3 | | | |
| 5 | 5 | 1 | 301 | 30.0 | | | |
| 6 | 6 | 1 | 49 | 4.9 | | | |
| 7 | 1 | 2 | 29 | 2.9 | | | |
| 8 | 2 | 2 | 174 | 17.4 | | | |
| 9 | 3 | 2 | 199 | 19.9 | | | |
| 10 | 4 | 2 | 371 | 37.0 | | | |
| 11 | 5 | 2 | 77 | 7.7 | | | |
| 12 | 6 | 2 | 152 | 15.2 | | | |
| 13 | 1 | 3 | 578 | 57.7 | | | |
| 14 | 2 | 3 | 14 | 1.4 | | | |

다음으로 엑셀로 저장된 데이터를 SPSS에서 열어서 맨 아래에 있는 Variable View를 선택한다.

| | VAR00001 | VAR00002 | VAR00003 | VAR00004 | var | var | var |
|---|---|---|---|---|---|---|---|
| 1 | 1.00 | 1.00 | 457.00 | 45.60 | | | |
| 2 | 2.00 | 1.00 | 12.00 | 1.20 | | | |
| 3 | 3.00 | 1.00 | 60.00 | 6.00 | | | |
| 4 | 4.00 | 1.00 | 123.00 | 12.30 | | | |
| 5 | 5.00 | 1.00 | 301.00 | 30.00 | | | |
| 6 | 6.00 | 1.00 | 49.00 | 4.90 | | | |
| 7 | 1.00 | 2.00 | 29.00 | 2.90 | | | |
| 8 | 2.00 | 2.00 | 174.00 | 17.40 | | | |
| 9 | 3.00 | 2.00 | 199.00 | 19.90 | | | |
| 10 | 4.00 | 2.00 | 371.00 | 37.00 | | | |
| 11 | 5.00 | 2.00 | 77.00 | 7.70 | | | |
| 12 | 6.00 | 2.00 | 152.00 | 15.20 | | | |
| 13 | 1.00 | 3.00 | 578.00 | 57.70 | | | |
| 14 | 2.00 | 3.00 | 14.00 | 1.40 | | | |
| 15 | 3.00 | 3.00 | 68.00 | 6.80 | | | |
| 16 | 4.00 | 3.00 | 94.00 | 9.40 | | | |

　Variable View는 변수이름과 응답 값의 이름을 지정해주는 시트로 여기서 숫자로 된 브랜드와 속성이름을 지정해 주면 된다. Variable View 창에서 오른쪽에 있는 Values를 클릭하면 Value Labels라는 창이 뜬다. 이 창에서 브랜드와 속성 변수의 응답 값들에 이름을 부여해 주면 된다.

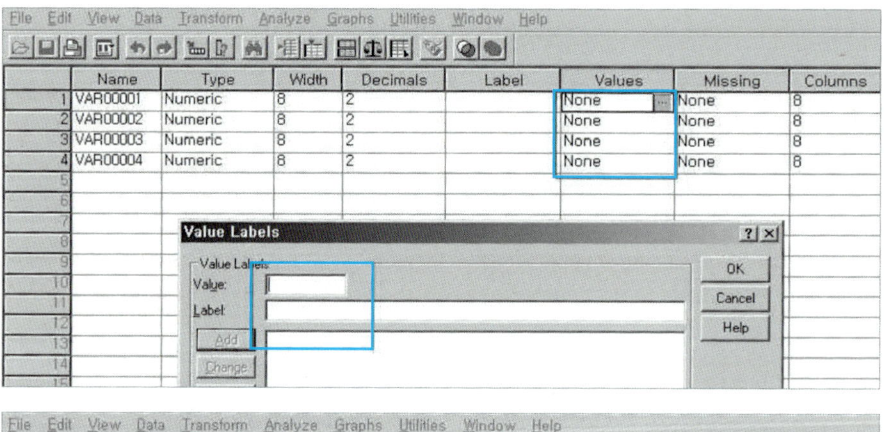

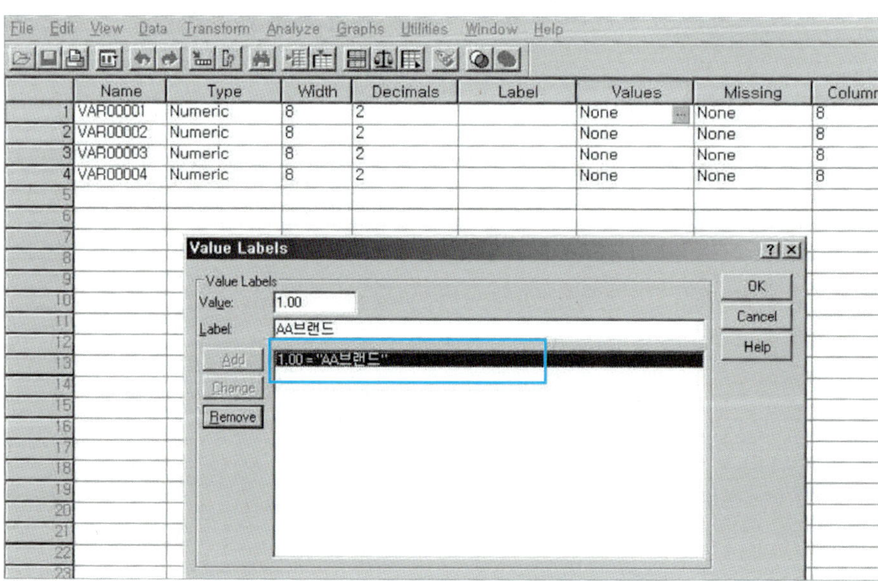

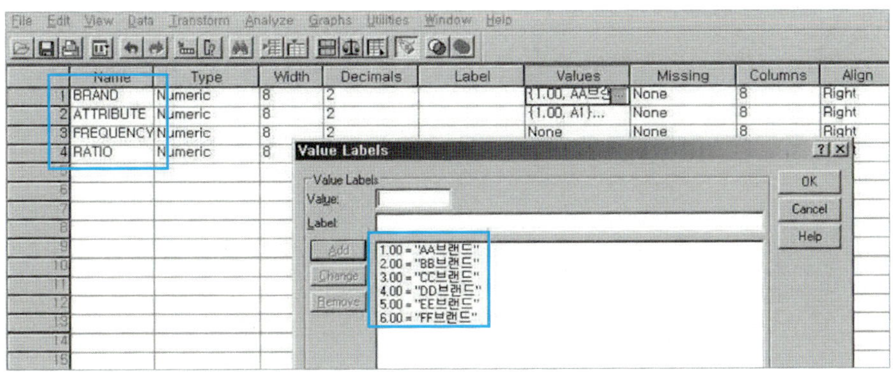

이제는 대응분석을 실시할 차례이다. SPSS에서 Data − Weight Cases를 순서대로 선택한다. 지정 창에서 왼쪽에 있는 빈도나 비율자료를, 오른쪽에 있는 Weight cases by를 클릭한 후 아래의 공란에 투입한다.

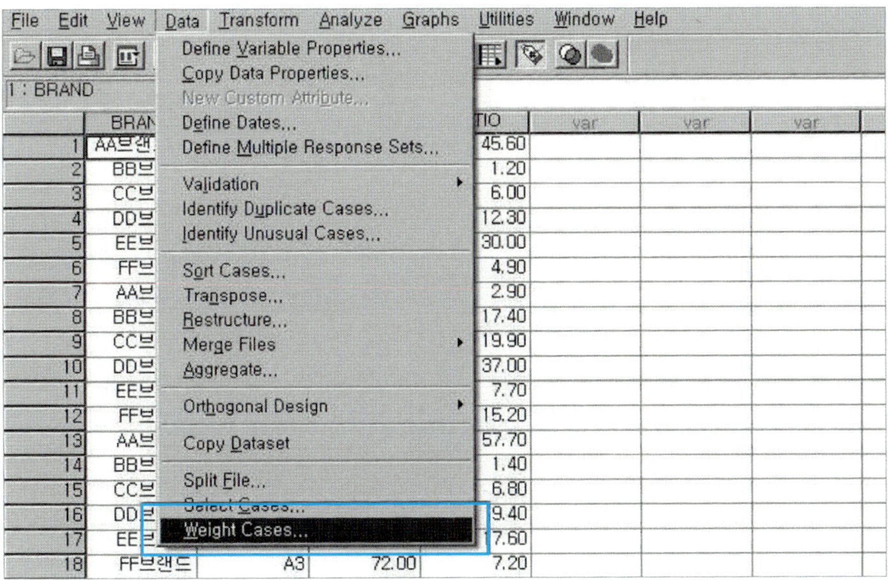

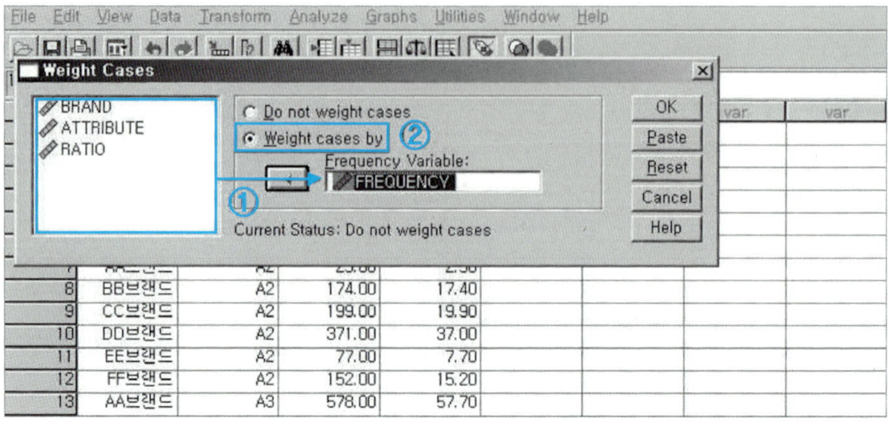

다음으로 SPSS에서 Analyze - Data Reduction - Correspondence Analysis를 순서대로 선택한다.

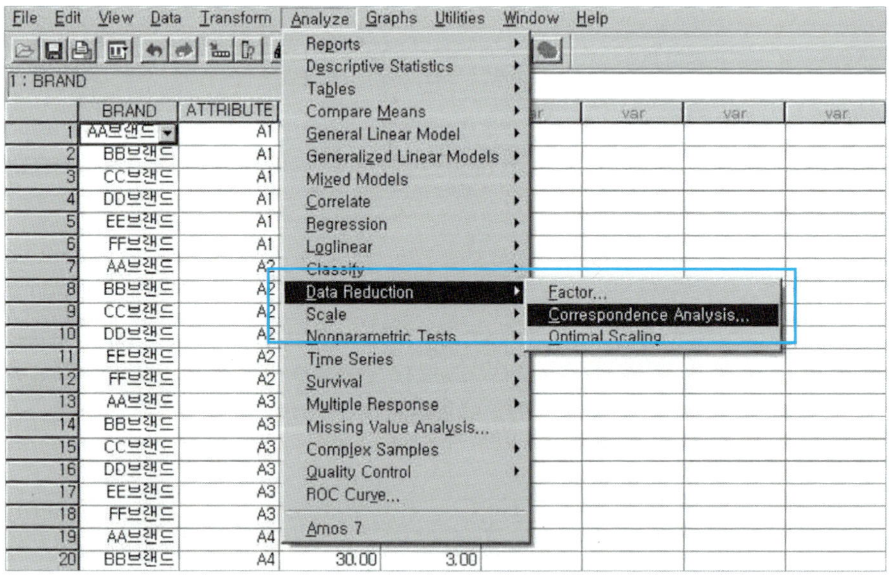

왼쪽에 있는 브랜드와 속성을 오른쪽의 Row와 Column에 각각 투입한 후 아래쪽에 있는 Define Range를 클릭해서 브랜드와 속성 각각의 응답 값의 범위를 지정해 준 다음 분석을 실행한다.

분석결과 창에서 맨 먼저 Correspondence Table이 제시된다. 이 테이블은 분석에 사용된 데이터를 교차집계표 형태로 나타낸 것이다. Table 아래에는 분석결과에 대한 Summary가 제공된다. Summary에서는 중간 하단에 있는 Chi-square 결과를 확인하는 것이 가장 중요하다. Chi-square는 분석에 사용된 브랜드와 속성 간 상관관계가 있는지를 검증하는 통계지표로, 기본적으로는 두 변수 간 상관관계가 없다고 가정한다. 따라서 엄밀하게 따지면 Chi-square 오른쪽 옆에 있는 Sig가 0.05 이하가 되어야 분석결과 자체가 통계적으로 의미가 있다고 할 수 있다. 포지셔닝 맵 분석에 있어서 기본 로직은 브랜드와 이미지 속성 간 관계가 있을 것이라는 전제가 성립되어야 하기 때문이다. 아래 결과에서는 Sig=0.00으로 통계적으로 분석결과가 의미 있다고 해석할 수 있다.

Chi-square를 확인하고 난 후 부가적으로 오른쪽 옆에 있는 Proportion of Inertia에서 포지셔닝 맵의 설명력을 확인하는 것이 좋다. Proportion of Inertia는 포지셔닝 맵을 구성하는 두 개의 차원이 원래 데이터를 얼마나 잘 재현하는지를 나타내는 수치이다. Accounted for는 각 차원의 설명력을, Cumulative는 차원이 늘어남에 따라 누적되는 누적설명력을 각각 나타낸다. 여기서 차원이라는 것은 Summary에서 맨 왼쪽에 있는 Dimension을 의미하는 것으로 포지셔닝 맵을 구성하는 축이다. 그래서 Dimension 1은 X축, Dimension 2는 Y축을 말한다. 각 차원의 설명력을 나타내는 Accounted for를 살펴보면 Dimension 1이 전체 데이터의 0.711(약 71%)을 설명하며, Dimension 2의 설명력은 17.6%에 불과하다. 따라서 포지셔닝 맵을 구성하는 두 개의 Dimension이 전체 데이터의 88.7%를 설명한다. 여기서 두 가지 시사점을 얻을 수 있다. 첫째, 분석데이터를 2차원 평면상으로 표현하는 과정에서 일부 데이터의 손실을 가져온다는 점이다. SPSS 메뉴에서 대응분석과 최적화 척도법이 Data Reduction에 포함되어 있는 것도 바로 이 때문이다. 둘째, 포지셔닝 맵의 해석에 대한 부분이다. 엄밀하게 말해서 대응분석을 통해 도출된 포지셔닝 맵은 앞서 살펴본 통계지표들을 바탕으로 해석을 해야 한다. 실제로 통계학에서는 포지셔닝 맵을 해석할 때 통계적 관점에서 분석결과로 산출된 통계수치를 하나하나 따져가며 꼼꼼하게 해석하는 반면, 마케팅조사 실무에서는 통계수치보다는 시각적으로 나타나는 포지셔닝 맵 위주로만 해석하려는 경향이 있다. 두 가지 시사점이 의미하는 바는 도출된 포지셔닝 맵이 원래 데이터를 완벽하

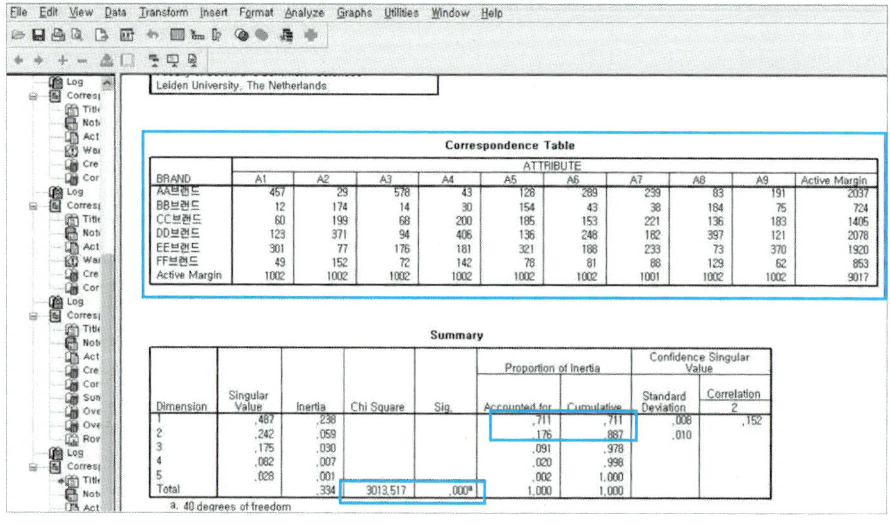



**Correspondence Table**

| BRAND | A1 | A2 | A3 | A4 | A5 | A6 | A7 | A8 | A9 | Active Margin |
|---|---|---|---|---|---|---|---|---|---|---|
| AA브랜드 | 457 | 29 | 578 | 43 | 128 | 289 | 239 | 83 | 191 | 2037 |
| BB브랜드 | 12 | 174 | 14 | 30 | 154 | 43 | 38 | 184 | 75 | 724 |
| CC브랜드 | 60 | 199 | 68 | 200 | 185 | 153 | 221 | 136 | 183 | 1405 |
| DD브랜드 | 123 | 371 | 94 | 406 | 136 | 248 | 182 | 397 | 121 | 2078 |
| EE브랜드 | 301 | 77 | 176 | 181 | 321 | 188 | 233 | 73 | 370 | 1920 |
| FF브랜드 | 49 | 152 | 72 | 142 | 78 | 81 | 88 | 129 | 62 | 853 |
| Active Margin | 1002 | 1002 | 1002 | 1002 | 1002 | 1002 | 1001 | 1002 | 1002 | 9017 |

**Summary**

| Dimension | Singular Value | Inertia | Chi Square | Sig. | Proportion of Inertia Accounted for | Proportion of Inertia Cumulative | Confidence Singular Value Standard Deviation | Confidence Singular Value Correlation 2 |
|---|---|---|---|---|---|---|---|---|
| 1 | .487 | .238 | | | .711 | .711 | .008 | .152 |
| 2 | .242 | .059 | | | .176 | .887 | .010 | |
| 3 | .175 | .030 | | | .091 | .978 | | |
| 4 | .082 | .007 | | | .020 | .998 | | |
| 5 | .028 | .001 | | | .002 | 1.000 | | |
| Total | | .334 | 3013.517 | .000a | 1.000 | 1.000 | | |

a. 40 degrees of freedom

게 재현하지 못하며, 분석결과로 나타난 주요 통계지표를 바탕으로 포지셔닝 맵을 해석하는 것이 바람직하다는 것을 의미한다.

Summary 아래에는 Overview Row Points와 Overview Column Points가 제시되어 있다. 각 표에서 왼쪽에 있는 Score in Dimension이 브랜드와 속성별 포지셔닝 맵상에서 위치하게 되는 좌표 값들이다.

**Overview Row Points[a]**

| BRAND | Mass | Score in Dimension | | Inertia | Contribution | | | | |
| | | | | | Of Point to Inertia of Dimension | | Of Dimension to Inertia of Point | | |
| | | 1 | 2 | | 1 | 2 | 1 | 2 | Total |
|---|---|---|---|---|---|---|---|---|---|
| AA브랜드 | .226 | -1.079 | .433 | .140 | .539 | .175 | .917 | .074 | .991 |
| BB브랜드 | .080 | .883 | -.201 | .055 | .128 | .013 | .556 | .014 | .571 |
| CC브랜드 | .156 | .343 | -.334 | .019 | .038 | .072 | .465 | .220 | .685 |
| DD브랜드 | .230 | .651 | .456 | .063 | .200 | .198 | .751 | .183 | .934 |
| EE브랜드 | .213 | -.349 | -.761 | .044 | .053 | .509 | .284 | .672 | .956 |
| FF브랜드 | .095 | .462 | .289 | .013 | .041 | .033 | .772 | .150 | .923 |
| Active Total | 1.000 | | | .334 | 1.000 | 1.000 | | | |

a. Symmetrical normalization

**Overview Column Points[a]**

| ATTRIBUTE | Mass | Score in Dimension | | Inertia | Contribution | | | | |
| | | | | | Of Point to Inertia of Dimension | | Of Dimension to Inertia of Point | | |
| | | 1 | 2 | | 1 | 2 | 1 | 2 | Total |
|---|---|---|---|---|---|---|---|---|---|
| A1 | .111 | -.950 | .068 | .051 | .206 | .002 | .957 | .002 | .959 |
| A2 | .111 | .973 | .270 | .055 | .216 | .033 | .927 | .036 | .962 |
| A3 | .111 | -1.136 | .637 | .083 | .294 | .186 | .847 | .132 | .979 |
| A4 | .111 | .646 | .141 | .039 | .095 | .009 | .576 | .014 | .589 |
| A5 | .111 | .151 | -.812 | .023 | .005 | .302 | .053 | .757 | .809 |
| A6 | .111 | -.180 | .242 | .005 | .007 | .027 | .386 | .347 | .733 |
| A7 | .111 | -.145 | -.193 | .007 | .005 | .017 | .163 | .144 | .308 |
| A8 | .111 | .844 | .479 | .050 | .162 | .105 | .771 | .124 | .895 |
| A9 | .111 | -.202 | -.832 | .021 | .009 | .318 | .106 | .889 | .995 |
| Active Total | 1.000 | | | .334 | 1.000 | 1.000 | | | |

a. Symmetrical normalization

맨 아래에는 Row and Column Points라는 타이틀과 함께 포지셔닝 맵이 제시된다. 마케팅조사 실무에서는 여기에 나와 있는 포지셔닝 맵을 그대로 사용하지 않고 엑셀을 이용해 별도로 만드는 것이 일반적이다.

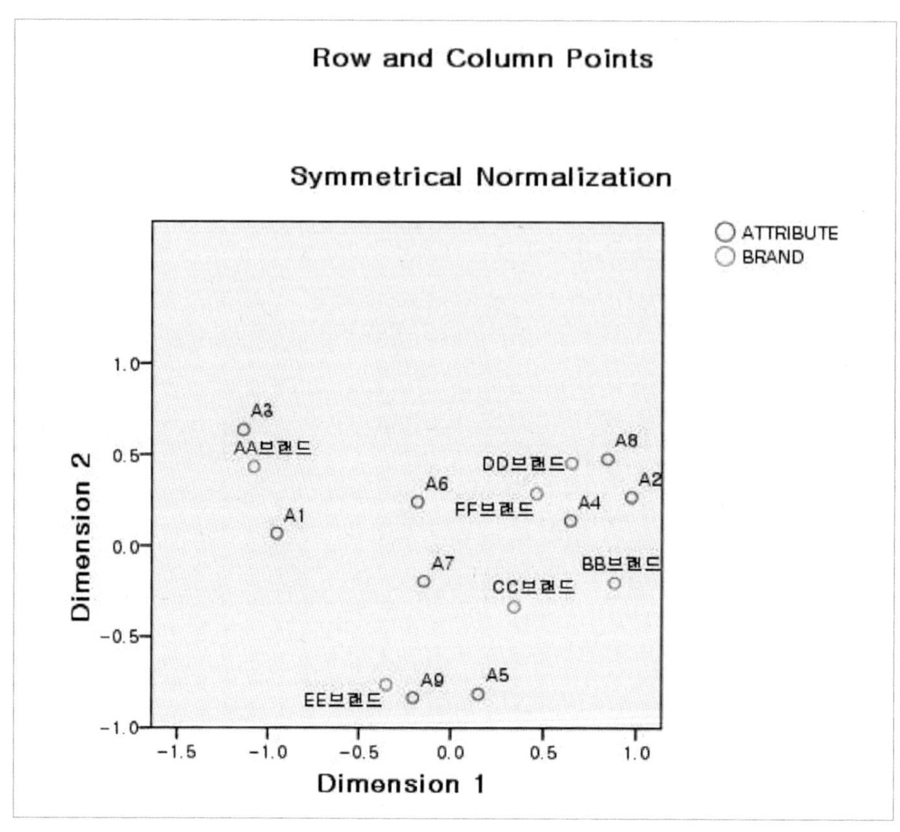



이제 엑셀에서 포지셔닝 맵을 새로 그리는 방법에 대해 살펴보자. Overview Row Points와 Overview Column Points에 있는 좌표 값들을 카피해서 엑셀에 붙여 넣기를 한다.

**Overview Row Points[a]**

| BRAND | Mass | Score in Dimension 1 | Score in Dimension 2 | Inertia | Contribution: Of Point to Inertia of Dimension 1 | Of Point to Inertia of Dimension 2 | Of Dimension to Inertia of Point 1 | Of Dimension to Inertia of Point 2 | Total |
|---|---|---|---|---|---|---|---|---|---|
| AA브랜드 | .226 | -1.079 | .433 | .140 | .539 | .175 | .917 | .074 | .9 |
| BB브랜드 | .080 | .883 | -.201 | .055 | .128 | .013 | .556 | .014 | .5 |
| CC브랜드 | .156 | .343 | -.334 | .019 | .038 | .072 | .465 | .220 | .6 |
| DD브랜드 | .230 | .651 | .456 | .063 | .200 | .198 | .751 | .183 | .9 |
| EE브랜드 | .213 | -.349 | -.761 | .044 | .053 | .509 | .284 | .672 | .9 |
| FF브랜드 | .095 | .462 | .289 | .013 | .041 | .033 | .772 | .150 | .9 |
| Active Total | 1.000 | | | .334 | 1.000 | 1.000 | | | |

a. Symmetrical normalization

What's This?
Cut
Copy
Copy Objects
Paste After
Create/Edit Autoscript
Export...
Results Coach
Case Studies
SPSS Pivot Table Object ▸

**Overview Column Points[a]**

| ATTRIBUTE | Mass | Score in Dimension 1 | Score in Dimension 2 | Inertia | Contribution: Of Point to Inertia of Dimension 1 | Of Point to Inertia of Dimension 2 | Of Dimension to Inertia of Point 1 | Of Dimension to Inertia of Point 2 | Total |
|---|---|---|---|---|---|---|---|---|---|
| A1 | .111 | -.950 | .068 | .051 | .206 | .002 | .957 | .002 | .959 |
| A2 | .111 | .973 | .270 | .055 | .216 | .033 | .927 | .036 | .962 |
| A3 | .111 | -1.136 | .637 | .083 | .294 | .186 | .847 | .132 | .979 |
| A4 | .111 | .646 | .141 | .039 | .095 | .009 | .576 | .014 | .589 |
| A5 | .111 | .151 | -.812 | .023 | .005 | .302 | .053 | .757 | .809 |
| A6 | .111 | -.180 | .242 | .005 | .007 | .027 | .386 | .347 | .733 |
| A7 | .111 | -.145 | -.193 | .007 | .005 | .017 | .163 | .144 | .308 |
| A8 | .111 | .844 | .479 | .050 | .162 | .105 | .771 | .124 | .895 |
| A9 | .111 | -.202 | -.832 | .021 | .009 | .318 | .106 | .889 | .995 |
| Active Total | 1.000 | | | .334 | 1.000 | 1.000 | | | |

파일(F) 편집(E) 보기(V) 삽입(I) 서식(O) 도구(T) 데이터(D) 창(W) 도움말(H)

돋움 11

O8

| | A | B | C | D | E | F | G | H | I | J | K |
|---|---|---|---|---|---|---|---|---|---|---|---|
| 1 | | | | | | | | | | | |
| 2 | | | | | | | | | | | |
| 3 | | Overview Row Points(a) | | | | | | | | | |
| 4 | | BRAND | Mass | Score in Dimension | | Inertia | Contribution | | | | |
| 5 | | | 1 | 2 | Of Point to Inertia of Dir | | Of Dimension to Inertia of Point | | | 1 | 2 |
| 6 | | | 1 | 2 | 1 | 2 | Total | 1 | 2 | 1 | 2 |
| 7 | | AA브랜드 | 0,225907 | -1,07855 | 0,433211 | 0,139624 | 0,539146 | 0,174981 | 0,917369 | 0,07357 | 0,990939 |
| 8 | | BB브랜드 | 0,080293 | 0,882606 | -0,20119 | 0,054806 | 0,128325 | 0,013414 | 0,55626 | 0,014368 | 0,570629 |
| 9 | | CC브랜드 | 0,155817 | 0,342538 | -0,33398 | 0,01916 | 0,037509 | 0,071734 | 0,465093 | 0,219789 | 0,684883 |
| 10 | | DD브랜드 | 0,230454 | 0,651083 | 0,456078 | 0,0634 | 0,200427 | 0,197845 | 0,751044 | 0,183193 | 0,934237 |
| 11 | | EE브랜드 | 0,212931 | -0,34901 | -0,76135 | 0,044483 | 0,053212 | 0,509416 | 0,284193 | 0,672279 | 0,956472 |
| 12 | | FF브랜드 | 0,094599 | 0,461749 | 0,289008 | 0,01273 | 0,041381 | 0,032611 | 0,772276 | 0,150389 | 0,922666 |
| 13 | | Active Total | 1 | | | 0,334204 | 1 | 1 | | | |
| 14 | | a | Symmetrical normalization | | | | | | | | |
| 15 | | | | | | | | | | | |
| 16 | | Overview Column Points(a) | | | | | | | | | |
| 17 | | ATTRIBUTE | Mass | Score in Dimension | | Inertia | Contribution | | | | |
| 18 | | | 1 | 2 | Of Point to Inertia of Dir | | Of Dimension to Inertia of Point | | | 1 | 2 |
| 19 | | | 1 | 2 | 1 | 2 | Total | 1 | 2 | 1 | 2 |
| 20 | | A1 | 0,111123 | -0,95025 | 0,068443 | 0,051124 | 0,205866 | 0,002148 | 0,956657 | 0,002467 | 0,959124 |
| 21 | | A2 | 0,111123 | 0,973247 | 0,270221 | 0,055371 | 0,21595 | 0,033489 | 0,926554 | 0,035506 | 0,96206 |
| 22 | | A3 | 0,111123 | -1,13583 | 0,636597 | 0,082522 | 0,294125 | 0,185865 | 0,846764 | 0,132222 | 0,978986 |
| 23 | | A4 | 0,111123 | 0,645684 | 0,140862 | 0,039223 | 0,095049 | 0,0091 | 0,575714 | 0,013621 | 0,589335 |
| 24 | | A5 | 0,111123 | 0,151045 | -0,81204 | 0,023467 | 0,005201 | 0,302431 | 0,052656 | 0,756545 | 0,809201 |
| 25 | | A6 | 0,111123 | -0,18035 | 0,242323 | 0,00456 | 0,007416 | 0,026931 | 0,386361 | 0,346716 | 0,733078 |
| 26 | | A7 | 0,111013 | -0,14495 | -0,19327 | 0,006962 | 0,004785 | 0,017114 | 0,163282 | 0,144303 | 0,307585 |
| 27 | | A8 | 0,111123 | 0,843655 | 0,478967 | 0,049994 | 0,162269 | 0,105216 | 0,771113 | 0,123549 | 0,894661 |

엑셀에서 브랜드와 속성들의 이름과 좌표 값들만 남기고 나머지는 모두 삭제한 후 좌표 값을 블록으로 지정한 뒤 분산형 그래프를 그린다.

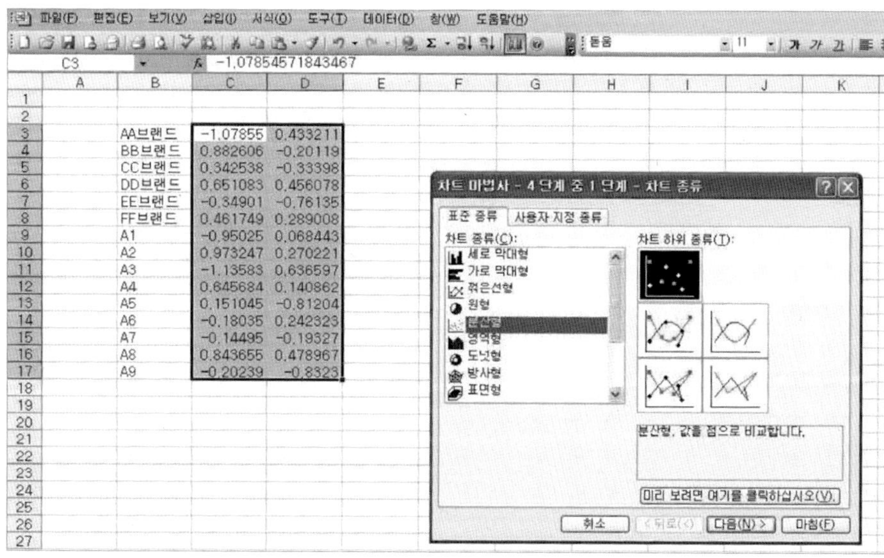

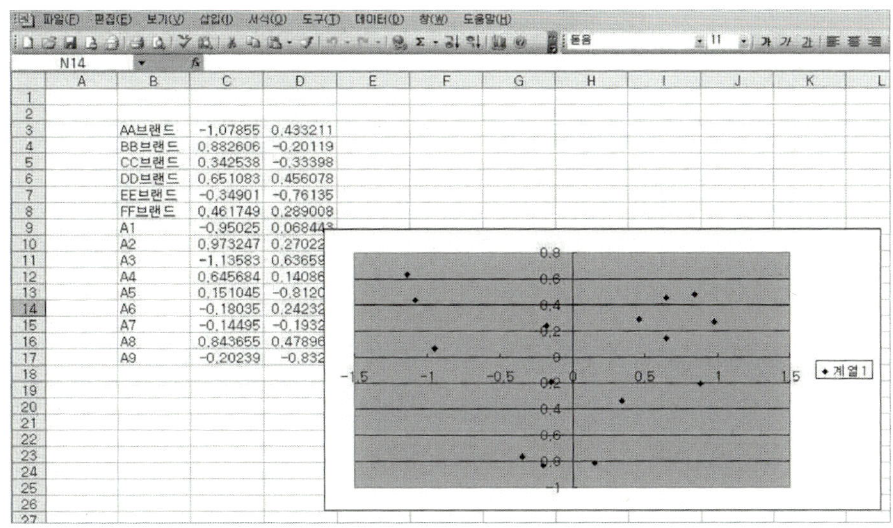

그려진 분산형 그래프를 편집해서 최종적으로 포지셔닝 맵 형태로 만든다.

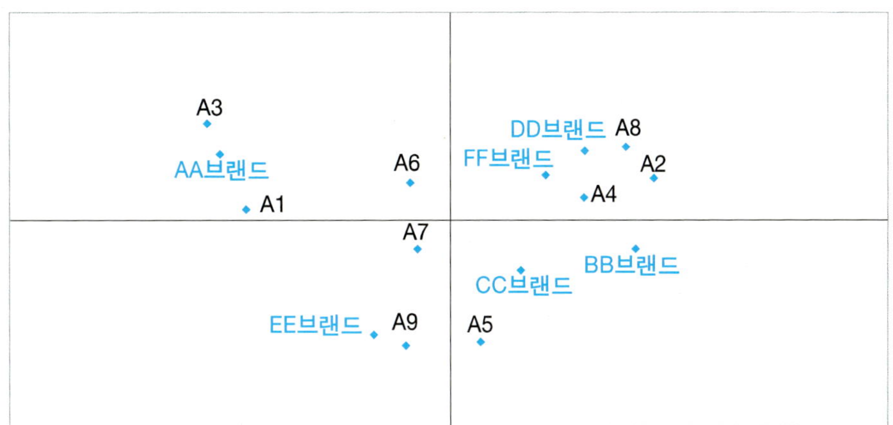

이제 포지셔닝 맵에 대한 해석을 해 보자. 통계학과 마케팅조사 실무에서 맵을 해석하는 기준은 다소 차이가 있다. 통계학은 보다 보수적이고 추상적으로 해석하는 반면, 조사 실무에서는 보다 구체적으로 해석하는 경향이 강하다. 본서에서는 최소한의 원칙을 바탕으로 마케팅조사 실무를 기준으로 해석함으로써 왜곡된 결론을 내리지 않도록 하겠다.

우선 포지셔닝 맵에 대한 해석은 맵 그 자체로만 해석해서는 안 되며, 앞서 맵을 도출하기 위해 사용된 교차집계표에 있는 숫자를 기준으로 해석해야 한다. 상기 포지셔닝 맵 도출을 위해 활용된 비율 및 사례 수 기준 교차집계표를 다시 살펴보자. 여기서 우선 속성을 기준으로 해당 속성에 가장 많이 응답된 브랜드를 한 개씩 체크한다. 맛(A6)과 건강(A7)의 경우 2개 혹은 3개 브랜드의 응답비율이 크게 차이가 나지 않으므로 이런 경우 해당 브랜드를 모두 체크한다. 맵을 보기 전에 방금 체크한 내용을 기준으로 먼저 해석을 해 보자. 브랜드 중에서는 AA · DD · EE가 여러 속성에 걸쳐 다른 브랜드에 비해 응답률이 높은 반면, BB · CC · FF는 타 브랜드 대비 높게 응답된 속성이 없다. 브랜드별로는 AA-친근감(A1) · 개성(A3), DD-신뢰(A2) · 잘 어울림(A4) · 용기디자인(A8), EE-신선한 느낌(A5) · 쉽게 구함(A9)이 각각 타 브랜드 대비 많은 차이로 응답률이 높아 우수하게 평가되었다. 맛(A6) 속성은 브랜드 AA와 DD, 건강(A7) 속성은 브랜드 AA, CC, EE의 응답률이 비슷해서 이들 브랜드 간 경쟁구도가 형성되어 있다.

**각 브랜드의 속성별 평가 응답률(%)**

| 구분 | ＡＡ브랜드 | ＢＢ브랜드 | ＣＣ브랜드 | ＤＤ브랜드 | ＥＥ브랜드 | ＦＦ브랜드 |
|---|---|---|---|---|---|---|
| 친근감(A1) | 45.6 | 1.2 | 6.0 | 12.3 | 30.0 | 4.9 |
| 신뢰(A2) | 2.9 | 17.4 | 19.9 | 37.0 | 7.7 | 15.2 |
| 개성(A3) | 57.7 | 1.4 | 6.8 | 9.4 | 17.6 | 7.2 |
| 잘 어울림(A4) | 4.3 | 3.0 | 20.0 | 40.5 | 18.1 | 14.2 |
| 신선한 느낌(A5) | 12.8 | 15.4 | 18.5 | 13.6 | 32.0 | 7.7 |
| 맛(A6) | 28.8 | 4.3 | 15.3 | 24.8 | 18.8 | 8.0 |
| 건강(A7) | 23.9 | 3.8 | 22.1 | 18.2 | 23.3 | 8.8 |
| 용기디자인(A8) | 8.3 | 18.4 | 13.6 | 39.6 | 7.3 | 12.8 |
| 쉽게 구함(A9) | 19.1 | 7.5 | 18.3 | 12.1 | 36.9 | 6.1 |

**각 브랜드의 속성별 평가 응답사례 수(명)**

| 구분 | ＡＡ브랜드 | ＢＢ브랜드 | ＣＣ브랜드 | ＤＤ브랜드 | ＥＥ브랜드 | ＦＦ브랜드 |
|---|---|---|---|---|---|---|
| 친근감(A1) | 457 | 12 | 60 | 123 | 301 | 49 |
| 신뢰(A2) | 29 | 174 | 199 | 371 | 77 | 152 |
| 개성(A3) | 578 | 14 | 68 | 94 | 176 | 72 |
| 잘 어울림(A4) | 43 | 30 | 200 | 406 | 181 | 142 |
| 신선한 느낌(A5) | 128 | 154 | 185 | 136 | 321 | 78 |
| 맛(A6) | 289 | 43 | 153 | 248 | 188 | 81 |
| 건강(A7) | 239 | 38 | 221 | 182 | 233 | 88 |
| 용기디자인(A8) | 83 | 184 | 136 | 397 | 73 | 129 |
| 쉽게 구함(A9) | 191 | 75 | 183 | 121 | 370 | 62 |

교차집계표를 바탕으로 해석한 결과를 맵에 표시해 보면 다음과 같다. 우선 2차원 평면상에서 중심과 브랜드 및 속성에 해당되는 점을 연결해서 선을 연결한다. 포지셔닝 맵에서 브랜드와 속성의 점들은 통계적으로 벡터(Vector)의 의미가 있어서 단순히 점이 아니라 중심으로부터의 거리와 방향을 나타낸다. 그래서 중심과 해당 점을 연결하는 선을 그어서 표현해 줌으로써 보다 해석이 용이해진다. 다음으로 교차집계표에서 브랜드별로 한 개만 체크된 속성을 해당 브랜드와 같이 묶어 본다. 그러면 아래 그림과 같은 형태가 될 것이다.

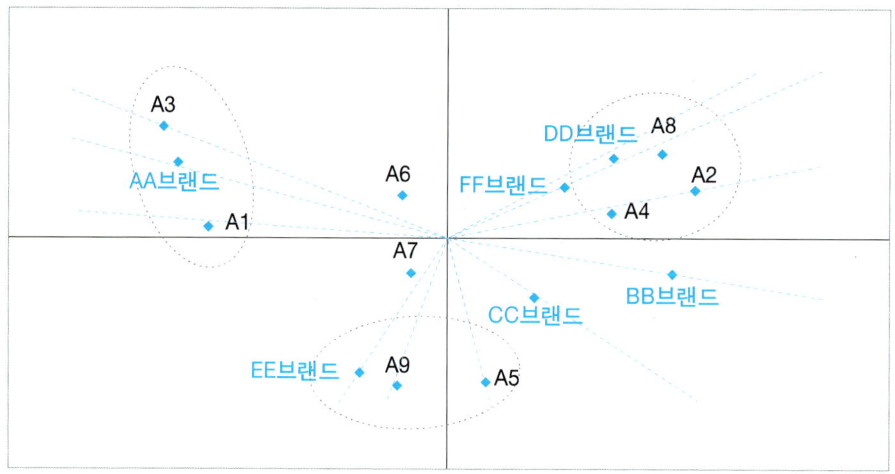



교차집계표와 포지셔닝 맵을 비교해 가면서 다시 한 번 살펴보자. 우선 브랜드별로 차별화가 큰 속성(응답비율이 높은 속성으로 A1, A3, A2, A8, A9)이 중심으로부터 거리가 먼 반면, 여러 브랜드 간 경쟁구도가 형성되어 있는 속성(A6, A7)은 중심에 가깝게 위치해 있음을 알 수 있다. 또한 브랜드별 차별화가 큰 속성이 해당 브랜드와 거리도 가깝고 중심부터 점까지 연결한 선 간의 각도 또한 작다는

것을 알 수 있다.

즉, 중심으로부터 거리가 멀면서 서로 인접해 있고, 중심부터 점까지 연결한 선들의 각이 작으면 작을수록 해당 브랜드가 해당 속성에 더 잘 포지셔닝되어 있다고 해석할 수 있다. 통계적으로 산출되는 포지셔닝 맵은 원래의 데이터를 바탕으로 도출되며, 단순화 및 시각화를 위해 원래 데이터를 100% 반영하지 못하고 일부 데이터의 손실을 가져오게 된다. 따라서 포지셔닝 맵을 해석할 때는 맵 그 자체로만 해석해서는 안 되며, 반드시 맵 도출에 사용된 원래 데이터를 기준으로 해석하는 습관을 들여야 한다. 간혹 실무에서는 원래 데이터는 무시한 채 포지셔닝 맵에만 의존해서 왜곡되게 해석하는 경우가 있다. 아래 그림에서도 FF브랜드는 DD브랜드, A4 속성과 시각적으로 보이는 거리가 가까워 A4를 놓고 DD와 FF가 경쟁구도를 형성하고 있는 것처럼 나타나지만, 교차집계표로 보면 전혀 그렇지 않다.

다시 한 번 강조하지만, 모든 통계분석은 원래 데이터를 바탕으로 하므로 분석에 사용된 데이터와 분석결과가 달라질 수 없으며, 특히 많은 통계분석방법이 원래 데이터에서 일부를 손실시키면서 분석결과를 도출하게 되므로 통계분석 결과만을 맹신하여 원래 데이터와 상반되게 해석하는 누를 범해서는 안 된다. 많은 통계학자들이 가장 좋은 통계분석기법으로 빈도분석을 언급하는 것도 이러한 이유 때문이다. 포지셔닝 맵과 같은 시각화 기법의 경우 단순화를 위해 원래 데이터에서 일부의 손실을 야기시키면서 분석을 하게 되므로 결과 해석 시 맵에만 의존해서는 절대 안 된다. 그리고 결과를 제시할 때도 포지셔닝 맵만 제시하지 말고 반드시 원래 데이터(예 : 교차집계표)와 같이 보여주어야 한다.

## (3) 대응분석 활용과 응용

마케팅조사 실무에서 대응분석을 활용할 때 주의해야 할 점과 응용방법에 대해 간략하게 살펴보자.

### 가. 활용 시 주의사항

대응분석을 위한 데이터는 응답비율 또는 응답사례 수 둘 다 무방하다. 단, 분석결과의 일관성 및 해석 관점에서는 응답비율로 분석하는 것이 사례 수로 분석하는 것보다 여러 면에서 더 유리하다. 조사 실무에서는 모든 응답결과를 비율로 계산해서 해석하므로 분석결과의 일관성을 위해서 응답비율로 분석을 시행하는 것이 효과적이다.

일부에서는 간혹 평균 점수를 사용해 대응분석을 실시하는 경우가 있는데 이는 잘못된 것이다. 대응분석은 기본적으로 응답사례 수를 사용해 분석하는 Chi-square를 기반으로 하고 있기 때문에 5점이나 7점 혹은 100점 만점의 환산 점수를 이용해 대응분석을 실시하게 되면 분석결과가 왜곡될 뿐만 아니라 원래 데이터와도 일관성이 떨어져 분석결과의 해석에 있어 혼란을 야기한다. 앞서 언급한 바와 같이 평균 점수를 사용해 포지셔닝 맵을 분석하고자 하는 경우에는 Biplot을 사용해야 하며, 비율자료인 경우에는 대응분석을 실시해야 한다.

### 나. 대응분석의 응용

마케팅조사 실무에서는 대응분석을 주로 포지셔닝 맵의 도출에만 활용하지만, 교차집계표 형태로 된 비율자료라면 어떤 것에든 활용할 수 있다. 마케팅조사 결과를 숫자로만 제시하다 보면 눈에도 잘 들어오지 않고 쉽게 결과를 알기도 어려울 때가 있으므로 대응분석을 활용해서 시각화하여 한눈에 교차집계표의 결과를 확인할 수 있다.

예를 들어, 제품 구입 시 가장 중요하게 고려하는 요소를 품질, 디자인, 가격, 브랜드 등 4개의 보기를 주어 응답받은 결과를 연령별, 직업별 등의 응답자 특성별로 분석한다고 가정해 보자. 이때 단순하게 교차집계표 형태로 된 표로 보여주는 것보다 아래와 같이 대응분석을 실시해서 시각화하는 것이 훨씬 더 효과적일 수 있다. 단, 이 경우에도 결과의 해석은 반드시 교차집계표에 있는 응답비율을 바탕으로 해야 한다.

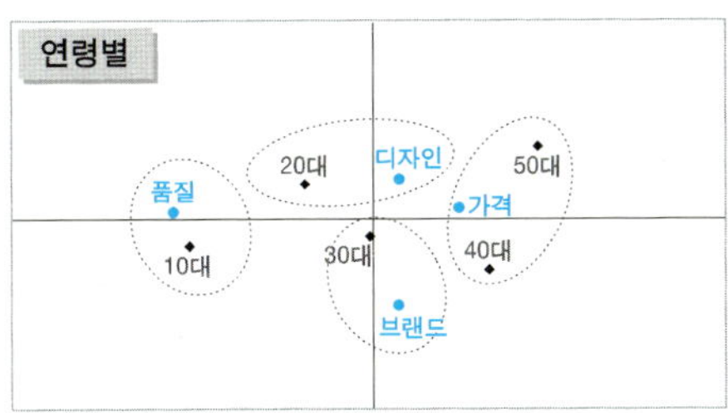


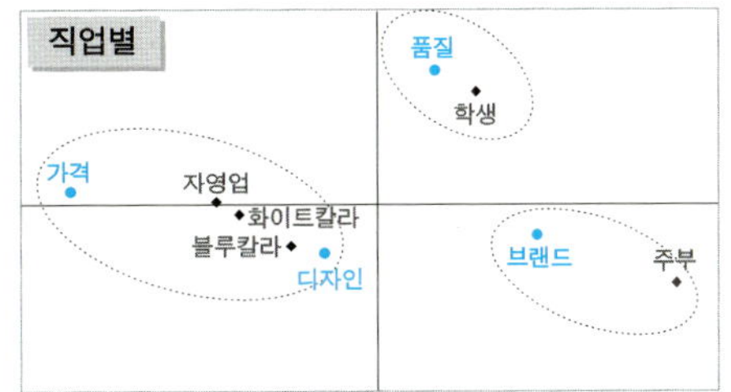


## (4) 최적화 척도법의 활용

대응분석은 2개의 변수(문항) 간의 관계를 시각화하는 기법으로 단순 대응분석이다. 3개 이상으로 된 변수(문항)들의 관계를 시각화하기 위해서는 SPSS의 최적화 척도법을 사용해야 한다.

마케팅조사 실무에서는 시각화 기법을 주로 브랜드와 속성으로 구성된 브랜드 이미지 포지셔닝 맵을 도출하는 데 활용하므로 3개 이상의 변수(문항)를 시각화할 일은 거의 없다. 그래서 최적화 척도법은 대응분석의 응용에서 살펴본 응답자 특성별 교차분석을 시각화하는 데 활용할 수 있으며, 원래 데이터의 손실이 상대적으로 커서 결과를 해석하기에 애매한 경우가 많아 실무에서는 거의 사용되지 않는다.

최적화 척도법을 실제로 시행해서 보다 자세하게 살펴보도록 하자. 먼저 제품 구입 시 중요 고려 요소에 대한 연령별 · 직업별 응답결과를 분석데이터로 활용한다.

| 최적화 척도법 분석을 위한 데이터 예시(%) | | | | |
| --- | --- | --- | --- | --- |
| 구분 | 가격 | 품질 | 디자인 | 브랜드 |
| 전체 | 10.9 | 18.2 | 54.2 | 16.7 |
| 20대 | 16.1 | 18.6 | 50.8 | 14.5 |
| 30대 | 7.0 | 20.2 | 54.0 | 18.8 |
| 40대 | 8.0 | 14.7 | 60.0 | 17.3 |
| 자영업 | 8.8 | 13.1 | 53.3 | 24.8 |
| 블루칼라 | 6.3 | 18.8 | 58.6 | 16.4 |
| 화이트칼라 | 13.0 | 22.6 | 49.6 | 14.8 |
| 주부 | 9.7 | 14.5 | 59.7 | 16.1 |
| 학생 | 18.8 | 23.8 | 48.5 | 8.9 |

SPSS – Analyze – Data Reduction – Optimal Scaling을 순서대로 선택한다.

창에서 상단에 있는 Optimal Scaling Level은 All variables multiple nominal을 선택하고, 아래에 있는 Number of Sets of Variables에는 Mutiple sets를 선택한 다음, Define을 누른다.

참고로 여기서 지정은 데이터 형태에 따라 달라진다. 마케팅조사 실무에서는 자료처리의 편의성을 위해 대부분의 경우 yes, no의 명목형 질문도 여러 개의 보기가 있는 것처럼 일련의 숫자로 처리하여 Multiple Nominal이 된다. 만약, 입력자료가 0과 1로 구성된 자료인 경우에는 여기서 반대로 지정한다. 그러면 Selected Analysis에서 Multiple Correspondence Analysis가 활성화된다. 데

이터 형태에 따라 지정을 달리할 뿐 분석로직이 동일하므로 분석결과 또한 동
일하다.

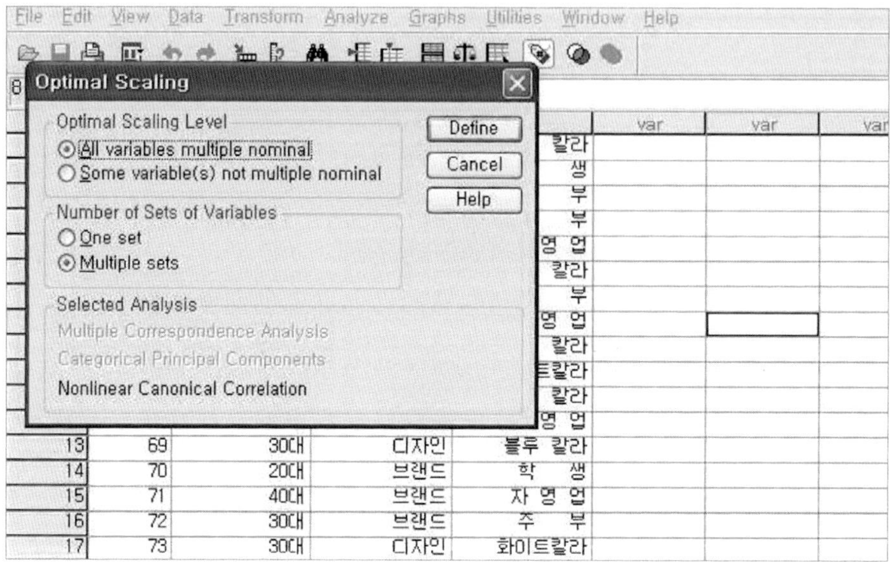

분석 창에서 왼쪽에 있는 변수들을 오른쪽 Variables에 하나씩 투입한 후 바
로 아래에 있는 Define Range and Scale을 선택한다. 그러면 작은 창이 하나
뜨는데 여기서 데이터 입력형태와 데이터 범위를 지정해 준다. 앞서 언급한 바
와 같이 마케팅조사 실무에서는 대부분의 경우 Multiple Nominal 형태로 자료
가 입력되므로 다음에서도 이와 같이 지정하였다.

한 변수에 대한 지정이 끝나면 창의 맨 위 오른쪽에 있는 'Next'를 선택한 후
다음 변수를 투입해서 동일하게 지정해 주는 절차를 모두 거친 후 OK를 클릭해

서 분석을 실행한다.

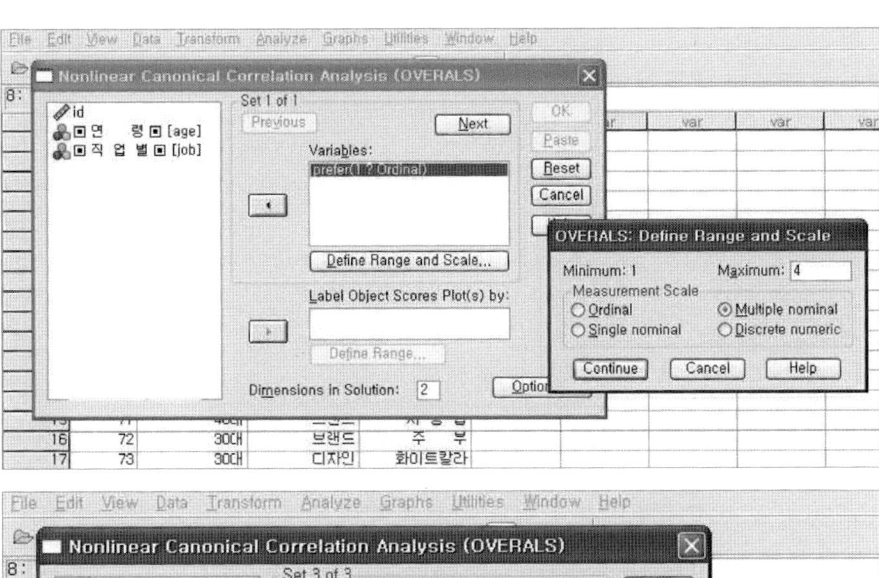

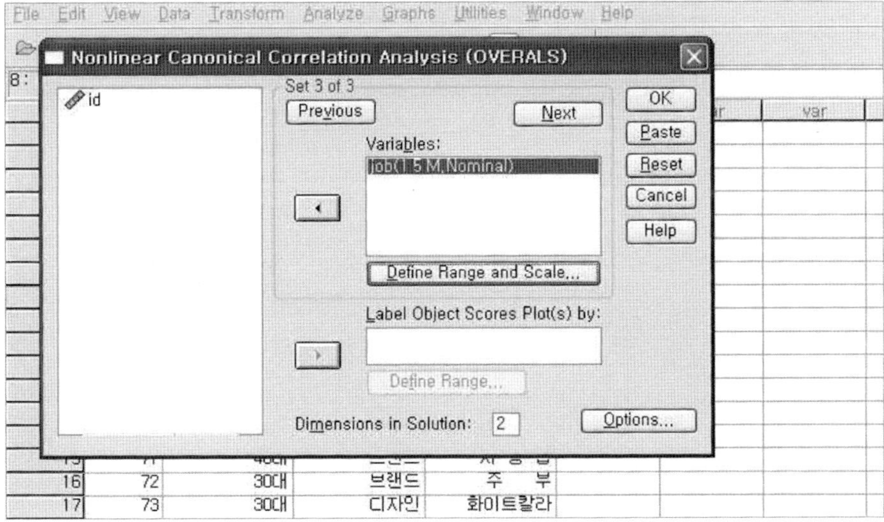

Output 창에서 중간쯤에 보면 Quantifications라는 타이틀로 변수별 그래프
의 좌표 값이 각각 제시된다. 각 표를 하나씩 선택해서 대응분석에서와 같이 엑
셀에 붙여 넣는다.

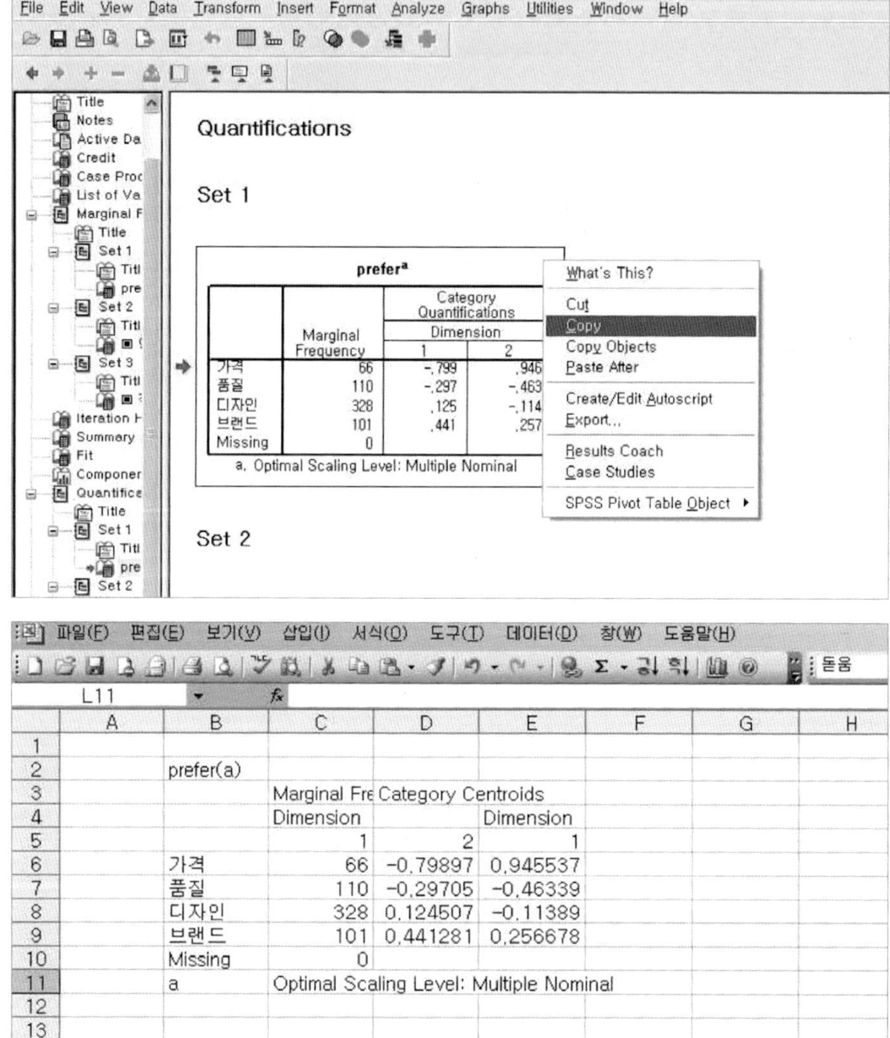

엑셀에서 붙여 넣은 내용들 중 좌표 값들을 제외하고 모두 지운 후 좌표 값을 블록으로 지정하여 분산형 그래프를 만들고, 그래프를 포지셔닝 맵 형태로 편집한다.

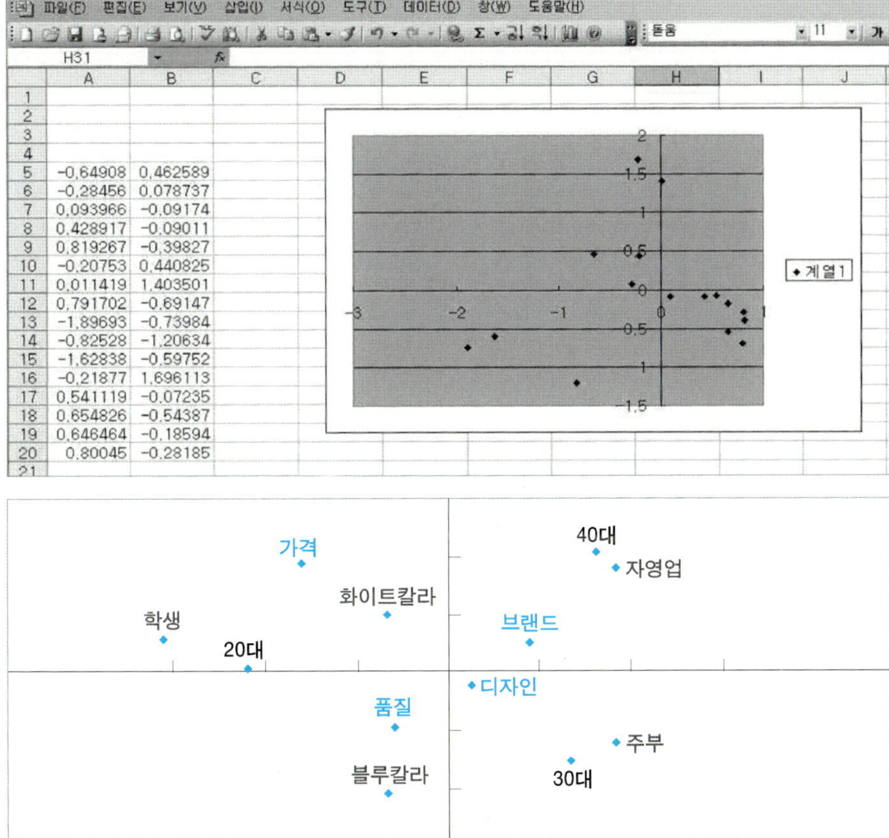



최적화 척도법도 대응분석에서와 마찬가지로 포지셔닝 맵 자체가 아닌 교차 분석 결과를 바탕으로 해석해야 한다. 앞서 언급한 바와 같이 최적화 척도법에

서는 3개 이상으로 된 변수들의 관계를 2차원 평면상에 나타내다 보니 두 개의 변수로 분석하는 대응분석에 비해 데이터 손실이 더 커 시각화 결과가 왜곡될 가능성이 높다. 이러한 이유로 마케팅조사 실무에서는 최적화 척도법을 활용한 맵핑은 거의 활용하지 않는 것이 일반적이다.

## 9. 컨조인트 분석

컨조인트 분석은 제품이나 서비스를 구성하는 요소들을 여러 조합으로 만들어 조합별 고객의 선호순서를 받은 후 이를 이용해 제품/서비스 구성요소들의 효용을 도출하는 분석기법이다. 제품/서비스를 구성하는 요소별(예 : 브랜드, 품질/기능, 가격 등)로 소비자가 부여하는 가치를 계산함으로써 구매의사결정 시의 상대적인 영향력을 파악할 수 있다. 또한, 소비자가 가장 이상적으로 생각하는 제품/서비스를 현실적으로 구현하기 어려운 경우 컨조인트 분석 결과를 통해 차선의 제품/서비스 조합을 알 수 있다는 장점이 있다. 마케팅조사 실무에서는 신제품/서비스 개발 시 최적 조합의 도출, 제품/서비스 구성요소별 소비자가 부여하는 중요도의 계산을 위해 컨조인트 분석을 널리 활용한다.

### (1) 제품/서비스 속성 및 수준 결정

컨조인트 분석을 수행하기 위해 가장 먼저 해야 할 일은 평가하고자 하는 제품/서비스의 구성요소들을 어떤 것들로 할 것인가를 결정하는 것이다. 컨조인트 분석에서는 제품/서비스의 구성요소를 크게 속성(Attribute)과 속성의 하위

요소인 수준(Level)으로 구분한다. 속성은 소비자가 구매의사결정을 할 때 고려하는 요소들로서 휴대폰의 경우 브랜드·가격·화면크기·기능 등이 될 수 있고, 비누를 예로 들면 브랜드·향·색상·모양·크기 등을 말한다. 수준은 각 속성의 세부 구성요소를 의미하는 것으로 휴대폰의 예에서 브랜드라는 속성의 수준은 애니콜, 싸이언, 모토롤라 등이 해당된다. 속성과 속성의 수준을 조합한 것을 자극물(Stimulus)이라고 하는데, 하나의 자극물은 소비자 입장에서 볼 때 하나의 제품/서비스와 같다. 예를 들어 애니콜(브랜드), 50만 원(가격), 2.5인치 화면(화면크기), 무선인터넷(기능)으로 하나의 자극물이 구성될 수 있다. 컨조인트 분석은 소비자를 대상으로 응답받은 여러 자극물들에 대한 선호순위를 바탕으로 각 자극물에 속해 있는 제품/서비스의 속성과 수준에 대해 소비자가 부여하는 가치라고 할 수 있는 효용 값을 계산한다.

따라서 컨조인트 분석에서는 무엇보다 평가하고자 하는 제품/서비스의 속성과 수준을 어떤 것으로 할 것인지, 그리고 몇 개로 할 것인지를 사전에 결정해야 한다. 속성과 수준의 수가 너무 많아지게 되면 응답자들에게 응답을 받기가 어려워지며, 현실적으로 실현 불가능한 속성과 수준으로 구성하게 되면 분석결과가 의미가 없다. 속성과 수준은 일반적으로 4개 정도가 가장 적당한 것으로 알려져 있으며, 속성과 수준의 조합인 자극물의 경우 최대 25개를 넘지 않도록 하는 것이 좋다.

참고로 SPSS가 아닌 CBC(Choice-based Conjoint Analysis)라는 별도의 프로그램을 활용하면 속성과 수준의 수가 많아지더라도 분석하는 데는 큰 무리가 없다. 본 서에서 소개하는 SPSS를 이용한 컨조인트 분석은 전통적 방법

(Traditional)으로서 평가 대상이 되는 속성과 수준의 수에 비례하여 자극물의 수
가 늘어나게 되지만, CBC에서는 주어진 속성과 수준의 수에서 최적 조합을 구
해서 두 개의 자극물씩 제시해 소비자에게 응답을 받게 되므로 보다 현실적인
방법이라고 할 수 있다.

  속성과 수준을 구성할 때 한 가지 더 주의해야 할 점은 각 속성 간 혹은 수준
간 MECE(Mutually Exclusive, Collectively Exhaustive)가 되어야 한다는 것이다.
예를 들어 휴대폰을 구성하는 속성을 브랜드 · 가격 · 기능 · 부가기능으로 정할
경우 기능과 부가기능이 서로 중복될 수 있으며, 휴대폰의 가격 속성을 구성하
는 수준을 30만 원, 31만 원, 32만 원으로 잡게 되면 가격대 범위가 너무 좁아져
서 응답자가 구분하기 어렵게 된다. 본 서에서는 분석 예시를 위해 조깅화 제품
의 속성 및 수준을 아래와 같이 구성해 보았다.

| 조깅화 제품의 속성 및 수준 | | | | | |
| --- | --- | --- | --- | --- | --- |
| 수준 | 브랜드 | 소재 | 색상 | 가격 | 다이어트 기능 |
| 1 | N사 | 천 | 흰색 | 8만 원 | 있다 |
| 2 | A사 | 인조가죽 | 검정 | 10만 원 | 없다 |
| 3 | P사 | 가죽 | 핑크 | 12만 원 | – |

## (2) 질문문항의 구성

  컨조인트 분석은 속성과 수준으로 구성된 자극물에 대한 선호를 소비자로부

터 응답받은 데이터를 바탕으로 이루어진다. 따라서 제품/서비스의 속성과 수준이 결정되고 나면 제품 속성 및 수준을 바탕으로 응답자들에게 응답받을 자극물을 만들어야 한다. 조깅화 제품의 속성과 수준으로 만들 수 있는 자극물의 수는 총 162개(브랜드 3가지 × 소재 3가지 × 색상 3가지 × 가격 3가지 × 기능 2가지)가 된다. 그러나 현실적으로 162개에 대해 소비자로부터 선호도를 응답받는다는 것은 거의 불가능한 일이므로 컨조인트 분석에서는 자극물의 수를 과학적으로 줄이기 위해 직교배열(Orthogonal Array)이라는 방법을 사용한다.

먼저 SPSS를 이용해 조깅화 제품의 속성과 수준이라는 자극물을 직교배열로 도출하는 방법에 대해 살펴보자. SPSS를 실행한 후, Data 메뉴에 있는 Orthogonal Design을 선택하고, 하위 메뉴에서 Generate를 선택한다.

'Generate Orthogonal Design' 창에서 Factor Name 난에는 'Brand',
Factor Label 난에는 '브랜드'를 각각 입력하고 Add를 클릭하면 속성명이 지
정된다. 같은 방법으로 모든 속성의 이름을 달아준다.

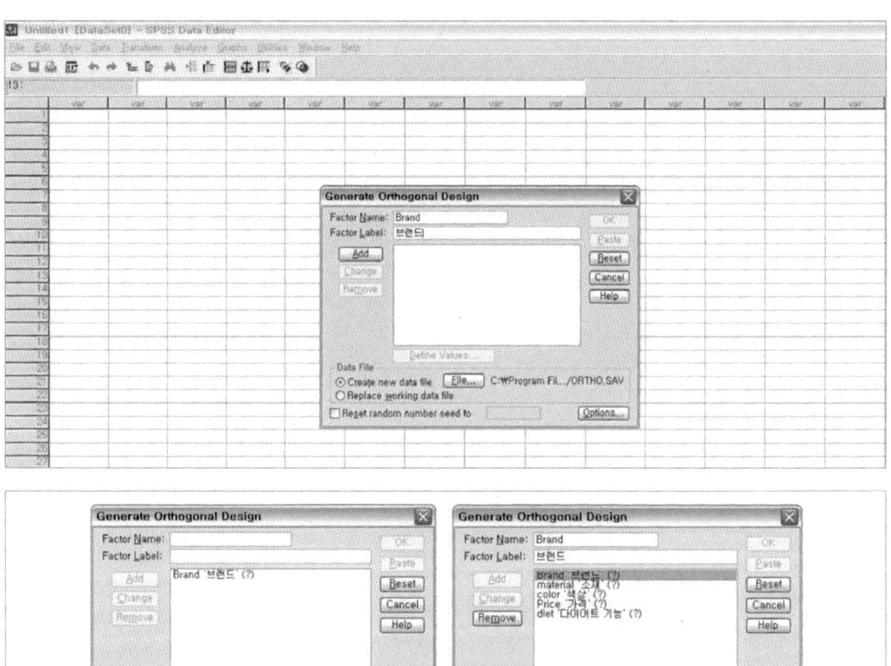

다음으로 속성별 수준을 지정하기 위해 앞서 지정한 각 속성을 하나씩 선택해
서 분석 창의 아래에 있는 Define Values를 클릭하면 각 수준의 값과 수준의 이
름을 입력할 수 있는 창이 열린다. 브랜드 속성의 구성수준인 N사, A사, P사를

각 난에 입력하고 Continue를 누르면 수준이 입력된다. 동일한 방식으로 모든 속성에 대해 수준 값과 이름을 입력해 준다.

속성별 수준의 입력이 완료되면, 분석 창 아래에 있는 File을 클릭해서 파일을 저장한다. 여기서 경로를 지정하지 않으면 C:\SPSS\ORTHO.SAV에 저장이 된다. 이 작업을 할 때마다 C:\SPSS\ORTHO.SAV로 덮어쓰게 되므로 속성과 수준을 지정한 후  파일을 다른 폴더에 저장하거나 파일명을 바꾸어 저장하는 것이 바람직하다.

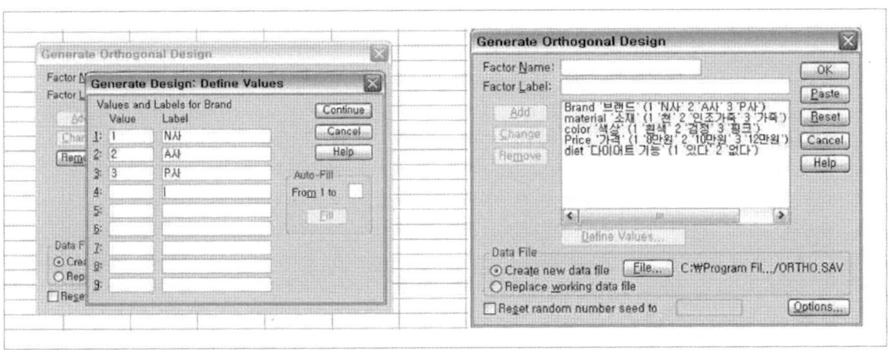

파일 저장경로를 지정한 후 분석 창의 맨 아래에 있는 Option을 선택하면 새로운 창이 열린다. 이 창에서 가운데에 있는 Number of holdout cases는 분석 결과의 신뢰성을 검증하기 위해 별도의 자극물을 만들게 하는 기능이며, 위쪽

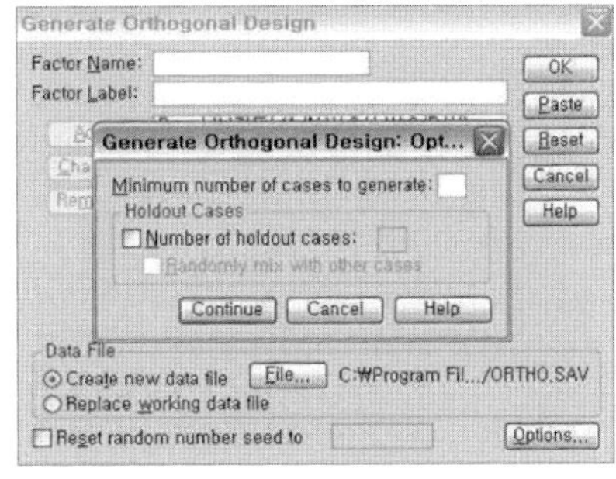

에 있는 Minimum number of cases to generate는 최소 자극물 수를 지정해

주는 기능으로 굳이 지정하지 않아도 프로그램에서 자동으로 생성해 주므로 Number of holdout cases를 사용하지 않는 경우 굳이 옵션을 선택하지 않아도 된다. 실제로 마케팅조사 실무에서 이 기능은 거의 사용하지 않으므로 참고로 만 알아두도록 하자.

앞서 옵션에서 카드 수를 지정하지 않은 상태로 생성된 ORTHO.SAV 파일을 열어 보면 아래와 같다. 여기서 속성별로 1.00, 2.00 등의 값은 앞서 지정한 해 당 속성의 수준을 의미한다. STATUS_에는 모두 '0'으로 채워져 있는데 이는 분석용 일반 카드(자극물)를 의미한다. Number of holdout cases에 체크하고 숫자를 입력했다면 STATUS_에는 검증용 카드(자극물)를 의미하는 '1'이 입력 되게 된다.

| | Brand | material | color | Price | diet | STATUS_ | CARD_ | var | var |
|---|---|---|---|---|---|---|---|---|---|
| 1 | 3.00 | 3.00 | 1.00 | 3.00 | 2.00 | 0 | 1 | | |
| 2 | 2.00 | 2.00 | 1.00 | 2.00 | 1.00 | 0 | 2 | | |
| 3 | 1.00 | 3.00 | 3.00 | 2.00 | 2.00 | 0 | 3 | | |
| 4 | 2.00 | 1.00 | 2.00 | 3.00 | 2.00 | 0 | 4 | | |
| 5 | 1.00 | 1.00 | 1.00 | 2.00 | 2.00 | 0 | 5 | | |
| 6 | 1.00 | 1.00 | 1.00 | 3.00 | 1.00 | 0 | 6 | | |
| 7 | 2.00 | 1.00 | 3.00 | 1.00 | 2.00 | 0 | 7 | | |
| 8 | 1.00 | 2.00 | 3.00 | 3.00 | 1.00 | 0 | 8 | | |
| 9 | 3.00 | 2.00 | 1.00 | 1.00 | 2.00 | 0 | 9 | | |
| 10 | 3.00 | 1.00 | 2.00 | 2.00 | 1.00 | 0 | 10 | | |
| 11 | 1.00 | 1.00 | 1.00 | 1.00 | 1.00 | 0 | 11 | | |
| 12 | 2.00 | 3.00 | 1.00 | 1.00 | 1.00 | 0 | 12 | | |
| 13 | 1.00 | 1.00 | 1.00 | 1.00 | 2.00 | 0 | 13 | | |
| 14 | 3.00 | 1.00 | 3.00 | 1.00 | 1.00 | 0 | 14 | | |
| 15 | 1.00 | 2.00 | 2.00 | 1.00 | 2.00 | 0 | 15 | | |
| 16 | 1.00 | 3.00 | 2.00 | 1.00 | 1.00 | 0 | 16 | | |

이제는 직교배열로 생성된 자극물을 확인해 보자. SPSS의 Menu –
Orthogonal Design – Generate를 순서대로 클릭한 다음 분석 창에서 왼쪽에
있는 속성을 오른쪽의 Factors:로 옮긴 후 OK를 클릭한다.

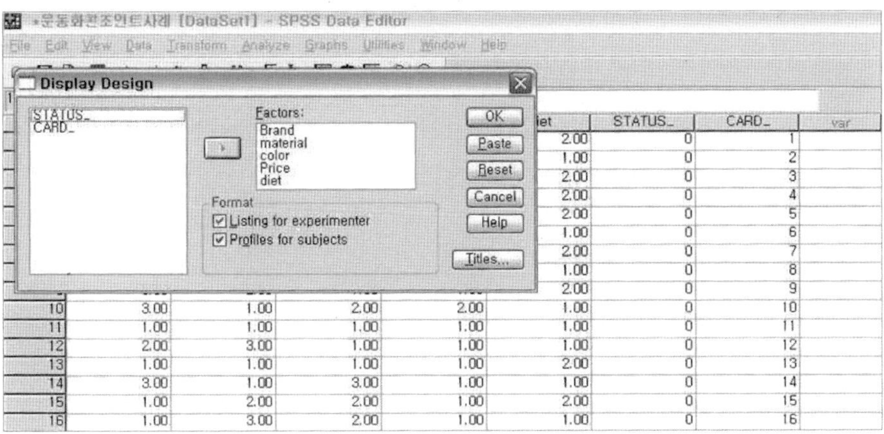

분석 Output 창에 아래와 같이 앞서 지정한 속성과 수준으로 도출된 자극물
리스트와 각 자극물이 제시된다.

　도출된 자극물을 이용해 질문문항을 구성하면 되는데 자극물에 대한 응답척도는 크게 순서척도(Rank Order)와 평가척도(Ratio Scale) 두 가지가 있다. 먼저 순서척도는 순서를 고정하고 자극물 번호를 응답받는 방법과 자극물을 고정하고 선호순서를 응답받는 방법이 있다. 순서를 고정하고 자극물 번호를 응답받는 방식은 면접원이 응답을 질문지에 받아 적는 과정에서 발생하는 오류를 줄일 수 있어 면접 방식에서 주로 사용되며, 자극물을 고정하고 선호순서를 응답받는 방법은 응답자가 전체 자극물을 보면서 순서를 기입하면 되므로 자기기입식 조사 방법에 주로 사용된다.



**면접원☞ 순서대로 카드 번호를 응답란에 기입하십시오.**

문) 다음의 상품 카드를 가장 마음에 드는 것부터 순서대로 1위부터 16위까지 선택해서 말씀해 주십시오.

| 1위 | 2위 | 3위 | 4위 |
|---|---|---|---|
| 카드 _______ | 카드 _______ | 카드 _______ | 카드 _______ |

| 5위 | 6위 | 7위 | 8위 |
|---|---|---|---|
| 카드 _______ | 카드 _______ | 카드 _______ | 카드 _______ |

| 10위 | 11위 | 12위 | 13위 |
|---|---|---|---|
| 카드 _______ | 카드 _______ | 카드 _______ | 카드 _______ |

| 14위 | 15위 | 16위 | 17위 |
|---|---|---|---|
| 카드 _______ | 카드 _______ | 카드 _______ | 카드 _______ |

문) 다음의 상품 카드를 잘 살펴보시고 가장 마음에 드는 것을 1위로, 가장 마음에 들지 않는 것을 16위로 분류한 뒤 선호순서를 응답란에 기입하여 주십시오.

| 카드 | 브랜드 | 소재 | 색상 | 가격 | 다이어트 기능 | 선호순위 |
| --- | --- | --- | --- | --- | --- | --- |
| 카드1 | P사 | 가죽 | 흰색 | 12만 원 | 없다 | 위 |
| 카드2 | A사 | 인조가죽 | 흰색 | 10만 원 | 있다 | 위 |
| 카드3 | N사 | 가죽 | 핑크 | 10만 원 | 없다 | 위 |
| 카드4 | A사 | 천 | 검정 | 12만 원 | 없다 | 위 |
| 카드5 | N사 | 천 | 흰색 | 10만 원 | 없다 | 위 |
| 카드6 | N사 | 천 | 흰색 | 12만 원 | 있다 | 위 |
| 카드7 | A사 | 천 | 핑크 | 8만 원 | 없다 | 위 |
| 카드8 | N사 | 인조가죽 | 핑크 | 12만 원 | 있다 | 위 |
| 카드9 | P사 | 인조가죽 | 흰색 | 8만 원 | 없다 | 위 |
| 카드10 | P사 | 천 | 검정 | 10만 원 | 있다 | 위 |
| 카드11 | N사 | 천 | 흰색 | 8만 원 | 없다 | 위 |
| 카드12 | A사 | 가죽 | 흰색 | 8만 원 | 있다 | 위 |
| 카드13 | N사 | 천 | 흰색 | 8만 원 | 없다 | 위 |
| 카드14 | P사 | 천 | 핑크 | 8만 원 | 있다 | 위 |
| 카드15 | N사 | 인조가죽 | 검정 | 8만 원 | 없다 | 위 |
| 카드16 | N사 | 가죽 | 검정 | 8만 원 | 있다 | 위 |

자극물의 수가 너무 많아 응답자가 선호순서를 정하는 데 어려움을 겪을 경우에는 평가척도를 사용한다. 평가척도는 5점, 7점, 10점, 100점 등 목적에 따라 선택할 수 있다. 마케팅조사 실무에서는 각 자극물의 선호순서를 정하는 순서 척도를 가장 널리 활용하고 있다.

## (3) 컨조인트 분석의 실행

선호순서로 응답받은 데이터를 이용해 컨조인트 분석을 실행해 보자. SPSS
에서 자극물을 생성하는 기능은 메뉴로 제공되어 있지만, 컨조인트 분석은 명
령어를 직접 입력하는 Syntax로 해야 한다. SPSS 메뉴에서 File – New –
Syntax 순으로 선택하고, 아래와 같이 명령문을 입력한 후, 이름을 지정(예 : '운
동화 컨조인트 프로그램.sps' )한 후 파일을 저장한다.

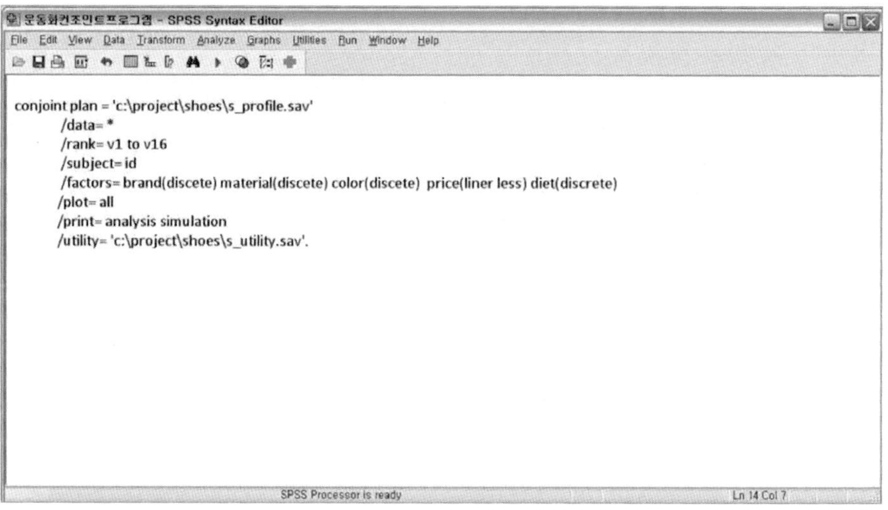



상기 명령어에서 '/factors=' 에 브랜드, 재료, 색상 등은 명목형 데이터이므
로 Discrete로 지정한 반면, 가격 속성은 연속형 데이터이면서 일반적으로 소비
자들이 낮은 가격을 더 선호하므로 Liner Less를 지정하였다. 예시에서는 제시
되지 않았지만, 수량과 같은 속성은 많으면 많을수록 선호하는 경향이 있으므

로 Liner More로 지정하면 된다.

'/rank=변수명…'은 문2)의 예시와 같이 자극물을 선호순서로 응답받은 경우에 지정하는 명령어이며, 문1)로 응답받은 경우에는 '/sequence=변수명…', 그리고 선호순서가 아니라 리커트형 척도로 응답된 경우에는 '/score=변수명' 으로 입력해야 한다. '/subject=id'는 개별응답자를 식별하는 id를 지정해 주어 추후 응답자별 분석결과를 제시하라는 의미이다. 컨조인트 분석에서 도출된 개인별 효용값은 추구편익에 의한 시장세분화의 기준 변수로 사용되기도 한다.

SPSS를 이용한 컨조인트 분석 시 사용되는 주요 명령어를 요약하여 아래와 같이 제시하오니 참고하기 바란다.

---

### 컨조인트 분석 명령어

CONJOINT PLAN= * (현재 창에 올라와 있는 컨조인트 설계 파일을 의미) 또는
분석할 컨조인트 설계 파일이 있는 경로와 파일명을 지정

/DATA= * (현재 창에 올라와 있는 컨조인트 데이터 파일을 의미) 또는
분석할 컨조인트 설계 파일이 있는 경로와 파일명을 지정

/SEQUENCE=변수 목록 (v1 to v16; 변수 v1부터 v16까지 선호하는 카드번호를 입력)
RANK=변수 목록 (v1 to v16; 변수 v1부터 v16을 카드로 보고 해당 선호순위를 입력)
SCORE=변수 목록 (v1 to v16; 변수 v1부터 v16을 카드로 보고 해당 선호점수를 입력)

/SUBJECT=변수명 (분석 단위가 되는 변수명을 지정)

/FACTORS=요인명(요인 성격)

    (discrete) 요인 특성이 명목으로, 수준의 값과 효용은 관계가 없음

    (liner less) 요인 특성이 선형으로 수준의 값이 작을수록 효용이 높음

    (liner more) 요인 특성이 선형으로 수준의 값이 클수록 효용이 높음

    (ideal) 요인의 수준 값에 이상점이 있어 방향에 상관없이 이상점으로

    부터 멀어질수록 효용이 낮아짐


/PLOT=ALL (중요도, 효용 값 등 주요 분석 결과를 그래프로 제시해 줌)


/PRINT=ALL (default로 이 부명령어를 지정하지 않으면 모든 결과물을 생성해 줌)

    ANALYSIS (분석 결과만을 결과물로 산출함)

    SIMULATION (시뮬레이션카드가 컨조인트 설계 파일에 포함되어 있는

    경우 1위 선택 확률 값(시장점유율)을 결과물로 생성해 줌)


/UTILITY=파일명(개인별 분석결과를 수록할 파일명과 경로를 지정)

앞서 입력한 명령어를 블록으로 잡고 SPSS 메뉴에서 Run – All을 선택하면 분석이 실행된다.

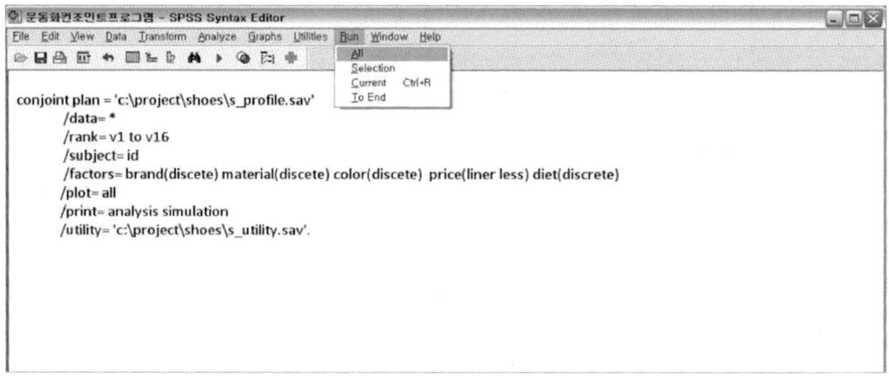

SPSS Output 창을 보면, 맨 위에 분석에 사용된 속성과 수준이 제시되어 있으며, 그 아래에는 속성별 중요도와 수준별 효용 값이 제시되어 있다. 분석결과를 하나하나 살펴보자.

우선 각 속성의 평균 중요도는 $\dfrac{\text{전체 속성의 효용 범위}}{\text{전체 속성의 효용 범위의 합}} \times 100$의 산식을 통해서 계산된 수치이다. 각 속성의 효용 범위는 브랜드 1.4606 [0.8246-(-0.6360)], 소재 2.4342 [(1.0175-(-1.4167)], 색상 3.0394 [1.0175-(-2.0219)], 다이어트 기능 0.8684 [0.4342-(-0.4342)], 가격 1.8277 [-0.9139-(-2.7416)]으로 전체 효용 범위의 합계는 9.0363(1.4606+2.4342+3.0394+0.8684+1.8277)이다. 따라서 브랜드 속성의 중요도는 15.17%(1.4606 / 9.0363 × 100), 소재 속성의 중요도는 25.28%(2.4342 / 9.0363 × 100)가 된다. 결국 효용의 범위가 커질수록 중요도도 비례하여 커짐을 알 수 있다. 즉, 소비자들이 운동화를 선택할 때 색상, 소재, 가격, 브랜드, 다이어트 기능 여부 등의 순으로 중요하게 생각한다는 것을 확인할 수 있다.

효용 값이 크다는 것은 그만큼 소비자가 더 선호한다는 것을 의미하므로 예시로 든 운동화 분석결과, 소비자들은 N사, A사, P사의 순으로 브랜드를 선호한다는 사실을 알 수 있다. 결론적으로 소비자들의 선호도를 극대화할 수 있는 운동화 상품의 최적 조합은 효용 값이 가장 큰 조합인 8만 원 가격의 N사 제품으로, 천소재로 만든 다이어트 기능이 있는 흰색 운동화이다.

참고로 속성이 Discrete인 경우 효용의 합계는 0이 되며, Liner Less는 음수 (-), Liner More인 경우는 양수(+)가 된다. 운동화 제품 분석결과에서 가격 속성이 Liner Less이므로 효용의 합이 음수 값으로 되어 있다. 분석 창의 맨 아래에 있는 Pearson's R과  Kendall's tau는 자극물별 선호순서와 분석결과인 효용 간의 상관관계를 나타내는 것으로, 본 사례에서는 Pearson's R = .973, Kendall's tau = .852로 매우 높은 수준이며, 통계적으로도 유의(Significance = .0000)하여 분석결과가 통계적으로 의미가 있음을 알 수 있다.

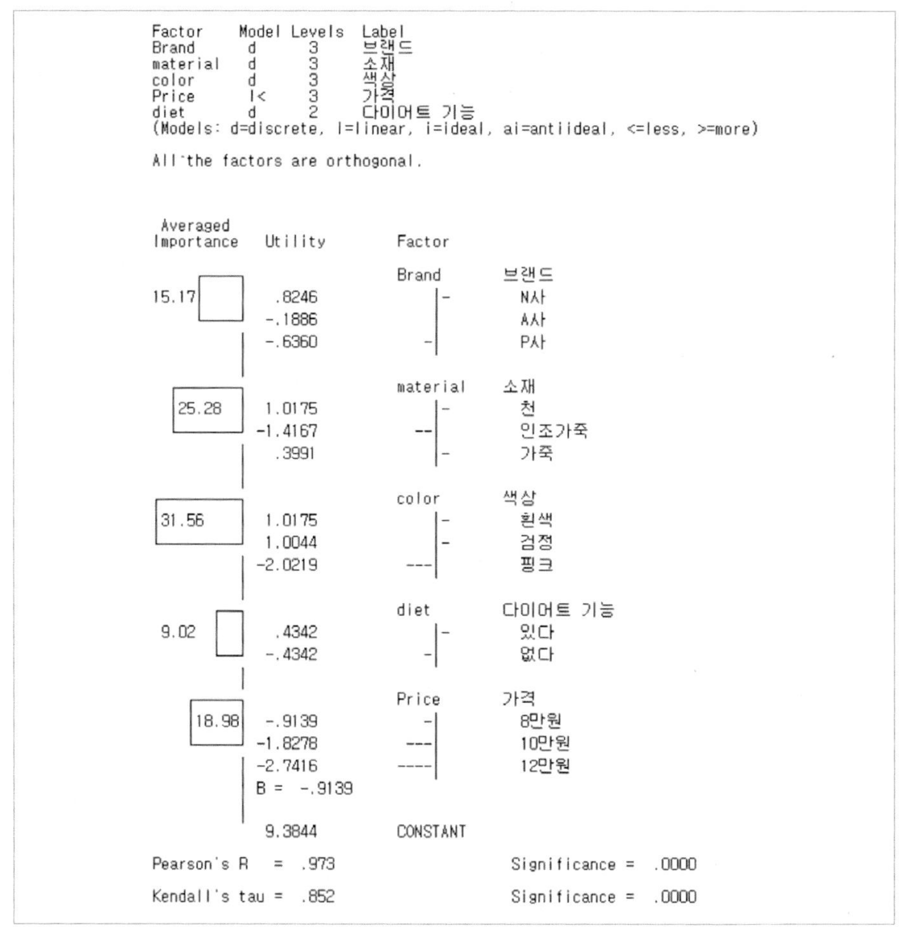

SPSS를 이용한 컨조인트 분석에서 "/plot=all" 명령어를 활용하면 아래와 같이 속성별 중요도와 속성별 수준 값을 그래프로 확인할 수 있다.

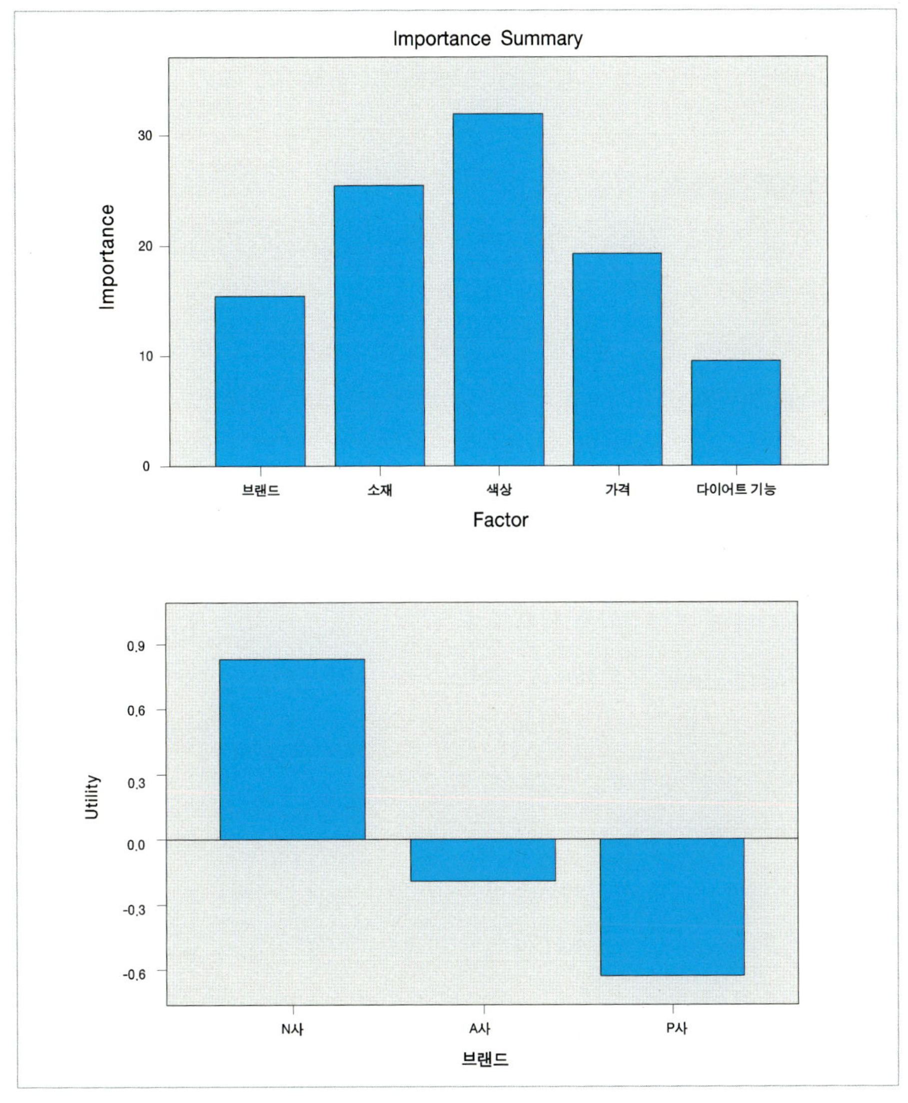

## (4) 컨조인트 분석의 활용

컨조인트 분석은 마케팅조사 실무에서 신제품/서비스 개발 전략을 수립하는 데 주로 활용된다. 특히 신제품이 시장에 출시될 경우 시장점유율 및 변화를 예측하거나 소비자의 추구편익인 효용 값을 이용해 시장을 세분화하는 데 유용하다.

### 가. 시장점유율 예측

컨조인트 분석을 통해 개인별로 가장 효용이 큰 제품/서비스가 무엇인지 알 수 있다. 그래서 개별 응답자가 자신에게 가장 효용이 큰 대안을 선택할 가능성이 크다면, 개인별 효용 값을 바탕으로 어떤 대안을 선택할 것인지를 예측해 볼 수 있는데, 이것을 Choice Simulation이라고 한다. 컨조인트 분석을 이용해 시장점유율을 예측하기 위해서는 우선 예측하고자 하는 제품/서비스의 수와 구성을 결정한 뒤 SPSS에서 생성한 자극물 파일에 삽입해야 한다.

운동화 제품의 분석결과를 활용해서 A사가 다이어트 기능을 부가한 신제품 운동화를 출시한다면 시장점유율이 어느 정도 될지를 예측해 보기로 한다. 이미 시장에 출시되어 있는 가장 대표적인 제품을 N사의 천 소재, 흰색, 다이어트 기능이 있는 12만 원짜리 제품과 P사의 천 소재, 흰색, 다이어트 기능이 있는 8만 원짜리 제품이라고 가정하고, A사의 신제품은 천 소재, 흰색, 다이어트 기능이 있는 10만 원짜리 제품으로 결정하였다고 하자. A사의 신제품이 시장에 출시되었을 때의 시장점유율 변화를 파악하기 위해 경쟁대상인 N사, P사, A사 제품의 속성과 수준을 앞서 SPSS에서 생성한 자극물 파일을 열어 맨 아래 행에 입력한다. 이때 STATUS_ 변수에는 시뮬레이션 카드를 의미하는 "2"를 입력하고,

CARD_에는 위에서부터 연결되는 일련번호를 입력한 후 저장하면 된다.

운동화콘조인트사례 [DataSet1] - SPSS Data Editor

| | Brand | material | color | Price | diet | STATUS_ | CARD_ |
|---|---|---|---|---|---|---|---|
| 1 | 3.00 | 3.00 | 1.00 | 3.00 | 2.00 | 0 | 1 |
| 2 | 2.00 | 2.00 | 1.00 | 2.00 | 1.00 | 0 | 2 |
| 3 | 1.00 | 3.00 | 3.00 | 2.00 | 2.00 | 0 | 3 |
| 4 | 2.00 | 1.00 | 2.00 | 3.00 | 2.00 | 0 | 4 |
| 5 | 1.00 | 1.00 | 1.00 | 2.00 | 2.00 | 0 | 5 |
| 6 | 1.00 | 1.00 | 1.00 | 3.00 | 1.00 | 0 | 6 |
| 7 | 2.00 | 1.00 | 3.00 | 1.00 | 2.00 | 0 | 7 |
| 8 | 1.00 | 2.00 | 3.00 | 3.00 | 1.00 | 0 | 8 |
| 9 | 3.00 | 2.00 | 1.00 | 1.00 | 2.00 | 0 | 9 |
| 10 | 3.00 | 1.00 | 2.00 | 2.00 | 1.00 | 0 | 10 |
| 11 | 1.00 | 1.00 | 1.00 | 1.00 | 1.00 | 0 | 11 |
| 12 | 2.00 | 3.00 | 1.00 | 1.00 | 1.00 | 0 | 12 |
| 13 | 1.00 | 1.00 | 1.00 | 1.00 | 2.00 | 0 | 13 |
| 14 | 3.00 | 1.00 | 3.00 | 1.00 | 1.00 | 0 | 14 |
| 15 | 1.00 | 2.00 | 2.00 | 1.00 | 2.00 | 0 | 15 |
| 16 | 1.00 | 3.00 | 2.00 | 1.00 | 1.00 | 0 | 16 |
| 17 | 1.00 | 1.00 | 1.00 | 3.00 | 1.00 | 2 | 17 |
| 18 | 3.00 | 1.00 | 1.00 | 1.00 | 1.00 | 2 | 18 |
| 19 | 2.00 | 1.00 | 1.00 | 2.00 | 1.00 | 2 | 19 |

Data View / Variable View

SPSS Processor is ready

SPSS가 생성한 자극물 파일을 저장한 후 앞서 분석한 컨조인트 분석 명령어를 열어서 실행을 하면 아래와 같은 시뮬레이션 결과를 얻을 수 있다.

**Preference Scores of Simulations[a]**

| Card Number | ID | Score |
|---|---|---|
| 1 | 17 | 9.937 |
| 2 | 18 | 10.304 |
| 3 | 19 | 9.837 |

a. Negative simulation scores or all zero simulation scores are found. This subject will not be included in computing preference probabilities using the Bradley-Terry-Luce or Logit methods.

시뮬레이션 결과에서 Card Number 1, 2, 3은 시뮬레이션 자극물을 식별하기 위해 SPSS프로그램에서 임의로 부여한 번호이며 ID는 SPSS에서 생성한 자극물 파일에서 CARD_변수에 부여한 번호이다. Score는 각 자극물에 대한 선호도 점수를 의미한다. 컨조인트 분석을 통해 응답자의 개인별 효용 값을 산출할 수 있으므로 시뮬레이션 자극물에 해당되는 속성의 수준에 대한 응답자 개인별 효용 값을 모두 합산하여 계산해 보면 3개의 시뮬레이션 자극물 중에서 응답자가 어떤 것을 가장 선호하는지 알 수 있다.

응답자별 총 효용 값을 계산하는 방식은 단순 합계방식과 속성 중요도를 가중치로 활용해 가중 평균하는 방식이 있다. 단순 합계방식은 Maximum Utility로서 예시로 든 3가지 제품 중에서 응답자가 선호하는 제품을 선택할 확률을 100%라고 가정하며, "Most Preferred Rule"이라고도 한다. 이 방식은 비교대상 자극물 간 선호도 점수의 차이에 따라 응답자의 구매가 실현될 확률이 다름에도 불구하고 가장 높은 선호도를 보인 자극물에 대한 실현율을 100%로 가정하는 문제점이 있다. 또한 컨조인트 분석을 위해 구성한 자극물의 속성과 수준 이외에는 응답자의 구매의사결정에 영향을 미치는 요소는 없는 것으로 가정한다. 단순 합계방식은 Maximum Utility의 이러한 단점을 극복하기 위해 확률적인 선택 모형인 BTL 모형과 로짓 모형을 시뮬레이션 분석결과로 같이 제시해 준다. BTL 모형은 총 효용 값에 상수를 가산해 주며, 로짓 모형은 지수 함수를 이용하므로 두 모형 간 분석결과 또한 서로 다르게 나타난다.

지금까지 언급한 세 가지 모형에 대한 시장점유율 예측 결과는 아래와 같다. 마케팅 조사 실무에서는 제품/서비스 유형에 따라 시장점유율 예측 모형을 선

택하게 되는데, 일반적으로 가구·전자제품·자동차·주택 등의 고관여 제품
인 경우에는 Maximum Utility를 적용하고, 생활용품·인스턴트식품 등과 같
은 저관여 제품의 경우 로짓 모형을 이용한다.

**Preference Probabilities of Simulations[b]**

| Card Number | ID | Maximum Utility[a] | Bradley-Terry-Luce | Logit |
|---|---|---|---|---|
| 1 | 17 | .0% | 33.0% | 29.9% |
| 2 | 18 | 100.0% | 34.3% | 43.1% |
| 3 | 19 | .0% | 32.7% | 27.0% |

a. Including tied simulations

b. y out of x subjects are used in the Bradley-Terry-Luce and Logit methods because these subjects have all nonnegative scores.

## 나. 시장세분화

컨조인트 분석 결과를 이용해서 시장을 세분화하는 방법은 크게 두 가지가 있
다. 첫째, 응답자의 인구통계나 이용 행태를 기준으로 먼저 시장을 세분화한 후
각 세분시장의 속성별 수준 효용 값을 이용해 분석하는 사전적 세분화와 효용
값을 시장세분화 변수로 활용해서 군집분석을 통해 시장을 나누는 사후적 세분
화가 있다. 마케팅조사 실무에서는 효용 값을 시장세분화 변수로 활용하는 사
후적 세분화 방법을 가장 널리 활용한다.

### a. 사전적 시장세분화

사전적 시장세분화는 성, 연령, 직업, 소득수준 등의 인구 통계적 특성과 구입
장소, 구입 시기, 구입량, 사용량 또는 사용 빈도 등의 이용 행태를 기준으로 시

장을 세분화한 후 세분시장별 속성의 수준별 효용의 평균값을 비교하는 방법이다. 사전적 시장세분화를 위해서는 먼저 어떤 변수를 기준으로 시장을 나눌 것인지를 결정해야 한다. 운동화 제품의 경우 남녀를 비교하기 위해서는 성별 변수를 선택해야 할 것이고, 운동화를 구입하는 장소(백화점, 대리점, 양판점 등)별로 분석하고자 하는 경우에는 장소를 분석변수로 선택하면 된다.

운동화 제품을 예로 들어 남녀 집단 간 비교를 위한 사전적 세분화를 실행해 보자. 앞서 분석한 SPSS Syntax에서 Select If 명령문을 이용해 남녀 집단별 속성 중요도 및 수준별 효용 값 평균을 도출하는 작업을 반복해야 한다. 이때 Select If 명령문으로 분석된 데이터 파일은 저장하지 말고 프로그램을 종료한 후, 데이터 파일을 다시 열어서 실행해야 한다는 점에 주의해야 한다. 만약에 대비해 생성된 데이터 파일의 원본은 항상 별도로 보관하는 습관을 들이는 것이 좋다.

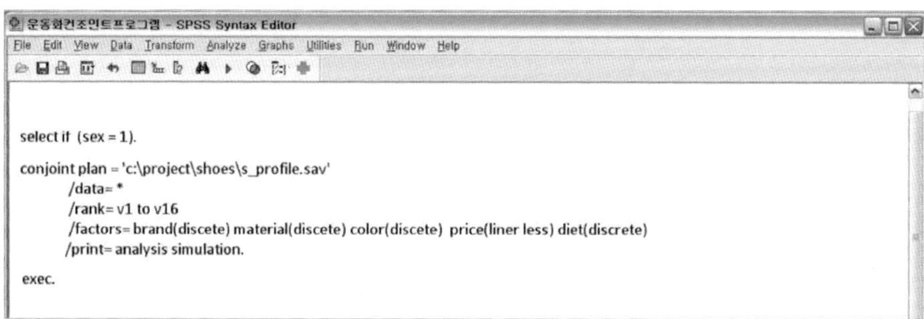



집단별 분석이 끝날 때마다 SPSS Output 창에서 File – Export Output을 선택해서 File Type을 엑셀이나 워드로 저장한다. 그런 다음, File Type의 위쪽에 있는 Browse를 선택해서 결과물을 저장할 경로와 파일명을 지정한다. 이때

파일명은 나중을 위해 파일명만으로도 식별이 가능하도록 '여자_효용.xls', '학생_효용.xls' 등과 같이 지정하는 것이 바람직하다.

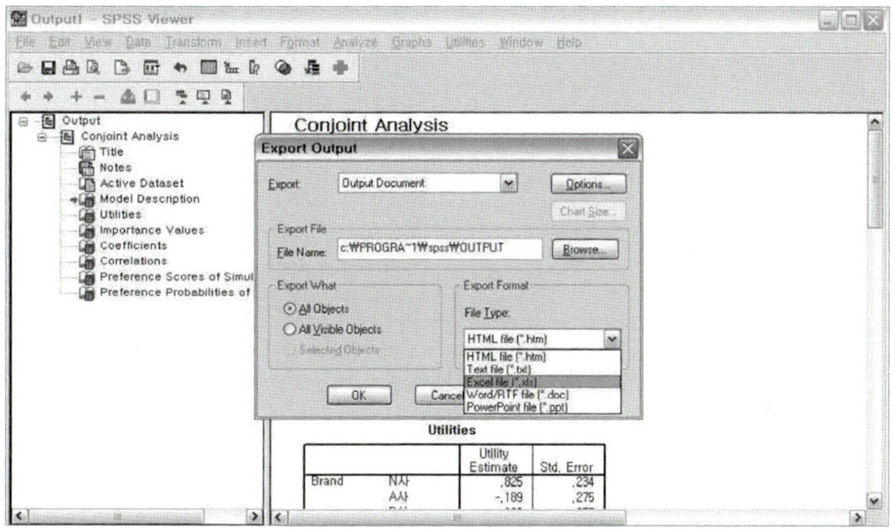

이런 과정을 거쳐 도출된 성별 분석결과를 살펴보면, 먼저 남자는 색상과 브랜드, 여자는 가격에 민감하고, 소재, 다이어트 여부 등을 더 중요하게 고려한다는 사실을 알 수 있다.

| Importance Values | | |
| --- | --- | --- |
| 속성 | 남자 | 여자 |
| Brand | 24.09 | 9.14 |
| Material | 15.36 | 28.25 |
| Color | 56.68 | 15.55 |
| Diet | 1.16 | 16.85 |
| Price | 2.71 | 30.21 |

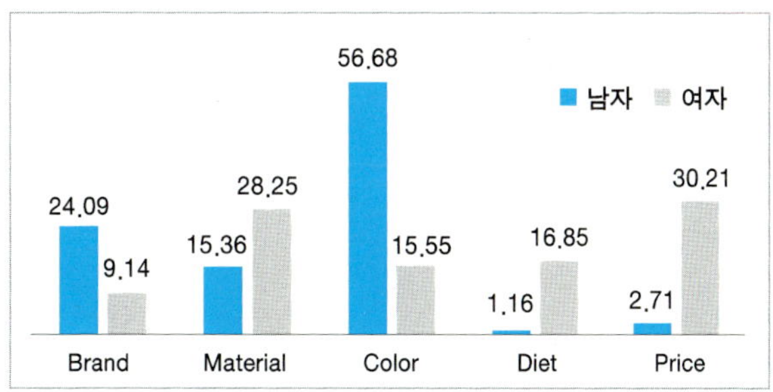

남녀 집단별 각 속성의 수준별 효용 값을 비교해 보면, 남녀 모두 브랜드, 소재와 가격에 있어 N사를 선호하는 것으로 나타났다. 속성별로는 남녀 모두 소재-천 , 가격-8만 원을 가장 선호하는 것으로 나타났으나, 색상은 남자-흰색, 여자-검은색, 다이어트 기능은 남자-없는 것, 여자-있는 것을 각각 더 좋아한다는 사실을 알 수 있다.

| 속성 | 수준 | Utility Estimate | |
|---|---|---|---|
| | | 남자 | 여자 |
| Brand | N사 | 1.0758 | 0.4792 |
| | A사 | 0.2008 | −0.7240 |
| | P사 | −1.2765 | 0.2448 |
| Material | 천 | 0.6364 | 1.5417 |
| | 인조가죽 | −0.8636 | −2.1771 |
| | 가죽 | 0.2273 | 0.6354 |
| Color | 흰색 | 2.3485 | −0.8125 |
| | 검정 | 0.8371 | 1.2344 |
| | 핑크 | −3.1856 | −0.4219 |
| Diet | 있다 | −0.0568 | 1.1094 |
| | 없다 | 0.0568 | −1.1094 |
| Price | 8만 원 | −0.1322 | −1.9886 |
| | 10만 원 | −0.2645 | −3.9773 |
| | 12만 원 | −0.3967 | −5.9659 |
| Constant | | 7.7163 | 11.6780 |

　지금까지 살펴본 컨조인트 분석 결과를 정리해서 제시하는 가장 일반적인 Output은 아래와 같다. 속성, 수준, 효용, 중요도를 한 장으로 정리해서 전체 결과를 한눈에 파악할 수 있도록 한다.

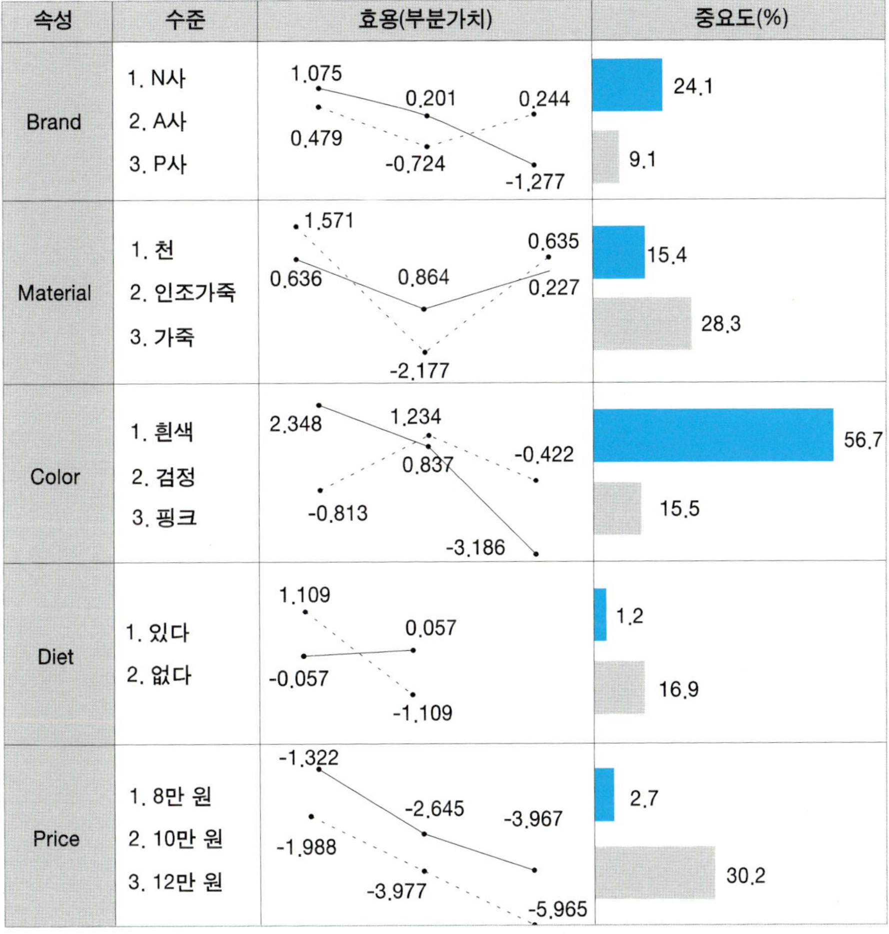

사전적 세분화 분석결과의 Output 이미지와 분석결과에 대한 결론을 다음과 같이 정리해 보았다. 우선 각 세분시장에서 신제품 출시 후 남녀 집단 간 점유율 예측 결과를 살펴보면, A사의 신제품은 남성 시장에서는 N사와 경쟁관계를 형성할 가능성이 크지만, 여성 시장에서는 경쟁력이 떨어지는 것으로 판단해 볼 수 있으므로, 남성 시장을 중심으로 진입 전략을 수립하는 것이 바람직하다. 또한 상대적으로 취약한 여성 시장을 공략하기 위해 가격 민감도를 고려하여 가격 경쟁력이 있는 별도의 신제품으로 공략하는 전략을 고려해 볼 수 있다.

| 제품 | | | | | Bradley-Terry-Luce | | |
|---|---|---|---|---|---|---|---|
| Brand | Material | Color | Diet | Price | 전체 | 남자 | 여자 |
| N사 | 섬유(천) | 흰색 | 유 | 12만 원 | 33.0 | 36.4 | 28.1 |
| P사 | 섬유(천) | 흰색 | 유 | 8만 원 | 34.3 | 29.7 | 41.1 |
| A사 | 섬유(천) | 흰색 | 유 | 10만 원 | 32.7 | 34.0 | 30.8 |

| 제품 | | | | | Logit | | |
|---|---|---|---|---|---|---|---|
| Brand | Material | Color | Diet | Price | 전체 | 남자 | 여자 |
| N사 | 섬유(천) | 흰색 | 유 | 12만 원 | 29.9 | 62.5 | 2.2 |
| P사 | 섬유(천) | 흰색 | 유 | 8만 원 | 43.1 | 7.7 | 93.0 |
| A사 | 섬유(천) | 흰색 | 유 | 10만 원 | 27.0 | 29.7 | 4.8 |

시장점유율 예측 결과를 정리하여 제시하는 가장 일반적인 형태의 Output 이미지는 다음과 같다.

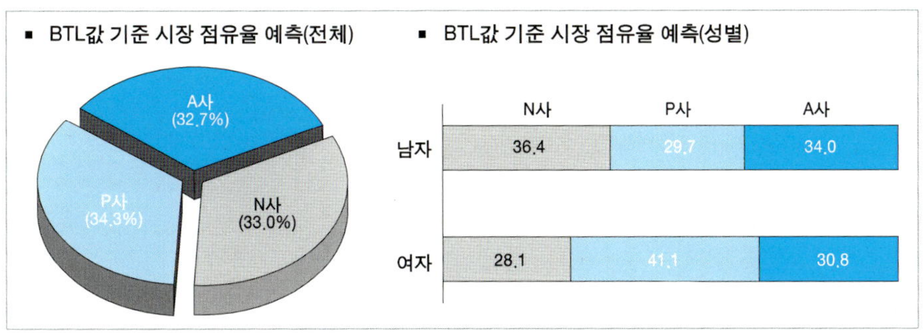


## b. 사후적 시장세분화

컨조인트 분석을 이용한 사후적 시장세분화를 위해서는 먼저 응답자별 효용 값을 산출한 다음, 이 효용 값을 기준변수로 해서 군집분석을 통해 최종적으로 시장을 세분화하게 된다. 요인분석에서 응답자별 요인점수를 활용한 시장세분화 분석 예시를 이미 언급하였으므로 여기서는 시장세분화의 기준변수가 되는 응답자별 효용 값을 도출하는 방법에 대해서만 알아보기로 한다.

컨조인트 분석을 위한 SPSS Syntax에서 '/subject='에 id(마케팅조사 실무에서는 id가 개별 응답자에 부여하는 코드임), '/utility='에 응답자별 효용 값을 저장하는 파일의 경로와 파일명을 지정한 후 프로그램을 실행한다.

'/utility='에 의해 생성된 응답자별 효용 값 파일을 열어 보면, id별로 모든 속성의 수준에 대해 효용 값이 데이터로 저장되어 있음을 확인할 수 있다.

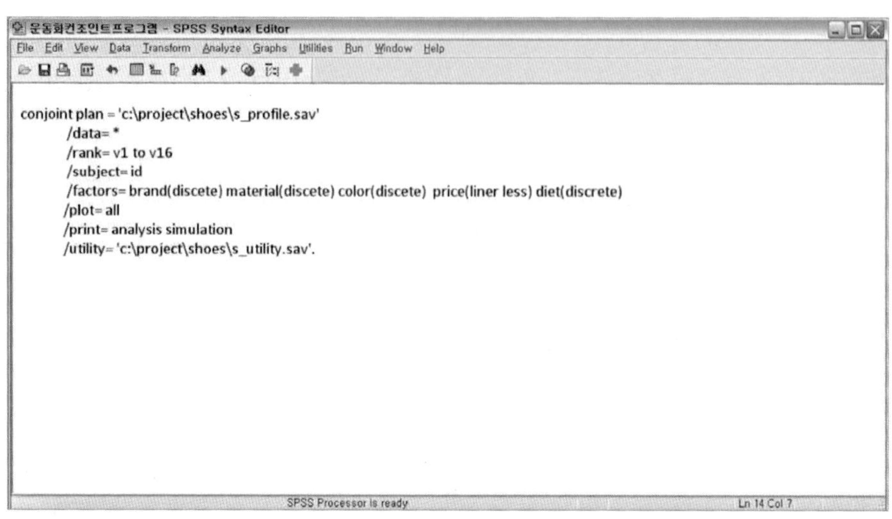





| | id | CONSTANT | Brand1 | Brand2 | Brand3 | material1 | material2 | material3 | color1 | color2 | color3 | diet1 | diet2 | Price_L | SCORE1 | SCORE2 | SCORE3 |
|---|---|---|---|---|---|---|---|---|---|---|---|---|---|---|---|---|---|
| 1 | 1.0 | 8.11 | .83 | -.54 | -.29 | 3.83 | -1.54 | -2.29 | 2.00 | 1.25 | -3.25 | .38 | -.38 | -.73 | 4.97 | 6.94 | 1.57 |
| 2 | 2.0 | 9.40 | 2.67 | -1.33 | -1.33 | -1.00 | -.25 | 1.25 | 3.00 | 2.25 | -5.25 | .38 | -.38 | -1.18 | 8.40 | 8.83 | 5.33 |
| 3 | 3.0 | 6.58 | 1.00 | .50 | -1.50 | 1.33 | -.42 | -.92 | 5.33 | -.67 | -4.67 | -.25 | .25 | .00 | 9.75 | 11.75 | 2.25 |
| 4 | 4.0 | 2.14 | -1.00 | 1.25 | -.25 | .17 | -1.21 | 1.04 | .83 | -1.54 | .71 | -1.25 | 1.25 | 3.64 | 15.92 | 9.03 | 11.41 |
| 5 | 5.0 | 5.83 | 2.67 | 2.42 | -5.08 | .50 | -2.38 | 1.88 | .50 | .63 | -1.13 | -1.13 | 1.13 | 1.00 | 7.25 | 7.25 | 12.38 |
| 6 | 6.0 | 10.30 | 1.67 | -1.08 | -.58 | 1.50 | -2.88 | 1.38 | -.83 | 5.54 | -4.71 | .38 | -.38 | -1.36 | 5.80 | 3.16 | 5.53 |
| 7 | 7.0 | 9.32 | .17 | -1.46 | 1.29 | 5.33 | -4.67 | -.67 | -.50 | .63 | -.13 | .75 | -.75 | -1.18 | 5.15 | 1.08 | 5.58 |
| 8 | 8.0 | 5.48 | -.83 | -.21 | 1.04 | .00 | -.50 | .50 | .17 | -.21 | .04 | 4.00 | -4.00 | 1.82 | 8.65 | 12.58 | 4.83 |
| 9 | 9.0 | 10.05 | -.50 | -.63 | 1.13 | 5.33 | -4.67 | -.67 | -.83 | 1.04 | -.21 | .50 | -.50 | -1.45 | 4.81 | 1.51 | 5.26 |
| 10 | 10 | 13.89 | .50 | 1.13 | -1.63 | -1.00 | .75 | .25 | 1.83 | 3.21 | -5.04 | .38 | -.38 | -3.27 | 4.16 | 11.43 | 2.68 |
| 11 | 11 | 12.57 | .67 | .17 | -.83 | -1.83 | 1.79 | .04 | .17 | .54 | -.71 | 3.63 | -3.63 | -2.18 | 1.77 | 13.95 | 4.58 |
| 12 | 12 | 8.11 | .83 | -.54 | -.29 | 3.83 | -1.54 | -2.29 | 2.00 | 1.25 | -3.25 | .38 | -.38 | -.73 | 4.97 | 6.94 | 1.57 |
| 13 | 13 | 9.40 | 2.67 | -1.33 | -1.33 | -1.00 | -.25 | 1.25 | 3.00 | 2.25 | -5.25 | .38 | -.38 | -1.18 | 8.40 | 8.83 | 5.33 |
| 14 | 14 | 6.58 | 1.00 | .50 | -1.50 | 1.33 | -.42 | -.92 | 5.33 | -.67 | -4.67 | -.25 | .25 | .00 | 9.75 | 11.75 | 2.25 |
| 15 | 15 | 2.14 | -1.00 | 1.25 | -.25 | .17 | -1.21 | 1.04 | .83 | -1.54 | .71 | -1.25 | 1.25 | 3.64 | 15.92 | 9.03 | 11.41 |
| 16 | 16 | 15.95 | .33 | -.92 | .58 | 2.67 | -2.08 | -.58 | -.33 | .42 | -.08 | .13 | -.13 | -4.64 | 1.58 | 3.47 | 6.22 |
| 17 | 17 | 17.04 | .67 | -.08 | -.58 | -2.50 | -.63 | 3.13 | -.50 | -.13 | .63 | -.25 | .25 | -4.55 | 5.69 | 6.49 | 12.61 |
| 18 | 18 | 12.72 | 1.67 | -1.58 | -.08 | 1.83 | -3.79 | 1.96 | -3.83 | 2.04 | 1.79 | -.25 | .25 | -2.36 | 3.92 | -1.47 | 13.66 |
| 19 | 19 | 12.70 | 1.67 | -1.08 | -.58 | -1.17 | -1.04 | 2.21 | 1.17 | 2.79 | -3.96 | 1.63 | -1.63 | -2.64 | 5.95 | 8.09 | 5.72 |

응답자별 효용 값 데이터를 활용해 앞서 요인분석에서 제시한 것과 같은 방법
으로 군집분석을 실시하면 된다. 2개의 군집과 3개의 군집으로 분석된 결과를
제시해 보면 다음과 같다.

| 속성 | 수준 | Cluster | |
|---|---|---|---|
| | | 1 | 2 |
| Brand | N사 | 0.306 | 1.064 |
| | A사 | 0.951 | −0.715 |
| | P사 | −1.257 | −0.349 |
| Material | 천 | 0.583 | 1.218 |
| | 인조가죽 | −1.021 | −1.599 |
| | 가죽 | 0.438 | 0.381 |
| Color | 흰색 | 2.167 | 0.487 |
| | 검정 | −0.667 | 1.776 |
| | 핑크 | −1.500 | −2.263 |
| Diet | 있다 | −0.021 | 0.644 |
| | 없다 | 0.021 | −0.644 |
| Price | Linear | 1.682 | −2.112 |

| 속성 | 수준 | Cluster | | |
|---|---|---|---|---|
| | | 1 | 2 | 3 |
| Brand | N사 | 0.714 | 0.533 | 1.143 |
| | A사 | −0.964 | 1.183 | −0.393 |
| | P사 | 0.250 | −1.717 | −0.750 |
| Material | 천 | 3.476 | 0.700 | −1.214 |
| | 인조가죽 | −3.024 | −1.125 | −0.018 |
| | 가죽 | −0.452 | 0.425 | 1.232 |
| Color | 흰색 | −0.333 | 2.567 | 1.262 |
| | 검정 | 1.738 | −0.758 | 1.530 |
| | 핑크 | −1.405 | −1.808 | −2.792 |
| Diet | 있다 | 0.321 | −0.825 | 1.446 |
| | 없다 | −0.321 | 0.825 | −1.446 |
| Price | Linear | −1.779 | 1.655 | −1.883 |

| 구분 | | (사례 수) | 세분시장 1 | 세분시장 2 |
|---|---|---|---|---|
| 성 | 남자 | (250) | 32.0 | 68.0 |
| | 여자 | (250) | 54.0 | 46.0 |
| 연령 | 10대 | (100) | 78.0 | 22.0 |
| | 20대 | (100) | 44.0 | 56.0 |
| | 30대 | (150) | 40.0 | 60.0 |
| | 40대 이상 | (150) | 51.0 | 49.0 |
| 주 구입장소 | 백화점 | (137) | 37.2 | 62.8 |
| | 인터넷 쇼핑몰 | (184) | 81.5 | 18.5 |
| | 전문점 | (179) | 44.7 | 55.3 |
| 운동화 착용 빈도 | 주 3회 이상 | (276) | 72.8 | 27.2 |
| | 월 2회 이상 | (151) | 55.6 | 44.4 |
| | 월 1회 미만 | (73) | 35.6 | 64.4 |
| 고려 요인 | 브랜드 | (172) | 48.8 | 51.2 |
| | 색상 | (156) | 49.4 | 51.6 |
| | 소재 | (104) | 51.9. | 48.1 |
| | 다이어트 기능 | (68) | 17.7 | 82.3 |

STEP 01 통계분석과 분석기법 이해
STEP 02 마케팅조사 실무에서 활용되는 통계분석
STEP 03 마케팅조사 실무에서 활용되는 **분석기법**

# 마케팅조사 실무에서 활용되는 분석기법

1. 가격 분석
2. 매트릭스 분석

지금까지 실무에서 주로 활용되는 통계분석방법들을 살펴보았다.
이제부터는 통계학을 바탕으로 하지 않는
주요 분석기법을 살펴보도록 하자.

# 마케팅조사 실무에서
# 활용되는 분석기법

## 1. 가격 분석

　마케팅 전술인 4P 구성요소 중 상대적으로 마케팅조사가 가장 활용되지 않는 분야가 바로 가격이다. 제품, 광고, 촉진 등의 다른 요소와는 달리 가격은 기업이 소비자의 선호에 부응하기가 가장 어렵기 때문이다. 소비자는 좋은 품질의 제품을 가급적 저렴한 가격에 구매하기를 원하므로 이런 관점에서 보면, 가격적인 측면에서 소비자 선호에 맞출 경우 기업은 손실이 날 수밖에 없다. 그래서 마케팅조사 실무에서 가격 관련 조사가 잘 행해지지 않으며, 설사 조사를 진행하더라도 결과는 참고자료로만 활용하게 된다.

　소비자들에게 질문을 해서 응답받게 되는 가격 관련 조사는 크게, 예상가격 질문법, 절대 판정법, 가격감수성 측정법(PSM; Price Sensitivity Measurement), 가격/품질 차액(Price/Quality Premium) 분석법, 소비자 내적 준거가격에 대한 사분면 분석법(IRP; Internal Reference Price & Quadrant Analysis), BPTO(Brand Price Trade-off) 등이 있다.

## (1) 예상가격 직접 질문법

신제품의 시제품(mock-up)이나 서비스 콘셉트를 제시한 후 예상하는 가격이나 구입 가능한 가격을 질문해서 그 결과의 범위 및 평균값을 분석해 가격을 설정하는 방법이다. 비교적 간단하게 자료를 획득할 수 있다는 장점은 있지만, 소비자들은 실제 가치보다 더 낮은 가격을 선호하게 되는 특성이 반영된다는 단점이 있다.

<table>
<tr><td colspan="4">예상가격 직접 질문법 질문 예시</td></tr>
<tr><td colspan="4">문) 귀하께서 드셔 보신 신제품 음료수 1캔(180㎖)의 적정한 가격은 얼마 정도라고 생각하십니까?</td></tr>
<tr><td>01. 200원 이하</td><td>02. 250원</td><td>03. 350원</td><td>04. 400원</td></tr>
<tr><td>05. 450원</td><td>06. 500원</td><td>07. 550원</td><td>08. 600원</td></tr>
<tr><td>09. 650원</td><td>10. 700원</td><td>11. 750원</td><td>12. 800원</td></tr>
<tr><td>13. 850원</td><td>14. 900원</td><td>15. 950원</td><td>16. 1000원 이상</td></tr>
<tr><td colspan="4">문) 귀하께서 드셔 보신 신제품 음료수 1캔(180㎖)의 가격이 얼마라면 향후에 구입을 하시겠습니까?</td></tr>
<tr><td>01. 200원 이하</td><td>02. 250원</td><td>03. 350원</td><td>04. 400원</td></tr>
<tr><td>05. 450원</td><td>06. 500원</td><td>07. 550원</td><td>08. 600원</td></tr>
<tr><td>09. 650원</td><td>10. 700원</td><td>11. 750원</td><td>12. 800원</td></tr>
<tr><td>13. 850원</td><td>14. 900원</td><td>15. 950원</td><td>16. 1000원 이상</td></tr>
</table>

## (2) 절대판정법

  절대판정법은 예상가격 직접 질문법의 단점을 보완하기 위해 소비자들에게
기준가격을 제시한 후 구매의향을 물어서 분석한다.



## (3) 가격감수성 측정법

  마케팅조사 실무에서 가장 널리 활용되는 가격감수성 측정법(PSM; Price
Sensitivity Measurement)은 4개의 서로 다른 가격 수준을 질문해서 분석하는 기
법이다. 이 방법은 Kent B. Monroe라는 사람이 1973년에 제시한 주관적인 가
격척도를 바탕으로 경제학 및 마케팅 학자들이 개발한 '가격감수성 테스트' 기
법을 일본의 광고회사인 하쿠호도가 가격감수성 측정법으로 변형하여 사용하
기 시작하였다.

| 주관적인 가격 척도 | 주관적인 제품의 질 척도 |
| --- | --- |
| – 지나치게 비싼(too-expensive) | – 매우 뛰어난(superior) |
| – 받아들일 수 없을 정도로 비싼(unacceptable-high) | – 훌륭한(excellent) |
| – 받아들일 수 있는 만큼 비싼(acceptable-high) | – 좋은(good) |
| – 대부분 받아들일 수 있는(most-acceptable) | – 받아들일 수 있는(acceptable) |
| – 받아들일 수 있는 만큼 저렴한(acceptable-low) | – 지나칠 수 있는(passable) |
| – 받아들일 수 없을 정도로 싼(unacceptable-low) | – 무던한(fair) |
| – 지나치게 싼(too-cheap) | – 질이 떨어지는(poor) |

가격감수성 측정법은 소비자가 주관적으로 평가하는 가격을 중심으로 가격 설정(Customer Oriented)이 가능한 점, 기존 상품의 가치 평가뿐 아니라 신상품의 가격 설정에도 유용하게 이용될 수 있다는 점, 분석결과를 시각적으로 알기 쉽게 표현할 수 있다는 점, 그리고 비교적 소규모의 표본 조사로도 분석이 가능하다는 장점이 있으며, 다음과 같은 4단계의 분석 절차를 거쳐 결과를 얻게 된다.



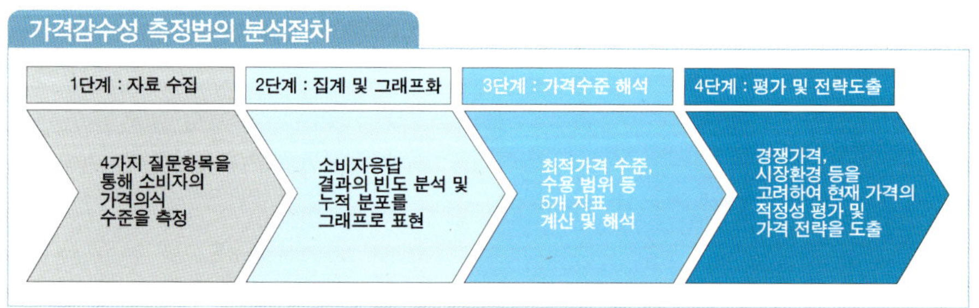


## 가. 자료수집 단계

가격감수성 측정법의 첫 번째 단계는 조사를 통해 소비자의 가격 의식 수준을 측정하는 것으로 응답자가 평가 제품에 대해 어느 정도의 지식이나 경험을 가지고 있어야 한다는 전제가 있다는 점을 주의해야 한다. 식품이나 생활용품 등 일반 소비재는 현재 구입 또는 사용 중인 소비자를, 가구나 가전제품, 자동차 등 의 내구재의 경우 최근 구입자 또는 향후 일정 기간 이내 구입 의향자를 대상으로 조사대상을 선정하는 것이 바람직하며, 신제품인 경우 응답자가 가격에 대해 평가하기 이전에 시제품이나 보조 자료를 활용하여 제품/서비스의 콘셉트와 특성을 충분히 이해하는 것이 매우 중요하다. 가격감수성 측정법으로 묻게 되는 4가지 질문은 다음과 같다.


질문1. 너무 싸서 품질이 의심스러운 가격은 얼마부터입니까?

질문2. 싸다고 느끼기 시작하는 가격은 얼마부터입니까?

질문3. 비싸다고 느끼기 시작하는 가격은 얼마부터입니까?

질문4. 아무리 품질이 좋더라도 너무 비싸서 살 수 없는 가격은 얼마부터입니까?


질문2는 '구입하시기에 적당한 가격은 얼마입니까?' 로, 질문3은 '약간 비싸지만 구입할 의향이 있는 가격은 얼마입니까?' 라는 문항으로 묻기도 하지만, 이보다는 구입의향을 측정하는 별도의 문항을 추가하는 것이 바람직하다. 상기 질문에 대한 응답은 평가 대상 제품/서비스의 특성과 측정의 정교함을 위해 가격의 금액 단위를 동일한 간격으로 나누어 제시하되, 최대 20개를 넘지 않도록 구성하는 것이 좋다. 제품 가격의 범위와 급간을 정하기 어려운 경우에는 개방형(open)으로 응답을 받아 자료를 입력한 후, 결과를 분석하는 과정에서 가격 금액의 간격을 일정하게 맞추어서 분석해야 한다.

**면접원☞ 응답자에게 시제품 음료를 음용하도록 한 후, 질문하시오.**
귀하께서 드셔보신 신제품 음료수 1캔(180㎖)에 대해서 다음에 제가 드리는 질문을 잘
듣고 해당되는 가격을 평가해 주시기 바랍니다.

문1) 너무 싸서 품질이 의심스러운 가격은 얼마부터입니까?

| | | | |
|---|---|---|---|
| 01. 1000원 이상 | 02. 950원 | 03. 900원 | 04. 850원 |
| 05. 800원 | 06. 750원 | 07. 700원 | 08. 650원 |
| 09. 600원 | 10. 550원 | 11. 500원 | 12. 450원 |
| 13. 400원 | 14. 350원 | 15. 250원 | 16. 200원 이하 |

문2) 싸다고 느끼기 시작하는 가격은 얼마부터입니까?

| | | | |
|---|---|---|---|
| 01. 1000원 이상 | 02. 950원 | 03. 900원 | 04. 850원 |
| 05. 800원 | 06. 750원 | 07. 700원 | 08. 650원 |
| 09. 600원 | 10. 550원 | 11. 500원 | 12. 450원 |
| 13. 400원 | 14. 350원 | 15. 250원 | 16. 200원 이하 |

문3) 비싸다고 느끼기 시작하는 가격은 얼마부터입니까?

| | | | |
|---|---|---|---|
| 01. 200원 이하 | 02. 250원 | 03. 350원 | 04. 400원 |
| 05. 450원 | 06. 500원 | 07. 550원 | 08. 600원 |
| 09. 650원 | 10. 700원 | 11. 750원 | 12. 800원 |
| 13. 850원 | 14. 900원 | 15. 950원 | 16. 1000원 이상 |

문4) 아무리 품질이 좋더라도 너무 비싸서 살 수 없는 가격은 얼마부터입니까?

| | | | |
|---|---|---|---|
| 01. 200원 이하 | 02. 250원 | 03. 350원 | 04. 400원 |
| 05. 450원 | 06. 500원 | 07. 550원 | 08. 600원 |
| 09. 650원 | 10. 700원 | 11. 750원 | 12. 800원 |
| 13. 850원 | 14. 900원 | 15. 950원 | 16. 1000원 이상 |

앞의 예시에서 문1)과 문2)의 보기가 문3) 및 문4)와 반대로 구성되어 있는 이유는 2단계 자료 분석 시 문1)과 문2)를 누적 분포로 분석해야 한다는 점과 응답자에게 주의를 집중하도록 유도할 수 있다는 장점이 있기 때문이다. 가격을 미리 제시하지 않고 개방형(Open) 질문으로 받아야 할 경우의 질문항목 예시는 다음과 같다.



**면접원☞ 제품 특성 설명문을 제시한 후 상세히 설명한 후 면접을 진행하시오.**

문5) 귀하께서 생각하실 때, 이 제품이 시중에서 판매된다면 가격이 어느 정도라고 예상하십니까? _______________원

문6) 그럼, 이 제품이 문5)에 응답하신 가격에 판매된다면 구입하실 의향이 얼마나 있습니까?

| 반드시<br>구입할 것이다 | 가급적<br>구입할 것이다 | 잘 모르겠다<br>(보통이다) | 별로 구입하고<br>싶지 않다 | 전혀 구입하고<br>싶지 않다 |
|:---:|:---:|:---:|:---:|:---:|
| +----------+----------+----------+----------+ | | | | |
| 1 | 2 | 3 | 4 | 5 |

**면접원☞ 문6)에서 '4' 또는 '5'에 응답한 경우만 질문하시오.**

문7) 귀하께서는 이 제품의 가격이 얼마 정도가 되면 구입을 하시겠습니까?
_______________원

## 나. 자료 집계 및 그래프 그리기

　4가지 질문항목에 응답한 비율을 누적해서 선 그래프로 표시한다. 문1)과 문2)는 누적비율의 합을 내림차순으로 정리해서 좌하향형 선 그래프로 나타내고, 문3)과 문4)는 누적비율의 합을 오름차순으로 정리해서 우상향형 선 그래프로 나타낸다.

| 각 질문항목의 가격대별 응답률 | | | |
| --- | --- | --- | --- |
| 가격 | 너무 싸서 품질에<br>의심 가는 가격 | 싸다고<br>느끼는 가격 | 비싸다고<br>느끼는 가격 | 너무 비싸서<br>구입할 수 없는 가격 |
| 200원 이하 | 100.0 | 100.0 | 0.0 | 0.0 |
| 250원 | 82.0 | 100.0 | 1.0 | 0.0 |
| 300원 | 74.0 | 92.0 | 3.0 | 0.0 |
| 350원 | 61.0 | 80.0 | 5.0 | 0.0 |
| 400원 | 49.0 | 69.0 | 10.0 | 0.0 |
| 450원 | 35.0 | 52.0 | 15.0 | 1.0 |
| 500원 | 29.0 | 46.0 | 21.0 | 2.0 |
| 550원 | 21.0 | 39.0 | 39.0 | 3.0 |
| 600원 | 13.0 | 25.0 | 45.0 | 8.0 |
| 650원 | 7.0 | 19.0 | 57.0 | 15.0 |
| 700원 | 5.0 | 16.0 | 61.0 | 25.0 |
| 750원 | 3.0 | 10.0 | 68.0 | 45.0 |
| 800원 | 1.0 | 5.0 | 79.0 | 60.0 |
| 850원 | 1.0 | 3.0 | 87.0 | 66.0 |
| 900원 | 1.0 | 2.0 | 95.0 | 75.0 |
| 950원 | 0.0 | 1.0 | 100.0 | 95.0 |
| 1,000원 이상 | 0.0 | 0.0 | 100.0 | 100.0 |

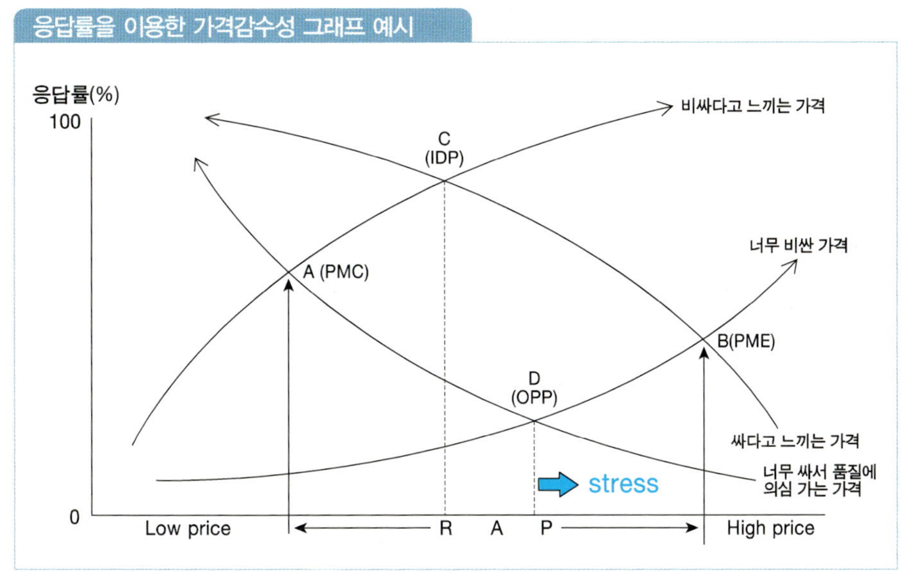


4가지 질문항목의 응답률을 서로 엇갈리게 선 그래프로 그리게 되면 상기의 그래프와 같이 4개의 점이 생긴다. 각 점의 의미를 아래와 같이 정리하였다.

| | |
|---|---|
| A (PMC) | 비싸다고 느끼는 가격 곡선과 너무 싸다고 느끼는 가격곡선이 교차하는 지점으로 최저 한계 가격(Marginal Cheap Pricing Point) |
| B (PME) | 너무 비싼 가격 곡선과 싸다고 느끼는 가격 곡선이 만나는 점으로 해당 제품에 대해 소비자들이 지불할 수 있는 최고 한계 가격(Marginal Expensive Pricing Point) |
| C (IDP) | 비싸다고 느끼기 시작하는 가격 곡선과 싸다고 느끼기 시작하는 가격 곡선이 합치되는 점으로 무상관 가격(Indifferent Pricing Point) |
| D (OPP) | 너무 비싼 가격 곡선과 너무 낮은 가격 곡선이 교차하는 지점으로 소비자들이 심리적으로 느끼는 최적 가격(Optimum Pricing Point) |
| RAP | A와 B 사이의 간격으로 소비자의 가격 수용 범위(Range of Acceptable Prices) |

## 다. 그래프 해석

이제 실제 분석결과를 토대로 가격감수성 분석결과를 살펴보자. 앞서 예시로 든 신제품 음료수 1캔에 대한 소비자들의 가격 수용 범위(RAP)를 분석한 결과 최저 490원, 최고 650원 미만이며, 650원 이상으로 가격이 책정될 경우 소비자들의 심리적인 가격 저항이 발생할 가능성이 큰 것으로 분석되었다. 가장 바람직한 가격은 600원이었으며, 신제품 음료수의 신속한 시장 침투를 위해서는 무상관 가격인 530원, 반대로 고급 이미지를 형성하기 위한 초기 고가 전략을 구사한다면 650원으로 가격을 책정할 수도 있다.

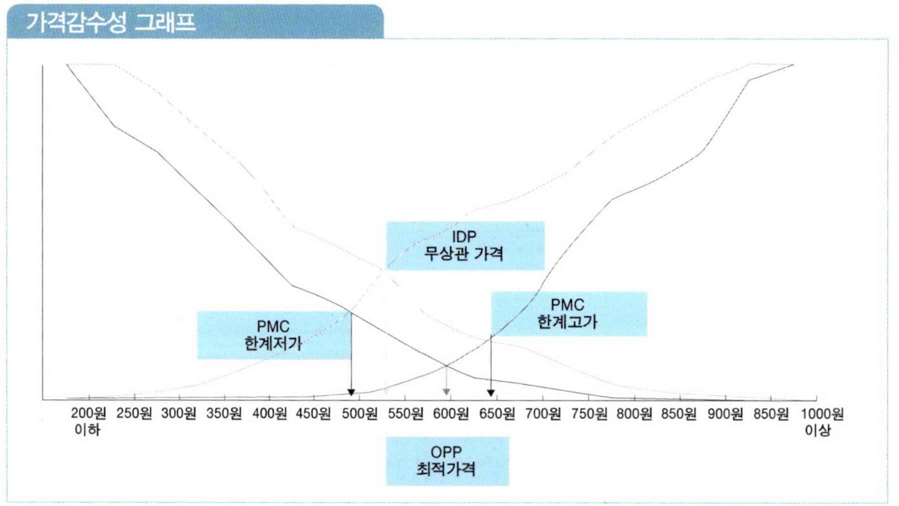



## 라. 최적 가격 선정을 위한 전략도출

가격감수성을 측정하는 4가지 질문 중 너무 싸서 품질이 의심스러운 가격인 문1)과 아무리 품질이 좋아도 너무 비싸서 살 수 없는 가격인 문4)를 이용해 가격대별 누적응답률 분포를 그리면 구입의향이 있는 고객들의 분포를 파악할 수 있다. 가격대별 구입의향이 있는 고객의 분포는 아래와 같이 간단한 계산을 통해서 구할 수 있다.

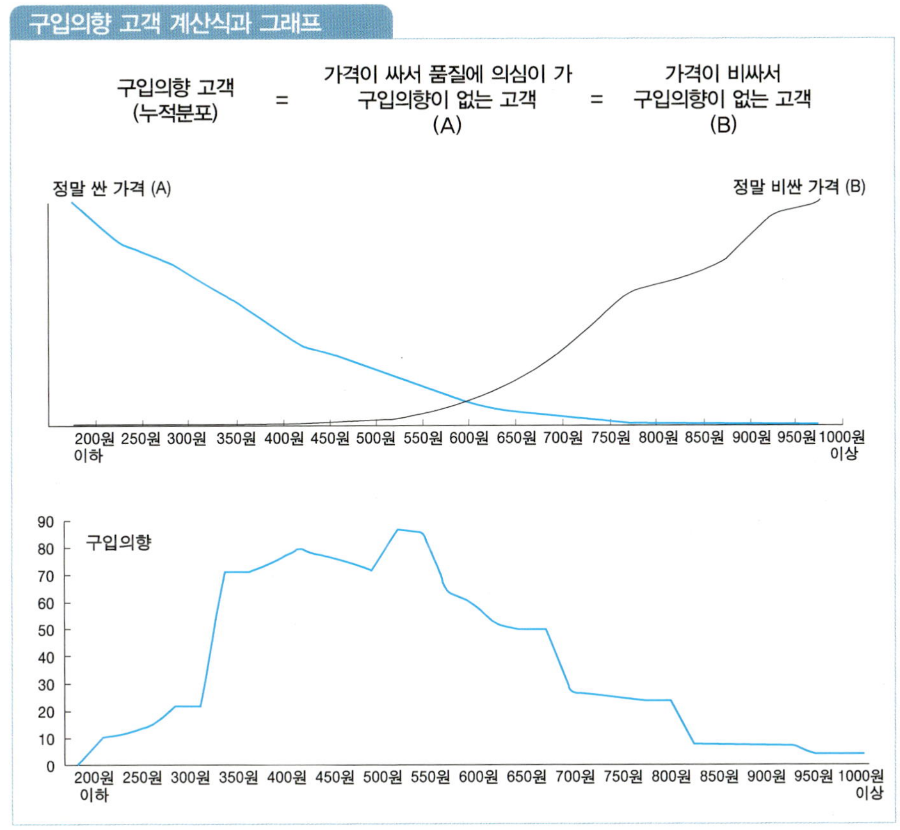


가격감수성 분석을 활용해 도출한 가격대별 구입의향률을 바탕으로 최적가격을 산출하기 위해서는 다음과 같은 4가지의 선정기준을 고려할 수 있다.

– 기준 1 : 전체 고객을 대상으로 구입의향이 가장 높은 가격대

– 기준 2 : 인구통계적 특성이나 특정 브랜드 주 구입 고객, heavy user 등 목
표 고객을 선정하고 이들의 구입 의향이 가장 높은 가격대

– 기준 3 : 가격을 고려하여 예상판매액(구입자 수×판매가격)이 가장 높은 가격대

– 기준 4 : 브랜드별 시장점유율을 고려하여 예상판매지수가 가장 높은 가격
대(브랜드별 응답자 중 구입의향자 수×시장점유율×판매가격)

4가지 기준을 신제품 음료수 사례에 적용시켜 기준별 가격과 그래프를 아래
와 같이 예시로 제시한다.



| 기준 1 | 기준 2 | 기준 3 | 기준 4 |
|---|---|---|---|
| 전체 고객의<br>구매의향 최대 | 목표 고객의<br>구매의향 최대 | 예상 판매액의 최대 | 예상 판매지수의 최대 |
| 550~570원 | 530~570원 | 570원 | 550원 |

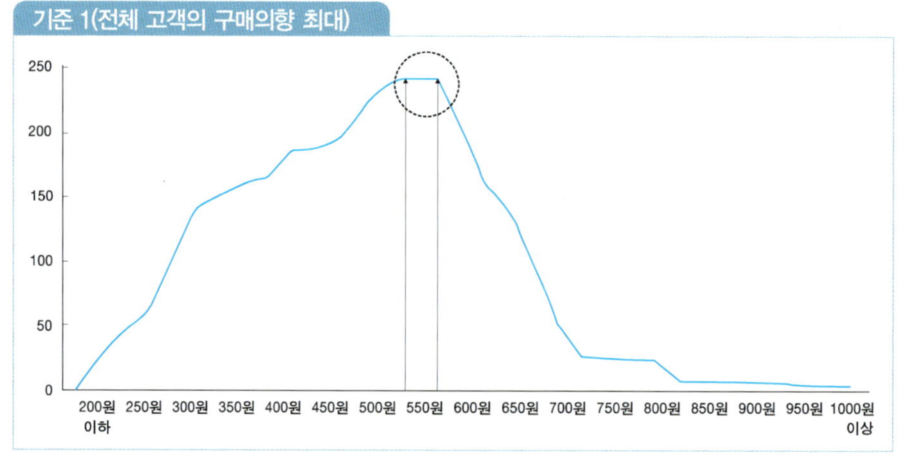

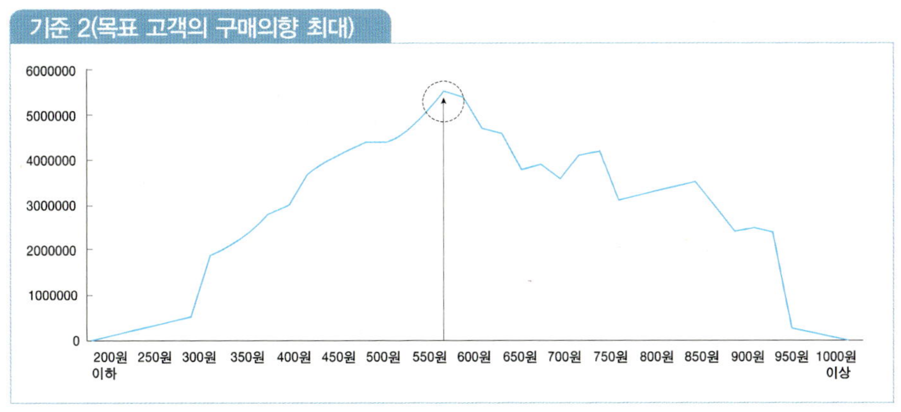


기준 2(목표 고객의 구매의향 최대)
6000000
5000000
4000000
3000000
2000000
1000000
0
200원 250원 300원 350원 400원 450원 500원 550원 600원 650원 700원 750원 800원 850원 900원 950원 1000원
이하
이상


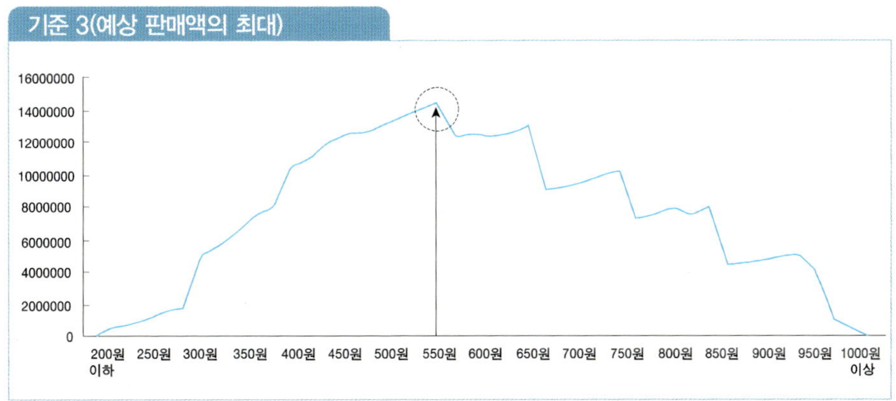


기준 3(예상 판매액의 최대)
16000000
14000000
12000000
10000000
8000000
6000000
4000000
2000000
0
200원 250원 300원 350원 400원 450원 500원 550원 600원 650원 700원 750원 800원 850원 900원 950원 1000원
이하
이상


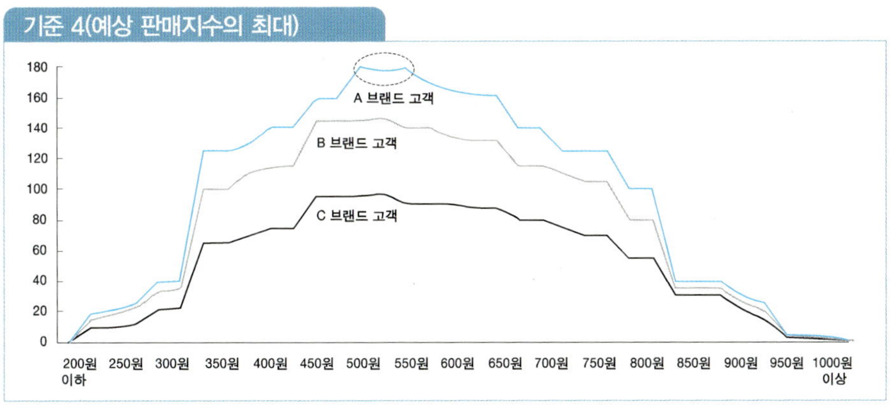


기준 4(예상 판매지수의 최대)
180
160
140
120
100
80
60
40
20
0
A 브랜드 고객
B 브랜드 고객
C 브랜드 고객
200원 250원 300원 350원 400원 450원 500원 550원 600원 650원 700원 750원 800원 850원 900원 950원 1000원
이하
이상

## 마. 가격감수성 측정법와 활용과 한계점

　가격감수성 측정법을 활용해 기존 제품의 가격전략을 도출하고자 할 경우에는 분석결과와 더불어 시장 전반의 판매가격과 동향, 경쟁제품의 판매가격과 동향, 자사제품의 원가 구조 등을 종합적으로 분석해서 최적 가격을 설정해야 한다.

　가격감수성 측정을 위한 4가지 문항을 질문할 때 가격 척도를 어떻게 제시하느냐에 따라 분석결과 그래프가 변할 수 있다는 점에 유의해야 한다. 즉, 최소 금액과 최대 금액 설정과 더불어 가격대별 간격을 어떻게 제시하느냐에 따라 문항별 그래프 곡선의 만나는 점에 차이가 있을 수 있기 때문이다. 가격대별 간격을 자칫 잘못 설정하게 되면 소비자의 가격수용 범위(Range of Acceptable Prices)가 너무 넓게 나와 가격전략을 도출하기가 어려워지게 된다. 대개 이런 현상은 응답자들이 제품에 대한 경험이나 지식이 부족한 경우에 발생하므로 조사대상을 잘 선정해서 면접을 진행해야 한다.

　소비자조사에서 응답자들은 대개 좋은 품질의 제품을 낮은 가격에 사고자 하는 심리 때문에 적정가격을 낮게 평가하려는 경향이 강하다. 그래서 가격감수성 측정법은 생필품, 식료품 등과 같은 저관여 제품의 가격 분석에 더 효과적이다. 전자제품과 같은 내구재의 경우 실제보다 가격을 낮게 평가하는 경향이 더 강해져 분석결과가 실무에 도움이 되지 않을 수도 있다.

## (4) 가격가치 측정법과 품질가치 측정법

### 가. 가격가치 측정법

가격가치 측정법(Price Premium)은 PSM의 기초를 만든 Kent B. Monroe라는 사람이 고안한 것으로 비교 대상 브랜드와 비교해 어느 정도 가격을 지불할 의향이 있는지는 묻는 것이다. 즉, 평가 대상 브랜드와 경쟁 브랜드에 대한 정보를 제시한 후 가격을 비교할 브랜드를 선택하게 하고, 선택한 브랜드 대비 지불 가격수준을 묻는 순서로 질문항목을 구성한다.

질문항목 구성 시 한 가지 주의해야 할 점은 동일 브랜드라 하더라도 백화점, 할인점 등과 같은 유통채널에 따라 가격이 달라질 수 있으므로 질문항목 구성 시 유통채널 또한 고정해 주어야 한다. 그래서 해당 브랜드를 판매하는 비중이 가장 높은 유통채널이나 공식판매점 등을 지정해서 해당 채널에서 제시하는 가격을 기준으로 하는 것이 좋다.



문) (브랜드/품목 보기 제시)
　　귀하께서 생각하실 때, 이 브랜드(제품)의 가격을 어느 브랜드(품목)와 비교하시겠습니까?

문) 그럼, 응답하신 비교 브랜드(제품)의 가격이 100이라고 할 때, 이 브랜드(제품)를 귀하께서 구입하기 위해 지불할 수 있는 수준을 응답해 주십시오. 동일하다고 생각하시면 100, 두 배인 경우는 200, 절반 정도라면 50의 요령으로 응답하시면 됩니다.

가격가치 측정법은 간단한 질문으로 소비자가 지불 가능한 가격 수준을 도출할 수 있다는 장점이 있다. 또한, 가격을 기준으로 어떤 브랜드와 경쟁하고 있는지와 경쟁 브랜드 대비 위상은 어느 정도 되는지도 간접적으로 파악할 수 있다. 실제보다 가격을 낮게 평가하려는 응답자 심리가 반영될 수밖에 없는 가격감수성 측정법에 비해 보다 현실적인 응답을 받을 수 있다는 것도 가격가치 측정법의 주요 장점 중 하나다.

## 나. 품질가치 측정법

가격가치 측정법과 마찬가지로 품질가치 측정법(Quality Premium)도 Kent B. Monroe라는 사람이 고안한 것으로 가격가치 측정법과 질문유형이나 분석로직은 동일하나 가격이 아닌 품질을 기준으로 한다는 점에서 차이가 난다.



문) 귀하께서 생각하실 때, 이 브랜드(제품)의 품질을 어느 브랜드(품목)와 비교하시겠습니까?

문) 그럼, 응답하신 비교 브랜드(제품)의 품질이 100이라고 할 때, 이 브랜드(제품)의 품질 수준은 어느 정도라고 생각하십니까?

가격가치 측정법과 품질가치 측정법은 비교적 경쟁관계가 명확한 경우에 활용하는 것이 좋다. 가격가치 측정법은 실제보다 가격을 다소 낮게 평가하려는 응답자 심리가 반영될 수 있고, 품질가치 측정법은 오히려 실제보다 품질 수준을 높게 평가하는 경향이 있으므로 두 분석을 동시에 수행할 경우 상호보완적으로 해석하는 것이 바람직하다. 마케팅조사 실무에서는 가격감수성 측정법을 통해 도출된 적정가격을 상향 또는 하향 조정할 필요가 있는지를 의사결정 하고자 할 때 가격가치 측정법과 품질가치 측정법을 주로 활용한다.

## (5) 내적 준거가격 분석법

내적 준거가격 분석법(Internal Reference Price & Quadrant Analysis)은 제품/서비스에 대해 소비자들이 마음속으로 생각하고 있는 가격인 준거가격(Reference Price)이 구매에 영향을 미친다는 연구결과를 바탕으로 소비자들이 제품/서비스에 대해 얼마나 지불할 수 있는지에 대해 범위의 개념으로 측정한 후 사분면을 만들어 얼마나 많은 소비자들이 분포되어 있는지를 파악하는 방법이다.

내적 준거가격 분석법은 소비자들이 직접 생각하는 수용가격을 도출할 수 있고, 원가 이외에 다양한 가격에 대한 가설을 검증해 볼 수도 있으며, 평가 대상 브랜드의 현재 위상을 파악할 수 있다는 장점이 있다. 특히, 가격 수준의 증감에 따른 수요의 변화를 감지할 수 있고, 가격 관점에서의 신제품/서비스의 성공 여부를 진단하는 데 유용한 방법이다. 내적 준거가격 분석법의 분석절차는 다음과 같은 3단계로 구성된다.

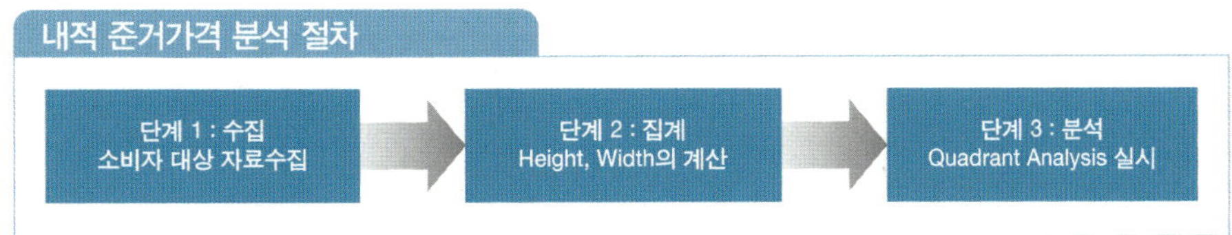

## 가. 자료수집

먼저 조사대상 브랜드 혹은 제품/서비스의 콘셉트나 시제품에 대한 정보와 경쟁 브랜드(제품/서비스)의 가격 정보를 제시한 후, 소비자가 생각하는 준거가격을 범위(range)로 질문한다.



문) 귀하께서 생각하실 때, 이 브랜드(제품)의 가격은 최소 얼마에서, 최고 얼마 정도가 될 것이라고 예상하십니까?

최소 _______원(A)에서 최고 _______원(B)

## 나. 준거가격의 계산

응답받은 준거가격의 최소, 최대 가격 범위를 Height와 Width라는 차원으로 구분하여 계산한다. Height와 Width의 계산식은 다음과 같다.



$$Height = \frac{A+B}{2} \qquad\qquad Width = \frac{B-A}{2} \times 100$$

Height는 응답한 최소, 최대 가격 범위의 중앙값(Midpoint of the Range)을 의미한다. 예를 들어 한 응답자가 준거가격의 최소, 최대 가격을 각각 600원과 750원으로 응답했다면, Height는 675원((600+750)/2)이 된다. Width는 소비자가 응답한 가격 범위의 상대적인 폭을 의미하는 것으로 앞선 예로 계산을 해 보면 0.2%([(750-600)/675] × 100)가 된다. 계산을 통해 산출한 응답자별 Height와 Width를 이용해 사분면 분석(Quadrant Analysis)을 실시한다.

## 다. 결과 분석

사분면 분석이란 앞서 계산한 응답자별 Height와 Width를 평균하여 사분면의 구분 기준으로 설정하고 각 응답자가 어떤 사분면에 위치하는가를 표시하여 백분율로 계산하는 것이다. 그래서 Height와 Width를 결합하여 특정 가격을 설정했을 때의 효과를 분석할 수 있는 틀로서 결국 사분면별로 얼마나 많은 소비자들이 분포되어 있는지를 분석하여 전략적 시사점을 도출하는 데 목적이 있다.

내적 준거가격의 기본적인 가정은 소비자가 응답하는 가격의 범위가 좁을수록 응답에 대한 확신이 크다는 것이다. 예를 들어 신제품 USB 제품에 대한 예상가격을 20,000원에서 50,000원이라고 응답한 소비자는 30,000원의 폭을 가지고 있지만, 25,000원에서 30,000원이라고 응답한 소비자는 응답의 폭이 5,000원으로 후자가 전자에 비해 신제품에 대한 가격 가치를 확신하는 정도가 더 크다고 할 수 있다. 이와 같은 로직으로 사분면의 구성과 각 사분면에 속하는 응답자들의 특성을 정리해 보면 아래와 같다.

1사분면(Quadrant Ⅰ)은 Height와 Width가 평균 이상으로 이 영역에 속하는 응답자들은 평균 가격 이상을 지불할 의향이 있으나 확신이 부족하므로 제품 품질에 대한 확신을 주는 Communication 활동에 따라 변화할 수 있는 소비자 집단을 의미한다.

2사분면(Quadrant Ⅱ)은 Height가 평균 이상이고 Width가 평균 이하로서 이 영역에 속하는 응답자들은 평균 가격 이상을 지불할 의향이 있으며, 가격에 대해 어느 정도 확신을 가지고 있다. 따라서 이 영역에 속하는 응답자의 비율이 높으면 높을수록 가격 설정에 따른 시장에서의 성공 가능성은 커지게 된다.

3사분면(Quadrant Ⅲ)은 Height와 Width가 모두 평균 이하로 평균 가격 이상 지불할 의향이 없는 응답자들이 분포하고 있는 영역이다. 이 영역의 응답자 분포 비율이 높을수록 가격 설정에 따른 시장에서의 성공 가능성은 낮다고 볼 수 있다.

4사분면(Quadrant Ⅳ)은 Height가 평균 이하이고, Width가 평균 이상으로 평균가격 이상 지불할 의향이 없고, 자신이 예상한 금액에 대한 확신 또한 낮은 응답자들이 모인 영역이다. 제품 품질 및 가격 대비 가치를 인식할 수 있는 Communication 활동을 통해 Height가 상향 조절될 가능성은 있다.

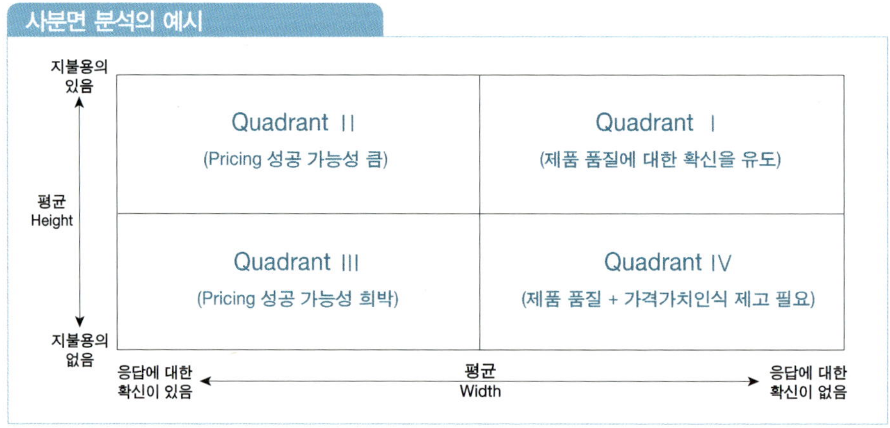

(%)

| 사분면 | 측정 가격 | | | | | | | |
|---|---|---|---|---|---|---|---|---|
| | 500원 | 600원 | 700원 | 800원 | 900원 | 1,000원 | 1,100원 | 1,200원 |
| I | 35 | 34 | 32 | 30 | 29 | 25 | 22 | 20 |
| II | 40 | 39 | 35 | 33 | 32 | 28 | 25 | 19 |
| III | 14 | 18 | 20 | 23 | 30 | 38 | 41 | 44 |
| IV | 11 | 9 | 13 | 14 | 9 | 9 | 12 | 17 |

↑ 최적가격 설정 선

상기 사례에서는 가격이 100원씩 내려감에 따른 시장 수요의 변동 폭을 볼 수 있으며, 2사분면의 분포 비중이 낮아지는 900원을 최적 가격으로 판단할 수 있다. 단, 신제품의 경우 제품 사용경험이 없는 상태에서 소비자의 준거가격을 받게 되므로 응답의 신뢰성이 낮아 응답자들이 신제품에 대해 충분히 이해하도록 한 후 응답받는 것이 필요하다. 마케팅조사 실무에서는 최적가격 설정을 Height의 평균값으로 삼는 경우가 많다.

## (6) 이익지수 측정

이익지수 측정(Profit Index Measurement)은 소비자 조사를 통해 도출된 가격대별 구입 의향률과 가격대별 단위당 예상 마진율 자료를 이용해서 이익지수 분포를 구하는 분석방법이다. 즉, 소비자들의 가격 수용도와 제품/서비스의 이익지수를 종합적으로 비교, 분석한 결과를 토대로 최종 가격 설정에 대한 의사결정을 하게 된다.

가격대별 단위당 마진과 소비자 조사 결과를 통해 얻은 구입의향률을 이용해 산출한 이익지수의 계산 사례를 아래와 같이 제시하였다. 예시에서 600원 미만으로 가격을 설정했을 때 구입의향률이 가장 높지만, 단위당 마진을 고려할 경우에는 900원으로 가격을 설정할 때 수익을 극대화시킬 수 있다는 것을 알 수 있다. 여기서 단순하게 이익이 최대가 된다는 점만을 고려하여 가격을 설정하기보다는 브랜드 이미지를 고려해서 1,000원으로 가격을 설정한 후, 100원의 폭을 이용하여 가격 할인 등과 같은 촉진 전략을 전개할 수도 있다.

**이익지수 분석 사례**

| 가격대 | 500원 | 600원 | 700원 | 800원 | 900원 | 1,000원 | 1,100원 | 1,200원 |
|---|---|---|---|---|---|---|---|---|
| 단위당 마진 | −100원 | 0원 | 100원 | 200원 | 300원 | 400원 | 500원 | 600원 |
| 구입 의향률 | 100% | 100% | 83% | 50% | 50% | 33% | 17% | 0% |
| 이익지수 | −100 | 0 | 83 | 100 | 150 | 132 | 85 | 0 |

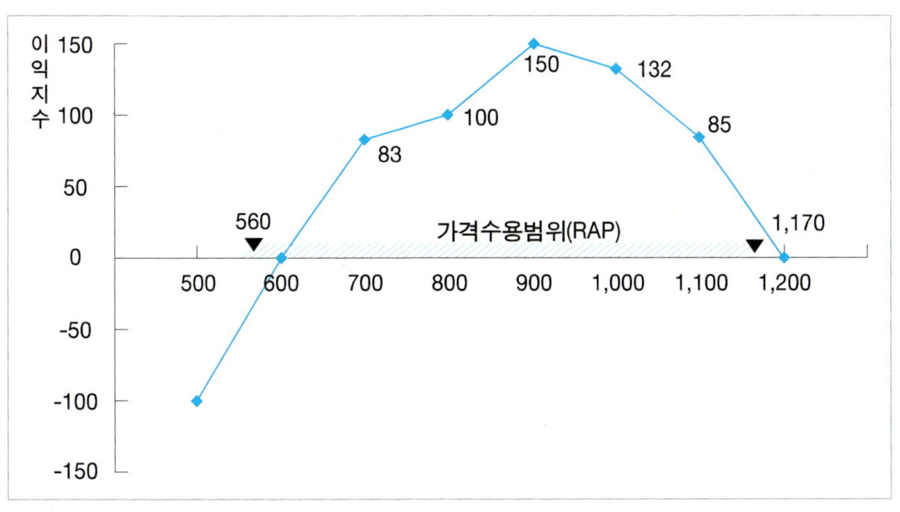


## 2. 매트릭스 분석

### (1) IPA

마케팅조사 분석결과를 이용해 기업에서는 한정된 자원을 우선적으로 투입할 요소를 찾길 원한다. 이러한 니즈를 충족시키기 위해 개발된 분석기법이 IPA이다. 이 기법은 Martilla & James가 개발하여 지난 1977년 Journal of Marketing에 'Importance-performance Analysis' 라는 제목으로 논문을 발표하면서 알려지게 되었다. 이 논문에서 자동차 사업의 만족도 분석을 위해 IPA가 사용되었다. 이후 많은 학자들이 연구에 활용하였으며, 필립 코틀러가 그의 저서 'Marketing Management' 에 IPA를 소개하면서 마케팅 실무에도 알려지고, 활용하기에 이른다.

IPA의 분석로직은 매우 간단명료하다. 즉, 기업이 통제할 수 있는 변수들의 상대적인 중요도와 성과(만족도)를 파악하여 중요도 대비 성과가 낮은 변수를 우선 개선한다는 논리로서 중요도와 성과를 숫자로 표현하여 아래와 같은 매트릭스에 Plotting해 시각적으로 확인할 수 있다. 여기서 중요도는 앞서 회귀분석에서 언급한 직접 중요도 혹은 간접 중요도를 사용하면 된다.

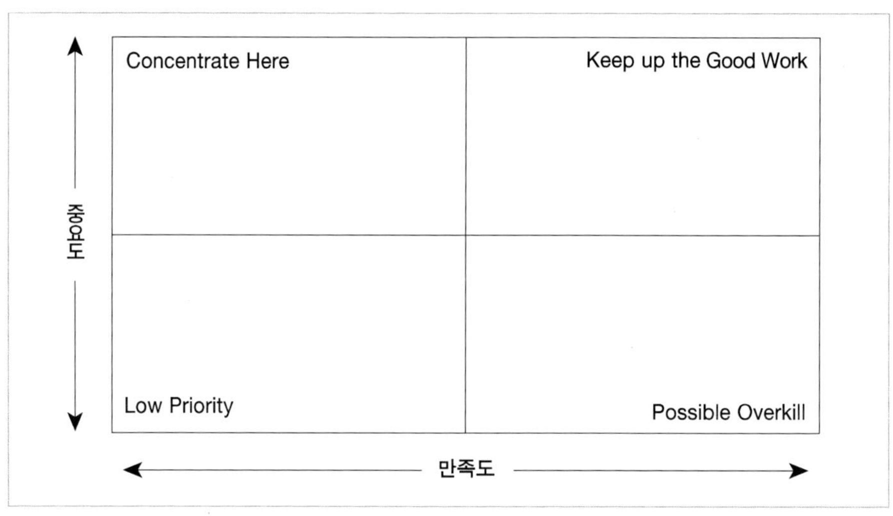


상기에서 'Concentrate Here' 영역에 속한 변수들이 상대적으로 중요도는 높은 데 반해 만족도는 낮으므로 기업 입장에서 한정된 자원을 우선 투입해야 하는 대상으로 선정하게 된다. IPA는 통계분석이 아닌 단순한 기법이므로 누구나 쉽게 활용할 수 있다. 마케팅조사에서는 주로 브랜드나 고객만족 등 평균지

수로 구성된 항목들의 분석 시 널리 사용되고 있다.

5개의 속성에 대한 만족도와 중요도를 이용해 IPA를 실제로 그려 보자.

| 구분 | 중요도(%) | 만족도 |
| --- | --- | --- |
| 속성1 | 30.0 | 72 |
| 속성2 | 20.0 | 75 |
| 속성3 | 25.0 | 71 |
| 속성4 | 15.0 | 73 |
| 속성5 | 10.0 | 70 |
| 평균 | 20.0 | 72.2 |

상기의 예에서 속성이 5개이므로 중요도의 평균은 20%(100%/5개 속성)가 되며, 만족도 점수는 5개의 점수를 평균하면 72.2점이 된다. 여기서 만족도는 목적에 따라 중심이 되는 점수에 평균 점수를 넣어도 되고 전반적 만족도를 넣어도 된다. 일반적으로 만족도를 측정하는 경우 속성별 만족도와 더불어 전반적 만족도를 함께 측정하며, IPA를 그릴 때 속성별 만족도 점수의 평균이 아닌 전반적 만족도를 기준으로 우선 개선요인을 도출해도 된다.

이제 예시 데이터를 이용해 IPA맵을 그려 보자. 엑셀 파일에 상기의 데이터를 입력한 후 분산형 그래프를 그린다.

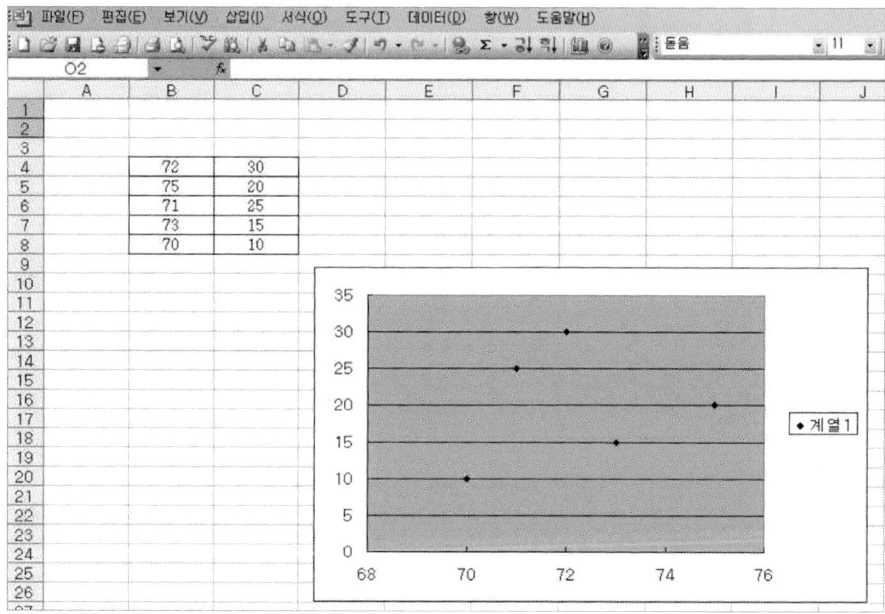

도출된 분산형 그래프에서 교점을 그리는 방법에 대해 알아보자. 먼저 X축 맨 아래에 있는 선에 마우스 화살표를 갖다 댄 후 마우스 오른쪽을 클릭하면 축 서식을 지정하는 메뉴가 생긴다. 여기서 축 서식을 클릭하면 새로운 창이 뜬다.

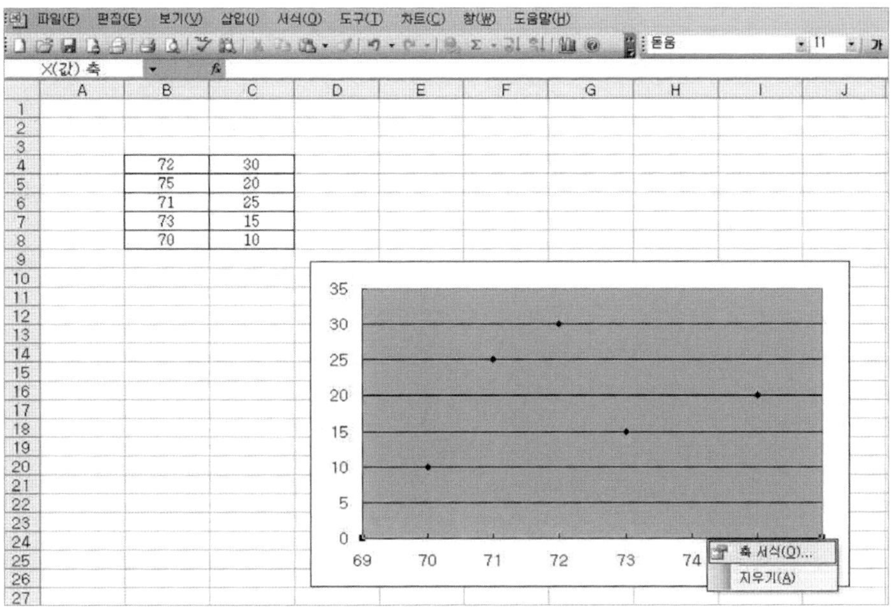


이 창의 맨 위에 여러 시트들이 있는데 이 중 눈금 시트를 선택한다. 눈금 시트의 중간에서 아래쪽 방향에 축 교점이 있는데 교점에 해당되는 난에 평균 점수를 입력한다. 교점에서 좌우 간격을 일정하게 하려면 교점 입력과 함께 위쪽에 있는 최솟값과 최댓값을 교점으로부터 동일한 차이가 나도록 각 숫자를 입력해 주면 된다.

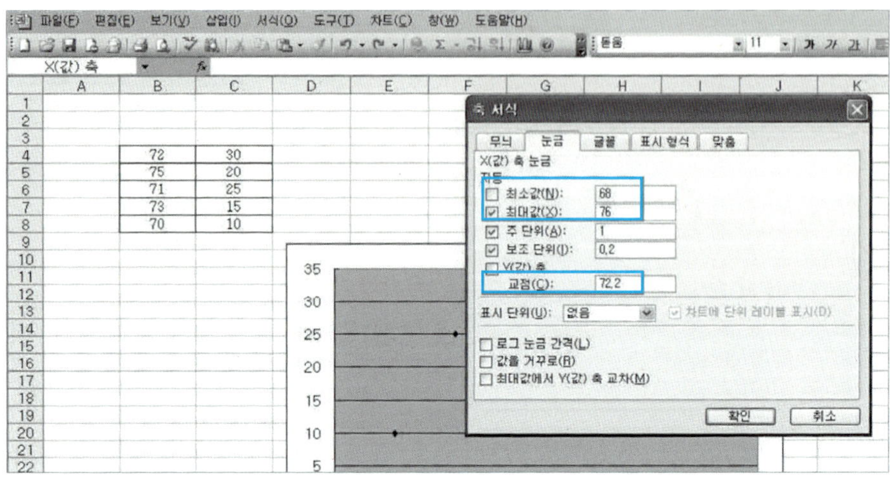

다음으로 눈금을 없애기 위해서는 서식 창 맨 위쪽에 있는 무늬를 선택한 후
오른쪽에 있는 주 눈금, 보조 눈금, 눈금 레이블에서 '없음' 을 선택한 다음 확인
을 누른다.

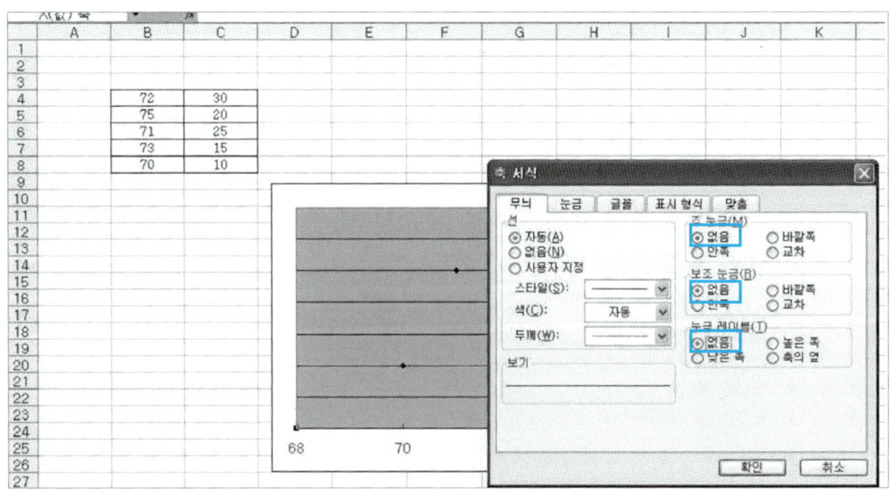

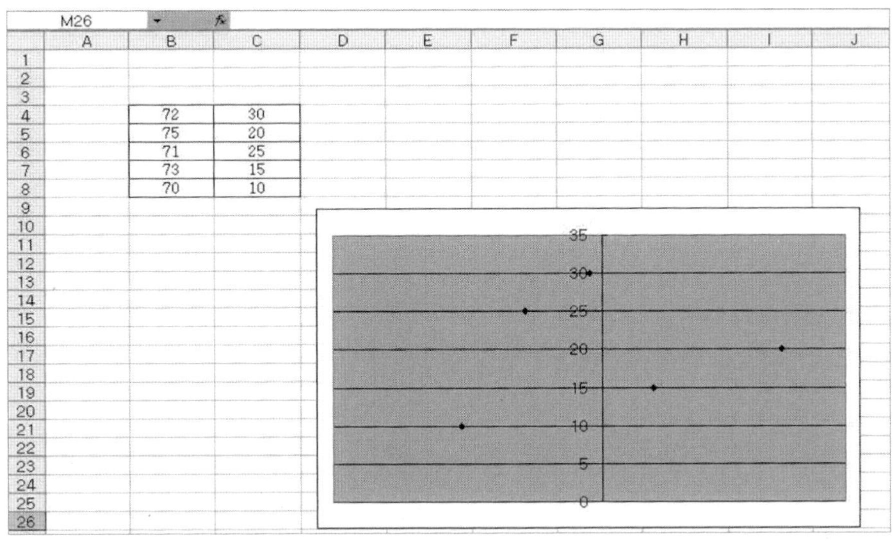

같은 방식으로 Y축에 있는 중요도를 선택해서 교점을 잡아주고 눈금도 편집

해 준다.

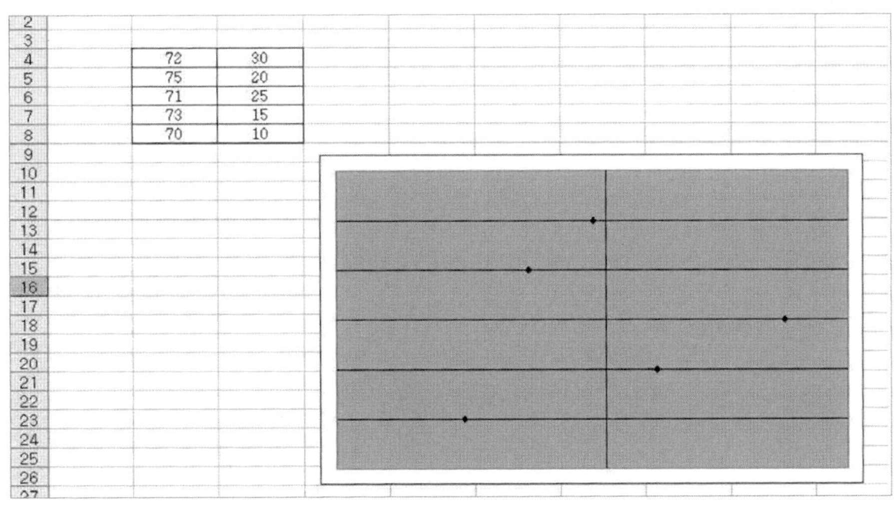

마지막으로 그래프 영역에서 선을 없애고 색깔도 흰색으로 지정해서 아래와 같이 매트릭스 형태가 되도록 최종 편집을 한 다음, 파워포인트에 카피해서 X, Y축 화살표와 교점 등을 그려주고 매트릭스 안에 있는 점들의 이름도 달아준다.

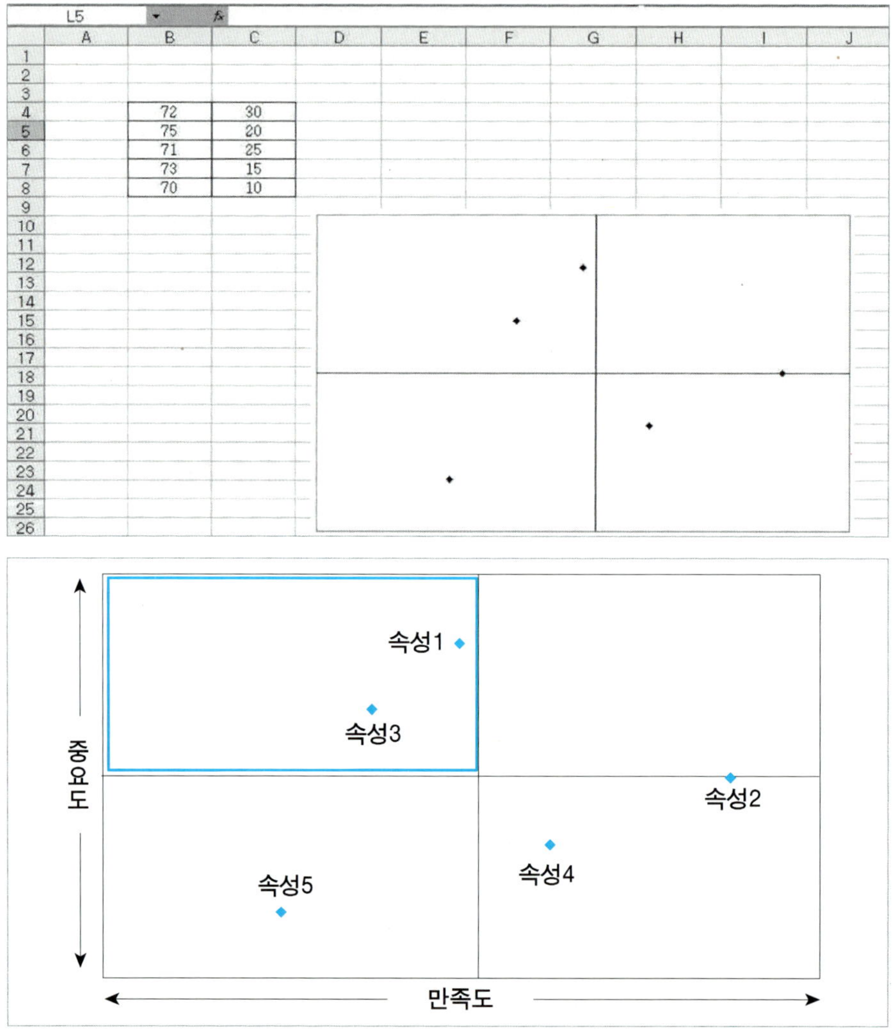

예시 데이터의 결과를 해석해 보면 속성1과 속성3이 상대적으로 중요도는 높은 데 반해 만족도(성과)는 낮아서 우선 개선해야 할 요인으로 나타나고 있다. 속성4는 중요도에 비해 만족도가 높고, 속성5는 중요도와 만족도 모두 낮아 상대적으로 덜 관심을 기울여도 된다. 속성2는 중요도가 거의 평균과 일치해서 다소 어중간하게 plotting되어 있으나 보수적으로 해석하면 향후 현상유지를 지속해야 하는 속성으로 분류될 수 있다.

IPA의 단점은 동일한 항목으로 일정한 시간간격을 두고 측정, 분석할 경우 대개 매번 분석결과가 크게 달라지지 않는다는 것이다. 예를 들어, 어떤 기업에서 매년 고객만족도 조사를 실시하여 IPA를 활용해 우선개선요인을 도출한다면 연도별 우선개선영역에 속하게 되는 항목들이 크게 달라지지는 않는다. 이러한 이유는 시장에 큰 변화가 없는 한 고객의 기대수준은 크게 변하지 않는 반면, 기업에서 그 기대수준을 충족시키기 위한 자원은 한정되어 있어 단기간에 우선개선요인에 속한 항목의 만족도를 큰 폭으로 끌어올리기는 힘들기 때문이다.

따라서 지속적으로 조사를 진행하는 경우에는 자사뿐만 아니라 경쟁사의 IPA도 분석하여 우선개선요인이 자사의 고유요인인지 아니면 업계 공통요인인지를 파악한 다음 후자인 경우 지속적인 관찰대상으로 간주하면 되나 전자인 경우에는 자원을 투입해 당장 액션을 취해야 하는 것으로 해석하는 것이 바람직할 것이다.

## (2) Klien-grid Analysis

grid는 우리말로 격자무늬를 뜻한다. 이 분석기법을 창안한 사람의 이름을 따서 Klien-grid라고 하며, IPA와 거의 유사한 형태의 분석기법이다. IPA는 개선요인을 도출하는 분석기법인 반면 Klien-grid는 중요도를 이용해 요인별 성격을 파악하는 기법이다. 그래서 IPA에서는 요인별 중요도와 성과를 이용하였으나 Klien-grid에서는 요인별 직접 중요도와 간접 중요도를 이용하여 매트릭스로 그린다. 보다 구체적인 예를 들어 살펴보도록 하자. 5개의 속성에 대한 직접 중요도와 간접 중요도가 다음과 같다고 가정해 보자.

| 구분 | 직접 중요도(%) | 간접 중요도(%) |
| --- | --- | --- |
| 속성1 | 30.0 | 15.0 |
| 속성2 | 22.0 | 15.0 |
| 속성3 | 25.0 | 23.0 |
| 속성4 | 13.0 | 22.0 |
| 속성5 | 10.0 | 25.0 |
| 평균 | 20.0 | 20.0 |

상기 데이터를 이용해 IPA에서와 동일한 방식으로 엑셀과 파워포인트를 활용해 매트릭스를 그린다.

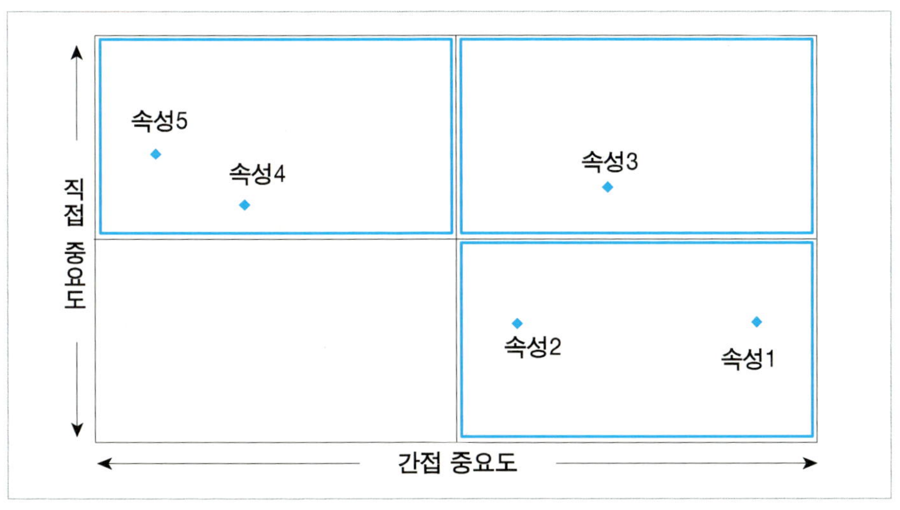


직접 중요도는 응답자들에게 질문을 해서 산출하는 중요도로서 체감 중요도 혹은 표면적 중요도라고 할 수 있다. 반면 간접 중요도는 회귀분석이나 상관분석과 같은 통계분석을 통해 산출하며, 잠재적 중요도 혹은 내재적 중요도이다.

매트릭스상에서 속성 4와 속성 5는 응답자들이 체감적으로 중요하게 생각하는 요인으로서 일정 수준 이상의 수준을 유지하지 않으면 불만을 유발할 수 있으나 수준이 높아진다고 해서 만족수준이 높아지지는 않는 경향이 있다. 속성 1과 속성 2는 응답자들이 체감하는 것보다 훨씬 더 중요하게 작용하는 요인들로서 일정 수준을 유지하게 되면 만족이 높아지며, 수준이 낮아진다고 해서 불만을 유발하지는 않는다. 속성 3의 경우 직·간접 중요도가 모두 높아 수준의 변화가 만족수준과 정비례하는 요인으로 분류할 수 있다. 이처럼 속성들의 직접 중요도와 간접 중요도를 이용해 매트릭스로 구성해 봄으로써 각 속성이 어떤 특성을 띠고 있는지를 분석해서 향후 관련 의사결정에 활용할 수 있다.

## (3) 각종 매트릭스 분석

지금까지 대표적인 매트릭스 분석기법인 IPA와 Klien-grid Analysis에 대해 살펴보았다. 마케팅조사 실무에서는 이 두 기법을 응용해 다양한 매트릭스 분석에 활용한다. 실무에서 가장 널리 활용되는 주요 매트릭스 분석을 다음과 같이 소개한다.

### 가. 표준편차-성과 분석

IPA에서 중요도 대신 표준편차를 넣어서 분석한다. 표준편차는 해당 항목에 응답한 응답자들의 점수 분포가 흩어져 있는 정도를 표준화한 것으로 이 값이 크면 클수록 해당 항목에 대해 응답자 간 점수 차이가 크다는 것을 의미한다. 만족도를 예로 들면 표준편차가 상대적으로 크면 만족하는 사람과 불만족하는 사람 간 점수 차이가 크다는 것을 의미하게 되며, 동일한 속성에 대해 어떤 사람은 만족하는 반면, 다른 사람은 불만족한다는 것은 품질수준이 일정하지 않음을 의미하므로 우선적으로 개선해야 할 필요가 있게 되는 것이다. 표준편차-만족도 분석은 중요도 대신 표준편차를 넣어 상대적으로 만족도는 낮으면서 표준편차는 높은 항목을 파악하는 데 목적이 있으며, 아래와 같이 매트릭스를 구성하여 분석하면 된다.

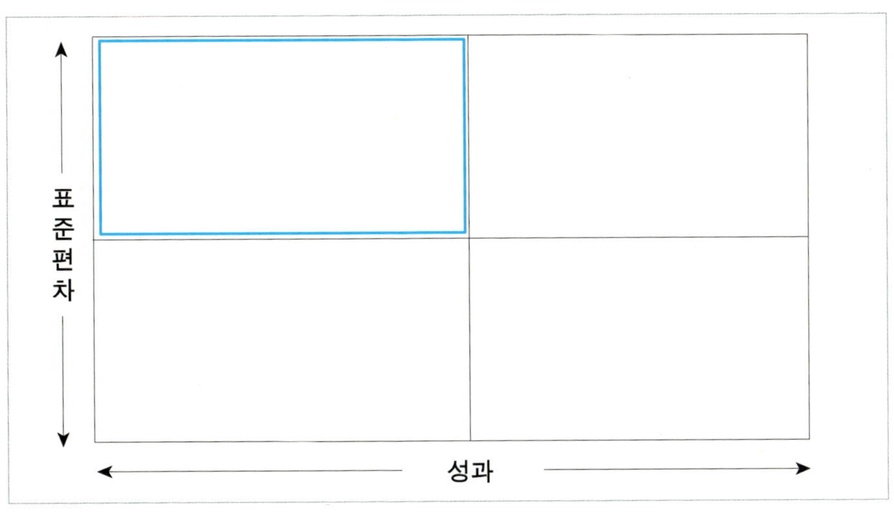


## 나. 차원-차원, 항목-항목 매트릭스 분석

IPA나 표준편차–성과 분석은 중요도 혹은 표준편차와 성과를 이용해 분석하는 기법이다. 매트릭스를 차원이나 항목만으로 구성하여 시각화하면 보다 쉽게 결과를 파악할 수 있다. 브랜드의 경우 품질이미지와 감성이미지, 품질이미지와 사회적이미지, 감성이미지와 사회적이미지 점수를 매트릭스로 구성해서 브랜드별 점수를 Plotting하게 되면 브랜드별 우위를 한눈에 파악할 수 있다. 품질이미지와 감성이미지를 각 축으로 하는 매트릭스를 그려 보면 아래와 같다. 이 그림에서 두 축을 가로지르는 점선을 기준으로 A와 B브랜드는 품질이미지 방향으로, C와 D브랜드는 감성이미지 방향으로 각각 치우쳐 있으며, A브랜드의 품질이미지와 감성이미지가 다른 브랜드 대비 가장 높은 수준을 나타내고 있음을 알 수 있다. B브랜드는 C와 D브랜드에 비해 품질이미지는 높으나 감성이미지는 낮은 수준으로 열세를 보이고 있으며, D브랜드는 품질이미지가 상대적으로 가장 낮게 나타나고 있다. 이처럼 점수형태의 숫자로 된 결과를 매트릭스로 구성함으로써 보다 쉽게 시각적으로 표현할 수 있다.

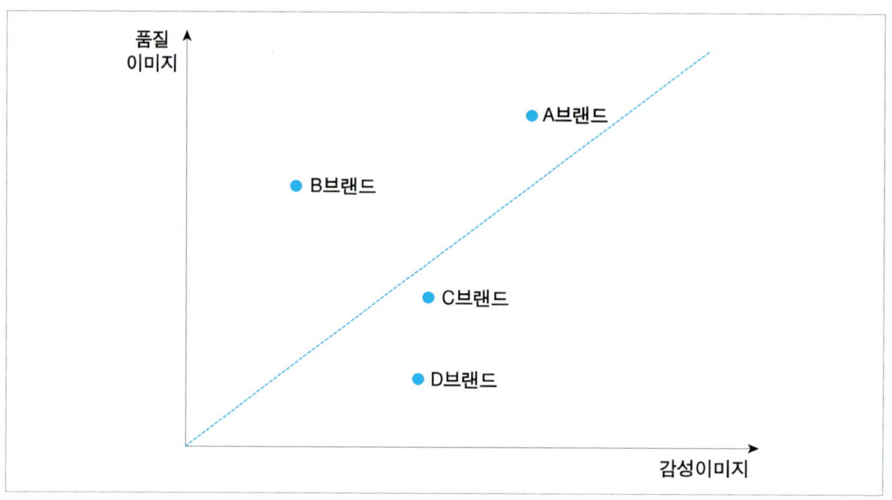


　서비스품질의 경우에도 과정품질–결과품질, 과정품질–물리적환경품질, 결과품질–물리적환경품질 차원 점수를 상기와 같이 매트릭스로 분석할 수 있다. 브랜드나 서비스품질, 고객만족 등의 차원 점수뿐만 아니라 항목별로도 구성할 수 있으므로 목적에 따라 다양하게 활용할 수 있다.

## 다. 브랜드 지표 매트릭스 분석

　마케팅조사 실무에서 활용되는 브랜드와 관련된 주요 지표로는 크게 인지도, 선호도(호감도), 구매율(이용률) 등이 있는데 이들 지표를 이용해 매트릭스로 분석하면 효과적이다.

먼저 인지도–선호도 매트릭스를 살펴보면, 브랜드 인지도와 선호도가 A영역에 속하는 것이 가장 이상적이며, B영역은 많은 소비자들이 브랜드를 아는 것에 비해서는 상대적으로 좋아하지 않는다는 것을 의미하므로 이 영역에 속할경우 브랜드에 대한 소비자 태도를 높이기 위한 전략이 필요하다고 해석할 수있다. 반면, C영역에 속하는 브랜드는 아는 사람들은 좋아하는데 상대적으로많은 사람들이 브랜드를 알지 못한다는 것을 의미하므로 무엇보다 인지도를 높이는 데 주력해야 한다고 해석할 수 있는 것이다.

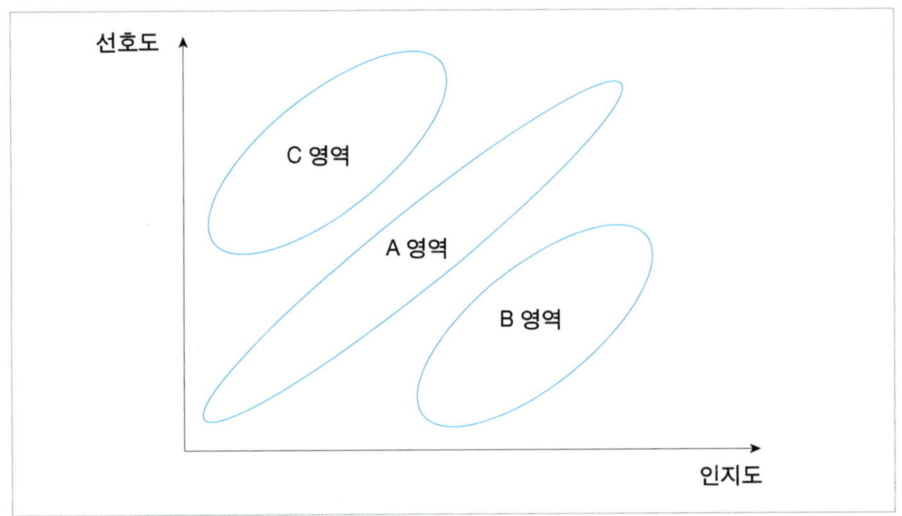


다음으로 선호도–구매율(이용률) 매트릭스를 살펴보자. 인지도–선호도 매트릭스에서와 마찬가지로 A영역에 속하는 것이 가장 이상적이다. B영역에 속한브랜드는 사람들이 좋아하는 것에 비해 구매율(이용률)이 낮다는 것을 의미하므로 유통채널이나 접근성 등 제품/서비스를 구매(이용)하는 여건을 개선하는 방

향으로 전략을 수립할 수 있다. C영역의 경우 반대로 접근성으로 인해 현재 구
매(이용)가 이루어지고 있으므로 지속적인 구매(이용)를 유도하기 위해서 선호도
를 높이기 위한 방안이 필요하다고 해석할 수 있다.

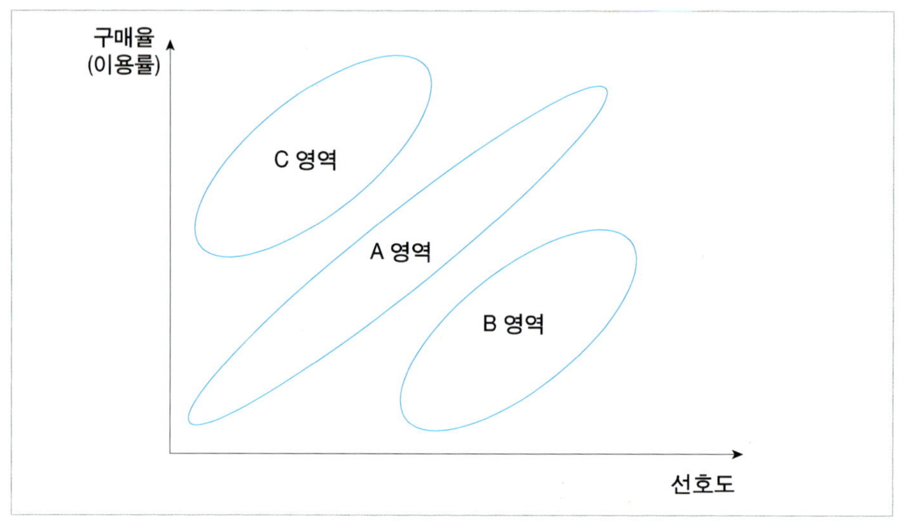


　지금까지 실무에서 활용할 수 있는 대표적인 매트릭스 분석기법을 살펴보았
다. 통계적 분석방법과는 달리 매트릭스 분석기법은 실무에서 활용되는 다양한
변수나 항목을 가지고 구성할 수 있으므로 목적에 맞게 활용하면 효과적일 수
있다.

조사쟁이 **하지철**

한국갤럽과 CJ에서 약 10년간 마케팅조사 실무를 수행하였으며, 현재 국내 최초의 조사설계 & 분석전문 회사인 THE RESEARCH COMPANY의 총괄 팀장 겸 대표 리서처로 재직 중
한국갤럽에서 식음료, 가전/정보통신, 정유, 금융/보험, 서비스 등의 다양한 산업에 걸쳐 총 300여 건 이상의 마케팅조사 프로젝트를 수행하였고, 사내 R&D 멤버로 자체 모델 개발 및 주요 통계분석기법 매뉴얼 개발과 사내 교육 실시
CJ주식회사에 CJ그룹에 속한 주요 계열사(CGV, GLS, 푸드빌, 오쇼핑 등)들의 서비스 품질 지표 측정 모델 개발을 주관/관리하였으며, 계열사별 서비스 전략 수립 및 마케팅 조사에 대한 사내 컨설팅 및 교육 실시
마케팅조사 체계구축, 조사기획, 결과분석, 조사교육 및 코칭, 구조방정식을 활용한 모델링 전문가

홈페이지  http://www.trcompany.co.kr
블 로 그  http://blog.naver.com/eugeneha
카　　페  http://cafe.daum.net/researchschool
연 락 처  eugeneha@empal.com, 010-8302-0877


**이동한**

한국갤럽과 주요 대기업에서 약 20년간 마케팅조사 실무를 수행한 마케팅조사 전문가로 현재 전문조사회사인 매크로게이트의 책임연구원 겸 부사장으로 재직 중
한국갤럽, 삼성중공업, 극동조사연구소에서 마케팅조사 실무를 수행하였으며, 지난 1995년 (주)마케팅데이타서비스로 설립되어 지난 2007년 사명을 변경한 매크로게이트를 공동설립하여 운영 중

연 락 처  dhl7375@naver.com, 010-9007-2222

초판발행  2010년 6월 4일
초판 4쇄  2019년 1월 11일

지은이  하지철, 이동한
펴낸이  채종준
기   획  권성용
마케팅  김봉환
디자인  이효정
아트디렉터  양은정

펴낸곳  한국학술정보(주)
주소  경기도 파주시 회동길 230 (문발동)
전화  031 908 3181(대표)
팩스  031 908 3189
홈페이지  http://ebook.kstudy.com
E-mail  출판사업부 publish@kstudy.com
등록  제일산-115호(2000. 6. 19)

ISBN  978-89-268-1079-8  14320 (Paper Book)
       978-89-268-1080-4  18320 (e-Book)
       978-89-268-0621-0  14320 (Paper Book set)
       978-89-268-0622-7  18320 (e-Book set)